— 大学之道 —

追踪学生成长

高校人才培养质量监测的探索与实践

麦可思研究院 / 著
程　星　王伯庆 / 执笔

北京大学出版社
PEKING UNIVERSITY PRESS

图书在版编目(CIP)数据

追踪学生成长：高校人才培养质量监测的探索与实践 / 麦可思研究院著. -- 北京：北京大学出版社，2025. 9. --（大学之道）.

ISBN 978-7-301-36109-2

Ⅰ. G649.2

中国国家版本馆 CIP 数据核字第 2025T448L5 号

书　　名	追踪学生成长：高校人才培养质量监测的探索与实践 ZHUIZONG XUESHENG CHENGZHANG: GAOXIAO RENCAI PEIYANG ZHILIANG JIANCE DE TANSUO YU SHIJIAN
著作责任者	麦可思研究院　著
责 任 编 辑	郭　莉
标 准 书 号	ISBN 978-7-301-36109-2
出 版 发 行	北京大学出版社
地　　址	北京市海淀区成府路 205 号　100871
网　　址	http://www.pup.cn　　新浪微博：@ 北京大学出版社
微信公众号	通识书苑（微信号：sartspku）　科学元典（微信号：kexueyuandian）
电 子 邮 箱	编辑部 jyzx@pup.cn　　总编室 zpup@pup.cn
电　　话	邮购部 010-62752015　发行部 010-62750672　编辑部 010-62707542
印 刷 者	北京中科印刷有限公司
经 销 者	新华书店
	787 毫米 × 1092 毫米　16 开本　21.25 印张　320 千字
	2025 年 9 月第 1 版　2025 年 9 月第 1 次印刷
定　　价	149.00元（精装版）

作者简介

麦可思研究院：专注于高等教育的研究机构。自成立以来连续17年撰写出版“中国大学生就业报告”（就业蓝皮书），自2023年开始发布年度“中国—世界高等教育趋势报告”。

执笔人简介

程星：博士，麦可思数据公司首席科学家，南方科技大学高等教育研究中心访问教授。曾任香港城市大学协理副校长，亦曾在哥伦比亚大学、纽约市立大学、加州大学等高校担任研究、教学和管理职务。著有《世界一流大学的管理之道——大学管理研究导论》《被告席上的美国大学》等七部高教研究专著。

王伯庆：博士，麦可思数据公司创始人，南方科技大学粤港澳高等教育数据研究中心联席主任，《高等工程教育研究》杂志编委，中国高等教育学会教育评估分会常务理事，UNESCO高等教育创新中心专家委员，UNESCO产学合作教席常务理事。曾任西南财经大学教授。

前　言

从新生入学到毕业典礼，大学生涯对于成长中的青年学子意味着什么？大学改变了他们？改变了什么？谁引发的改变？往哪个方向改变？变化究竟有多大？

大学期间学生学到了什么？专业知识、职业技能，还是生活态度？学会了思考、表达、沟通？他们开始阅读了？读什么？怎么读？他们对外面的世界好奇吗？有问题吗？会提问吗？

学生对于专业选择满意吗？想转换专业吗？学校教育教学的效果如何？教师学术水平如何？能够胜任教学工作吗？他们的科研压力对教学产生影响了吗？学校各个职能部门的工作效率如何？学生平时能够见到老师和辅导员吗？能得到他们的帮助吗？

大学期间学生想过自己的未来发展吗？想清楚了吗？他们如何规划职业生涯？如何看待个人生活？成功和幸福对于他们来说意味着什么？他们如何争取事业的成功和生活的幸福？

大学期间学生形成了什么样的价值观？他们如何看待这个世界？如何应对生活中的挫折和挑战？如何与周围的人相处？他们懂得是非曲直吗？能为弱者代言吗？

毕业生对于工作/职业满意吗？大学课程能够学以致用吗？母校的专业设置和课程安排与职场要求匹配吗？毕业生的职业成就能够归功于母校教育吗？他们愿意回馈母校吗？怎么回馈？他们愿意向学弟学妹推荐母校吗？

这些看似琐碎的问题背后，其实是当代大学生的求学之路、成长之谜，每个节点都是高等教育研究中挥之不去的课题。在高校管理层面，这些问题纷纭杂沓，无时不在困扰着日理万机的管理者们，让他们疲于奔命，日无暇晷。

将高等教育发展的时钟倒拨至它的精英时代，大学教育与学生最终成才之间原是一种天经地义的因果关系，毋庸置疑。然而，随着高教规模急剧扩张，这个原本不是问题的问题开始浮出水面。当大学教育从少数人的特权变成多数人的权利，多方利益相关者们——从学生、家长、教职员工、政府到公众——开始质疑高校运作的效率及其人才培养的质量。他们向高校发起问责，要求后者提交其教育教学对于学生成长所产生影响的证据。

这不是一个简单的要求。高等教育虽然历史悠久，但对其进行系统的、科学的研究，20 世纪中叶才刚刚开始，而学生成长研究便是这个学科中的一个分支。这是一个极具挑战性的分支，研究过程远比想象的要复杂得多。学生成长研究容不得试错，因为研究对象是人，是鲜活的生命。研究者很难将参与者随机分配到不同的实验条件下，通过操控变量推断出自变量对因变量的影响。于是，通过观察、问卷和访谈等方式收集可测量数据，使用定量和定性方法寻找行为模式或相关关系，便成为研究者不二的选择。

不难看出，追踪学生成长，拥有高质量的数据是前提条件。加州大学洛杉矶分校（UCLA）主持的新生调查项目（The Cooperative Institutional Research Program，简称 CIRP）启动于 1966 年，是目前美国规模最大、历史最悠久的高等教育研究项目，迄今已有 1900 多所院校的 1500 多万名学生参与调查。而“全美大学生学习参与调查”（National Survey of Student Engagement，简称 NSSE）则是继 CIRP 之后涌现的各种学情监测中最成功、最具代表性的调查工具，旨在了解学生大学期间的学习状况、校园活动的参与情况及其收获。在中国，清华大学教育研究院自2007年起，通过与NSSE合作，结合国情现状，重构指标体系，自主开发量表，为国内高教界研究学生成长提供了宝贵的研究数据。

从2006年开始，麦可思公司对国内外高教研究和管理领域的各种理论与实践展开全面的研究与分析，致力于打造符合中国高等教育发展情况的学情监测体系。19年来，麦可思运用“成果导向教育”（Outcome-based Education，简称OBE）的理念，通过问卷调查、教学平台和其他状态数据的搜集，逐步为中国高校构建了一个从生源质量、过程质量到结果质量的全面质量监测数据库与分析体系。这是目前国内唯一、国际上亦不多见的涵盖从招生、培养到就业的人才培养全过程的数据仓储，至今已有1500多所高校参与调查，形成全方位、多层次的数据系统。

基于实践中反复打磨的数据体系，我们得以将学生成长全过程尽收眼底，进行实证分析。我们给自己的任务是：对高校从招生、培养到就业作联动分析，为学生的成长与成功描绘路线图，为高校人才培养质量的评估、提升和改进提供实践方法与案例，为高校一线的管理者们提供管理工具和决策依据。

按理说作者需要在前言中交代这是一本什么书，但我们想先说明这本书不是什么。追踪学生成长，学者们可以从发展心理学的理论出发，通过研究学生心理发展的阶段，梳理出他们大学期间在认知、情感和社会角色上发生的变化；也可以从社会学和教育学的理论出发，探索学生成长的社会背景、教育环境和文化因素。如此探究的目的是最终形成关于学生成长的知识图谱。但是，理论研究非本书作者志向所在，亦非能力所及，所以在此我们无意推出一本探讨学生成长相关问题的理论著作。

20世纪90年代末，随着大学扩招全面铺开，不同家庭背景和学习能力的学生涌入高校，教学资源变得紧张，师资需求也不断增加。学生群体多样化使得高校的管理工作变得更加复杂，而教学资源和师资力量的相对不足，则对高校的教育教学质量形成重大威胁。管理者们需要高教理论的指引，更需要翔实的数据和鲜活的案例，以辅助决策，应对挑战。因此，本书作者意在为当代中国高校的各级管理人员以及一线的教学和辅导人员提供管理工具与决策支持。

本书从结构上看有纵横两条轴线：纵轴线上共有十个章节，包含三大部分。上篇三章展示学生成长研究框架，中篇四章呈现搜寻学生成长证据的全过程，下篇两章则回到追踪学生成长之初衷，即高校人才培养的质量及其监控。第十章是我们对于学生成长追踪研究的一个盘点或总结，并就高校教学、管理、决策以及质量保障提出我们的建言。横轴线由两种体例构成。章节正文展示我们以麦可思数据为基础对于高校招生、培养、就业所作的联动分析，而研究手记则是书中所涉及理论框架、实践案例、数据分析和管理决策等问题的进一步延伸。

本书以三个章节的篇幅陈述“研究框架”，并非仅为追踪学生成长铺设研究通道，而是试图将研究主题放到更大的社会与理论背景中进行考察。我们的研究虽然着眼于应用，但从数据搜集、案例汇编到实证分析都需要站在前人的肩膀上，在学生发展的理论框架中追踪其成长过程，从中搜寻带有规律性的东西。

在第一章“研究思路和理论依据”中，我们试图回答为什么要追踪学生成长的问题。伴随着中国经济的改革开放，高等教育的发展也进入了快车道。特别是 2019 年，毛入学率超过 50%，按照马丁·特罗（Martin Trow）的高等教育发展理论，中国高等教育最终完成了从精英化到大众化再到普及化的蜕变。

然而，20 世纪 90 年代开始的扩招，并非史无前例，普及化时代中国高校面临的问题也不独特。美国高校的扩招发生在“二战”之后的 20 世纪 50 年代。针对随之而来的各种问题，美国高教学者先行一步，提出“大学如何影响学生”的研究课题，其研究成果便是帕斯卡雷拉（E. T.

Pascarella）和特伦齐尼（P. T. Terenzini）分别于1991年和2005年出版的两卷巨著《大学如何影响学生》，而梅修（Matthew J. Mayhew）2016年出版的第三卷延续了这场持续四分之一世纪的学术接力，且研究框架始终未变。因此，在第一章中，我们对国外学者提出的各种学生发展理论作简要介绍，并将重点放在阿斯汀（Alexander Astin）关于“输入—环境—输出”（“I-E-O”）的研究框架上。国内高校近年来对于“招生、培养、就业”人才培养全过程的关注以及“成果导向教育”（OBE）理念的认同，其认知源头都可追溯至此。

高教普及化引发全社会对于高教质量的关注，高等教育问责机制应运而生。在第二章中我们可以看到，在国外学界以问责为由开发的各种问卷调查启发下，国内高校开始打造学情调查工具，以此监测和评估学生的学术和非学术发展。麦可思公司开发的学情监测体系，为我们研究“招生、培养、就业”人才培养全过程提供了全方位的实证数据。

按照“成果导向教育”的理念，高校必须对自身使命进行梳理和陈述，为实现其使命精心设计相应的管理机制、教学活动和支持系统，最后对使命达成程度和教育教学结果进行评估。因此，第三章的基本思想是，高校唯有在既定的办学方向、类型和特色范围里才有可能完成其使命；没有高校是万能的。在此我们分析了国外高校和中国香港地区高校分类体系背后的逻辑、目的和实施情况，讨论中国内地高校如何在追求卓越的同时，通过差异化办学来满足不同层次的利益相关者对于高等教育的需求。

完成研究框架的搭建后，我们在中篇四章引入麦可思调研数据，从生源质量、学习成果、能力培养、就业力提升等各个方面，对于当今中国高校人才培养现状进行描述、考察、分析、研判。

第四章讨论中国高校生源质量的现状和招生管理上面临的挑战。考生家庭与学历背景多元化，出生率下降导致生源减少、竞争加剧，以及高校对于高分生源而非匹配生源的片面追求，都有可能对招生工作产生影响。借鉴美国高校的战略招生管理（SEM）模式，中国高校应当根据学校的办学使命和人才培养目标制定合理的招生策略，通过对生源特征、志愿填报、专业选择等多角度数据的搜集和分析，及时调整专业设置和培养方案，更好地适应社会需求和生源变化。

第五章中我们跟随大学生学习与成长过程中留下的雪泥鸿爪，在调研数据中追寻学生的学习意愿、学习行为、学习投入以及知识能力素养等方面的增值幅度。课程设置、教学方法、师生互动、实习实践，高校为学生营造的学术氛围和体验无时不在影响学生的知识与智力的长进。数据分析旨在帮助管理者清晰识别各年级学生的需求及其面临的挑战，从而实施有针对性的干预措施。

第六章的调研数据显示出高校在培养学生能力与素养方面所面临的挑战。比如谦卑教育在培养医学领域的职业道德和素养方面作用不可小觑，而对于学生批判性思维、逻辑分析、沟通等多方面能力的提升，人文教育必不可少。调查数据显示，高校需要加强学生事务管理、课外活动等非学术途径的干预，促进学生素养、心理和价值观等方面的全面发展。

第七章是关于中国高校毕业生就业现状的深入分析。数据显示了近年来毕业生就业落实趋势的变化，读研、考公、待就业的比例有所上升，而受雇工作的比例则持续下降。毕业生就业质量由多个维度构成，包括收入、就业满意度、工作与专业相关度以及职业稳定性和发展。高校通过就业指导、职业发展规划等服务提高就业落实率固然重要，但提升学生就业力则是长远之计，因为后者直接影响学生毕业后获得并维持就业的能力，与他们的知识、技能、态度等密切相关。

追踪学生成长，我们不能忘却初衷，即提升高校人才培养的质量。第八章通过中美高校教学评价系统之对比，展示普及化背景下高校之间在教学质量上的竞争。为保持竞争力，高校需要更加高效地提供教学和服务，需要学生参与到自己的学习过程中去，这就是教学评价成为当今高校人才培养质量保障之必需的原因所在。

第九章中我们从概念框架、系统目标和建设方案三个方面，对高校质量保障体系的构建加以描述和总结，回答高校质量保障“是什么”“为什么”和“怎样建”三大问题。在质量保障的操作上，过程性评价和结果性评价两者在评价实践中缺一不可；在质量证据的呈现上，业界虽然在学习成果需要用数据来表达这一点上已达成共识，但如何将定量和定性数据相结合，做到数据准确、判断合理，仍有很长的路要走。

本书是我们站在中国高教发展的转折点上，对于以往高校人才培养全过程进行的一次数据盘点。在第十章中，我们对这次盘点所获进行梳理，重新认识社会上，包括我们自己之前关于大学生成长过程的诸多假设。基于数据分析的结果，我们试图就当代中国高校面临的三大教育教学管理问题提交我们的答案：（1）学生如何提升学习成效？（2）教师如何提升教学成效？（3）高校如何实现差异化发展？

研究学生成长，我们需要运用实证方法，通过数据的收集和分析来验证关于学生成长的理论与假设，确保理论具有实践中的解释力和有效性，因为没有实证依据的理论可能缺乏广泛的应用价值。但是，作为高教研究者，我们不能无视这项研究与生俱来的应用性质，那就是，我们研究的受众群体首先必须是高校管理者以及高等教育多方的利益相关者，然后才是高教研究的同行们。

这就对我们研究结果的呈现提出严苛的要求。我们当然应以实证方法，通过对麦可思全方位、多层次高校学情监测数据的分析，用专业的、学术的语言来展示学生成长的全过程，以此为据提出改进建言。在本书中，特别是第四至八章，我们也这么做了。

但是，如果我们希望这项研究的结果能为高校管理者所用，能够解决当今高校教育实践中的具体问题，包括如何提升教育教学的质量、如何提高管理与决策的有效性、如何帮助设计有效的评估系统等，那么，我们的学术语言和统计数据虽严谨有余，却不一定具有可读性，亦无法满足日理万机的管理者们将理论和数据用于实践的需求。

有鉴于此，我们在每一个章节中嵌入与内容相关的若干“研究手记”，试图用非学术语言来解释、讨论、拓展章节中的学术话题。研究手记大致可以分为三大类别。第一类是由麦可思调研工具的研发者分享其设计思想、研发背景、开发过程和数据结构。从在校生成长跟踪评价工具、毕业生跟踪评价工具和课程评价系统的开发过程中，高校管理者们不仅可以看到这些测评工具是如何产生、如何追踪学生成长的，还能加深他们对于枯燥的数据背后那些故事线的感性认识与理解。

在第二类手记中作者试图与国内高校的管理者们分享自己在国外、境外高校工作的经历，将自己对学生成长问题的理解与思考与国内同行分享，其中也包括许多不够成熟的想法。换言之，在这本研究学生成长全过程的书中，我们希望与读者交流经验和认识。

第三类手记可以视为对书中涉及研究课题的补苴罅漏，包括我们对于中国高教发展四十年各个阶段的回顾，以及对于国外相关研究与实践的概述。希望通过这些非学术性的叙述，大学生成长这个学术课题能够在管理者的眼中变得鲜活有趣，能让他们从繁杂琐碎的日常工作中后退几步，从而得到一个新的视角，并透过这个视角看到他们工作的意义所在。

目　录

上篇　研究框架

中篇　全程追踪

下篇　质量监控

上篇

研究框架

第一章

研究思路和理论依据

一

在中国高等教育发展史上，2019年是一个注定要载入史册的年份。这一年全国各类高教在学总规模[①]第一次超越4000万人，高教毛入学率一举越过百分之五十之大关，达到51.6%。[②]按照教育社会学家马丁·特罗在20世纪70年代提出的高等教育发展理论，这是一个里程碑式的事件——我国高等教育发展就此进入普及化阶段。[③]

高教毛入学率也许只是一个百分比而已，象征意义大于实际意义。但是，任何数字一旦被赋予象征意义，其背后的“所指”就有可能对现实产生冲击。特罗以毛入学率为依据，将高等教育的发展划分为精英化（高等教育毛入学率15%以下）、大众化（毛入学率在15%—50%之间）和普及化（毛入学率在50%以上）三个阶段。对于高等教育的这种数字描述本身并不包含价值判断，但它提供了一个参照系，让人们得以从过往的经验，特别是从那些业已经历这些发展阶段的高教系统中寻求路径指引。

---

① 包括研究生、普通本专科、成人本专科、网络本专科、高等教育自学考试本专科等各种形式的高等教育在学人数。

② 中华人民共和国教育部．2019年全国教育事业发展统计公报[EB/OL].（2020-05-20）[2024-10-11]. http://www.moe.gov.cn/jyb_sjzl/sjzl_fztjgb/202005/t20200520_456751.html.

③ 马丁·特罗．从精英向大众化高等教育转变中的问题[J]．王香丽，译．外国高等教育资料，1999（1）：1—22.

普及化意味着高等教育这只“旧时王谢堂前燕”，现在终于“飞入寻常百姓家”了。从精英教育到普及教育，这个在许多发达国家耗时百年的历程，在我国只用了短短四十年的时间。根据教育部 2020 年发布的“全国教育事业发展统计公报”①，全国共有普通高等学校 2688 所（含独立学院 257 所），其中本科院校 1265 所，高职（专科）院校 1423 所，成人高等学校 268 所，研究生培养机构 828 个。普通高等学校校均规模 11260 人，其中本科院校 15179 人，高职（专科）院校 7776 人。

作为比照，2019 年入学的大学生出生时人类刚刚迈进 21 世纪，那时中国高教在学总规模是 1200 多万（2000 年是 1229 万），毛入学率 12.5% 左右。而这些学生中的极少数，如果幸运地出生在受过高等教育的家庭的话，那么他们的父母很可能是那个带着光环的群体——所谓“77 级”“78 级”或稍后几届的大学毕业生。属于这个群体本身就是令人骄傲的资本，因为当时（1978 年）全国高教在学规模仅 228 万，毛入学率 2.7%。②而录取率最低的哈佛大学和哥伦比亚大学，录取率多年一直在 4%—5% 左右徘徊。

从 2.7% 到 12.5% 到 51.6%，这个三级跳背后的意义，远不是特罗发明的那几个干巴数字或抽象理论所能概括的。高等教育普及化在改变成千上万年轻人命运的同时，也将高等教育质量观永久地改写了。有学者指出：“学生在书本学习和课程中的成绩固然重要，但素质和能力更为雇主所看重，更为社会所需要。素质、能力、胜任力等成为风靡一时的概念，文化素质教育、能力培养成为高等教育改革的时尚。”③

高等教育普及化给高校带来的最直接的影响是学校规模的扩大化和学生群体的多元化。随着大学城、新校区如雨后春笋般出现，原来那

① 中华人民共和国教育部. 2019 年全国教育事业发展统计公报 [EB/0L].（2020-05-20）[2024-10-11]. http://www.moe.gov.cn/jyb_sjzl/sjzl_fztjgb/202005/t20200520_456751.html.

② 同上。

③ 罗燕，刘栋，曲艺. 中国大学生职业发展的理论建构与问卷编制——基于普及化高等教育质量的审视 [J]. 清华大学教育研究，2021，42（4）：91—98.

些宁静的、世外桃源式的城中校园正在消失。老一代大学生回忆录中在校园里与饭后散步的学术大师不期而遇的故事，早已成为浪漫的旧时传奇。在远离喧嚣的大学城里，教授们需要掐着时间赶班车回家，辅导员便成为校方与学生之间的脉脉温情得以维系的重要纽带。

难道教书育人的定义需要改写？精英时代的大学教授们在教书的同时担当着育人的重任却并不自知，因为没有人将这天经地义的任务写进他的工作职责；大众化、普及化时代的教授们则时时刻刻被提醒着这项艰巨得几乎难以胜任的工作。不是教授们的工作态度发生了什么根本性的变化，而是急剧增长的学生规模让管理者和教授们都感受到前所未有的压力。教学、科研与育人：教授头上这三座大山，换了谁都得掂量一下轻重缓急，毕竟每个人的一天都只有24个小时。其实，需要改写的不是教书育人的定义，而是学术管理的方式，后者的转型是否成功，直接影响到高校的“产品”质量——大学生的成长和成才。

而对于高校来说，更大的挑战来自学生群体的多元化。在精英时代，教授与学生的背景极其相似，这种同质化的师生背景便是教书育人不言自明的依据。教授们不需要刻意地给学生传授太多学术之外的成才之道，因为身教言传便是最好的教书育人。然而，高等教育的大众化、普及化将师生接触这个底线变成了上限。对于学生来说，在动辄几万人的校园里邂逅一位挚爱的良师，无异于大海捞针。

普及化时代的大学生已从天之骄子的神坛上跌落人间。大学扩招将很多原本与大学无缘的家庭和个人送进一个全然陌生的世界。这个极其多元的群体给高校带来了社会各个阶层对于高等教育的认识和期许。特别是家庭中的第一代大学生及其家长们，他们对于高等教育的需求必然会对许多既成的大学理念造成冲击，也会在高校现有的评价和管理体制内掀起一场革命。从这个角度看，普及化时代的高校，因循守旧已不再是选项，从学术管理、人才培养到制度设计，今天的高校除了更新、创新之外别无选择。

专业与课程的更新与调整是高等教育普及化形势下每一所高校必做的功课。精英时代的大学生或有中产家庭的支持，或有国家分配的工作保底，因此对于毕业后的职业走向并不十分焦虑。然而，随着大众化、普及化时代的降临，很多人几乎是带着就业目标入学的，而不断变化的就业市场也将其对各类人才的需求寄托在高校身上。为此，高校不得不推出新的课程和专业，如跨学科研究、可持续发展和数据科学等。学术课程的多样化反映了社会不断变化的需求，也为学生的未来铺设了更加广阔的职业路径。

教学内容的更新必然带来教学方法的转变，2020 年突如其来的疫情把所有高校逼进一场教学方法改革的大比武、大练兵。“传道、授业、解惑”的传统教学模式正在被五花八门的、以学生为中心的互动模式所补充、取代。翻转课堂、合作项目及体验式学习，这些方法的一个共同点就是不再让学生被动地听课，而是通过提供实用技能和现实世界的经验，为他们进入职场做好准备。

教学方法的创新需要新技术手段的支撑。在精英时代，研究资料、学术期刊和数据库等是稀缺资源。今天，在线学习平台、数字图书馆、研究数据库和先进的实验室设备已成为现代大学不可或缺的组成部分。然而，当高校资源极大丰富的梦想终于成为现实之后，人们惊讶地发现，丰富以至过剩的资源给学习带来的并不都是便利。分辨能力、批判性思维、数据分析，这些以往被认为是高层次的能力，今天成为每一个毕业生必备的素质。

高等教育的普及化无疑会加重政府的负担，满足所有高校的所有需求并不现实。在教育经费的分配上，将高校分层分类区别对待便是政府唯一能做的。同时，随着越来越多的学生寻求接受高等教育，求学者及其家庭的经济负担也在加重，高等教育成为每一个家庭对于未来的投资。有投资就得有回报，在这一点上，政府和家庭、高校和学生似乎都在进行同样的投资游戏，自然也需要遵从同样的游戏规则。结果是，毕业生的就业落实率成为高校产出最直接的度量单位，学校和学生都无法绕过这个成果导向。

【关于中国高等教育的发展，参见：研究手记 1.1 高等教育发展的四个阶段】

二

2022 年，中国高等教育的进程再次面临一个转折点：2022 届全国高校毕业生总数为 1076 万人，总规模首次突破千万。受到疫情和经济下行压力增大等多方面因素影响，毕业生就业形势严峻复杂。① 不久前还在为争取进入高校而拼搏的考生及其家长们突然发现，有时出校门比进校门要难得多。假如四年寒窗苦读并不能换来体面的工作，那么高等教育的价值何在？上大学还有意义吗？

无独有偶。美国高等教育早在 20 世纪 70 年代就率先进入普及化阶段，而在接下来的半个多世纪中，大众对于高等教育的向往与信心却随着普及化程度的增加而逐渐减弱。假如上大学不再能实现社会阶层由下往上的流动，不能带来经济效益，那么接受高等教育的意义何在呢？高等教育究竟是对未来的投资，还是一项价值可疑的消费品？②

这是高等教育研究领域无法视而不见的一个难题。早在 1969 年，著名学者菲德尔曼（Kenneth Feldman）和纽科姆（Theodore Newcomb）就开始研究不同大学的特征及其学生在大学期间和之后如何受益于大学教育。在堪称里程碑的巨著《大学对学生的影响》中，两位学者回顾并

---

① 央视网．高校毕业生规模首破千万 教育部：目前 2022 届高校毕业生就业进展平稳 [EB/OL]. (2022-09-09) [2024-10-11]. https://news.cctv.com/2022/09/09/ARTIz5NGOcfaZkuqVPB1mwlw220909.shtml.

② Mayhew, M. J., Rockenbach, A. N., Bowman, N. A., Seifert, T. A. D. & Wolniak, G. C. (2016). *How College Affects Students (Vol.3): 21st Century Evidence That Higher Education Works*. San Francisco: Jossey-Bass.

综合了美国高教研究界之前40多年对于这一主题的1500多项研究和发现，首次为学界同行们提供了一幅全景式的概念图谱，并提出一系列关于大学如何影响学生的主要假设。[①]

站在菲德尔曼和纽科姆的肩膀上，帕斯卡雷拉和特伦齐尼两位教授分别于1991年和2005年出版了两卷巨著《大学如何影响学生》。[②]这两部书对学界关于大学如何影响学生的研究作了一个百科全书式的回顾，第一卷涵盖1970年至1990年，第二卷涵盖1990年至2003年，共涉及超过5000种书籍、期刊文章和研究报告。对于这项工程，作者调侃道，他们就像两位工匠立志将金门大桥油漆一遍，只是在终于完工时才发现，他们又得开始从对面往回漆了。[③]大学如何影响学生这个研究课题的成果，就是以这样的速度在研究者们的笔下与日俱增。

帕斯卡雷拉和特伦齐尼考察的大学影响包括学生学习和认知发展、个人成长、心理社会变化、态度和社会政治观点、公民参与、道德发展、教育收益和成就、学业持续性、职业和经济成就以及毕业后生活质量等相关内容。然而，在做了"大学如何影响学生"的研究近40年，回顾了自20世纪70年代以来发表的上千份研究文献后，两位作者不断地回到这样一个简单的问题：这些堆积如山的证据中，究竟包含着哪些金科玉律，可以成为大学教师和管理者日常工作的指南，可以帮助他们更好地教育学生？[④]

---

① Feldman, K. & Newcomb, T. (1969). *The Impact of College on Students (2 Vols)*. San Francisco: Jossey-Bass.

② Pascarella, E. T. & Terenzini, P. T. (1991). *How College Affects Students: Findings and Insights From Twenty Years of Research*. San Francisco: Jossey-Bass; Pascarella, E. T. & Terenzini, P. T. (2005). *How College Affects Students (Vol. 2): A Third Decade of Research*. San Francisco: Jossey-Bass.

③ Pascarella, E. T. & Terenzini, P. T. (2005). *How College Affects Students (Vol. 2): A Third Decade of Research*. San Francisco: Jossey-Bass.

④ Terenzini, P. T. Rethinking Effective Student Learning Experiences[EB/OL]. (2020-07-28) [2024-10-11]. https://www. insidehighered.com/advice/2020/07/29/six-characteristics-promote-student-learning-opinion.

2016年，这场旷日持久的学术接力赛又有了新的传人。俄亥俄州立大学的梅修教授率团队出版《大学如何影响学生》第三卷[①]，对学界2002年至2013年间积累的1800多项研究结果作进一步的综合与分析。最有意义的是，他们在每一章中都将这阶段的研究结果与第一、二卷收入的研究结果进行比对，为过去45年来的研究成果画重点。和前辈学者一样，这本书的作者们注重大学运作的逻辑，旨在为今天的高校管理者、教师和政策制定者提供实践指南。

最难能可贵的是，这项以“大学如何影响学生”为题的工程，从帕斯卡雷拉和特伦齐尼1991年出版的第一卷到梅修2016年出版的第三卷，延续四分之一个世纪而研究框架始终未变。具体来说，研究者们以六个问题为研究提纲组织材料：

1. 有什么证据表明个人在大学期间发生了变化？（大学期间的变化）
2. 有什么证据表明大学期间的变化是上大学的唯一结果？（大学的净增值）
3. 有什么证据表明不同大学对学生变化有不同的影响？（不同大学的影响）
4. 有什么证据表明不同求学经历会对同校学生的变化产生影响？（求学经历的影响）
5. 有什么证据表明大学经历对学生的变化或发展产生了有条件的，而不是普遍的影响？（有条件影响）
6. 大学的长期影响是什么？（长期影响）[②]

三代学人，几十年如一日，坚持研究大学对于学生的影响，意义何在？从上述六个问题中，我们可以略窥端倪。

---

① Mayhew, M.J., Rockenbach, A. N., Bowman, N. A., Seifert, T. A. D. & Wolniak, G. C. (2016). *How College Affects Students (Vol. 3): 21st Century Evidence That Higher Education Works*. San Francisco: Jossey-Bass.

② 同上，第3页。

首先，假如说精英教育是一种全人教育，那么不是因为那时的大学教师比今天的教师更有责任心，而是因为当时的学校规模还没有大到需要在教学、科研和育人等不同任务之间实行分工。但是，随着大众化和普及化的高等教育的来临，高校的结构与功能亦随之发生深刻变化。今天我们已经不能假定大学一定会影响学生——一个如此多元化的学生群体，更不能假定影响一定正面，我们必须通过严格的循证来揭示大学教育的价值。因此，“大学如何影响学生”这个研究课题的重要性和必要性开始凸显。

其次，学生群体的多元化决定了同一所高校对不同学生群体产生的影响不可能整齐划一；同样，不同类型的高校对于同一群学生所产生的影响也不可能整齐划一；当代社会的发展与进步对于高校毕业生的要求亦不需要整齐划一。多元化不仅是当代高校学生群体的特征，更是当代社会的基本特征。这是人类高等教育史上从未出现过的局面，也是高校管理者从未遇到过的难题。可见，对于“大学如何影响学生”这个看似简单的课题所作的研究，近半个世纪以来如雨后春笋般涌现，绝非偶然；相反，不去研究这个问题才是真正的问题。

再次，当高等教育成为社会、政府和家庭的一项重要投资项目，投资者需要了解他们在高校投放的资源是否物有所值，需要学生成长、发展和毕业后能够回馈社会和家庭的证据证明，而这便是从事“大学如何影响学生”这项研究为什么需要搜集大量数据、需要运用实证方法论的根本原因。

最后，高校对于学生的影响并未随学生毕业离校而结束，这种影响将与学生相伴终生，也对学生所置身其中的社会产生深远影响。从这个角度看，“大学如何影响学生”不仅仅是对高等教育所做的理论研究，更是对于这个行业及其产出进行分析、探索和评估的最佳视角。从课程设置到师资水平，从资源分配到后勤安排，对高校管理的绩效和教育教学的质量进行评价并不容易，很多结果也许要到学生毕业很多年之后才会显现。因此，毕业生追踪研究不仅是“大学如何影响学生”这个课题不可或缺的组成部分，也是高校人才培养质量评估的一个重要抓手。

三

高教学者提出“大学如何影响学生”这个课题，意在探究并解读大学教育与学生改变之间的因果关系。然而现实中，特别是在社会科学研究领域，要想在繁杂的、可观察的现象之间建立因果关系并非易事。研究的实验或准实验设计、单院校或多院校的样本、纵向追踪或横向截面的数据采集、客观测量或自我报告等不同研究手段的运用，都直接影响到因果关系是否成立、成立的关系是否牢靠，而研究设计的背后是否具有健全的理论支撑更是至关重要。

近半个多世纪以来，诸多学者在高教走向普及化的进程中对校园里各种现象进行研究，而以帕斯卡雷拉、特伦齐尼和梅修为代表的一批学者则对这些研究成果进行了系统的搜集、编撰、梳理、分析和概括，并试图从理论的高度为学生成长画像，为高校管理建模。

回到“大学如何影响学生”研究的六个问题，我们不难发现，学者们用了“发展”（development）和“改变”（change）这两个不同的词语来描述学生上大学期间和之后产生的变化。“发展”的概念更多地指向个人由于身心成熟、环境力量或人与环境间相互作用所产生的综合影响，而发展性成长通常是教育者所追求的一种心理或教育的目的或结果。“改变”的概念则指向学生的认知、情感、态度、价值或行为随时间推移而产生的变化。“改变”是描述性的，可以是定量的，也可以是定性的。①

在帕斯卡雷拉、特伦齐尼和梅修的三卷综述中，卷帙浩繁的研究可以大致分成两个大类：一是以个人内在变化（intraindividual change）为

① Pascarella, E. T. & Terenzini, P. T. (2005). *How College Affects Students (Vol. 2): A Third Decade of Research*. San Francisco: Jossey-Bass, 17−18.

主轴，描述学生心理发展的不同阶段和进程，由此形成各种“学生发展理论”；二是以个人与环境、个人与他人互动产生的变化（interindividual change）为主轴，引申出“大学影响力（college impact）模式”，注重描述学生就学的不同高校的特征以及同一高校学生就学期间的不同经验在学生身上所引起的“改变”，有的涉及学生的个人特质（如社会经济背景、学术资质等），有的涉及院校特质（如学校规模、课程设置等），有的涉及环境特质（如校园的学术、文化、社会或政治氛围等）。[①] 第一类“学生发展理论”关注学生就学期间发生的内在变化（what），而第二类“大学影响力模式”则关注高校这个外在因素如何影响学生，强调高校环境、组织特征、社会化因素等对学生变化所起的作用（how）。前者更加注重对学生发展作心理学或认知结构理论方面的探索，而后者则偏向于研究高校环境对于学生的影响，从社会学的视角进行探讨。

学者们对于学生发展问题的研究是从大学生就学期间内在的心理发展开始的。这些研究从理论上将学生发展的方方面面以及影响学生发展的各种因素加以归纳总结，逐步形成了心理社会学理论（Psychosocial theories）、认知结构理论（Cognitive-structural theories）、类型学理论（Typological models）以及人与环境互动理论（Person-Environment interaction theories and models）。[②]

心理社会学理论以心理学家埃瑞克森（Erik Erikson）的理论为基础，描述了人类在整个生命周期内经历的发展任务和挑战。他的理论强调了个体在不同阶段面临的生理、社会和心理方面的需求，并探讨了个人身份和自我认同的形成过程。[③] 以此为基础考察学生发展，奇克林（Arthur Chickering）提出学生发展的七个向量（Vectors）。奇克林认为，

① Pascarella, E. T. & Terenzini, P. T. (2005). *How College Affects Students (Vol. 2): A Third Decade of Research*. San Francisco: Jossey-Bass, 18.

② 同上，第 19—52 页。

③ Erikson, E. (1968). *Identity, Youth and Crisis*. New York: W.W. Norton.

学生在走向成熟的过程中不断发现并微调属于自己的行为方式，而七个向量就像是他们走向成熟的七条高速公路：（1）取得自信；（2）控制情绪；（3）培养自立/自理能力；（4）认识自我；（5）学会理解他人、与他人交往；（6）认识生活的目的和意义；（7）确立生活的信念和价值观及其相应的行为准则。①

七个向量从理论上描述了学生发展的内在过程，但奇克林并未就此止步。他进而将心理学的知识应用到高校管理的实践中，提出高校为促进学生发展应做七件大事：（1）设定明确的培养目标；（2）具备足够的规模以为学生提供参与的机会；（3）在不同场合创造师生交往的机会；（4）内容与过程相结合的课程设置；（5）鼓励学生积极参与各种教学实践活动；（6）建立态度与背景多元化的学生群体；（7）与教师合作设置内容与目的明确的学生事务及服务。②

心理社会学理论着重于学生发展的内容，而**认知结构理论**则着重于描述这种发展的性质与过程，探讨个人认知结构的形成及其对外在世界的意义解读。认知结构理论起源于皮亚杰（Jean Piaget）的认知心理学。认知结构理论最具代表性的学者是佩里（William Perry）和柯尔伯格（Lawrence Kohlberg）。佩里的学生智力和伦理发展模式将学生发展划分为四个阶段：（1）二元论认知模式——非对即错，非白即黑；（2）多样性认知模式——无法判断对错，但是愿意接受不同的观点；（3）相对主义认知模式——在具体的环境和条件下，很多事情其实并无所谓对错；（4）相对责任阶段——在具体的环境和条件下，认识到很多事情其实并无所谓对错后，做出自己的选择。③佩里的模式为解释学生智力的发展变

① Chickering, A. & Reisser, L. (1993). *Education and Identity* (2nd ed.). San Francisco: Jossey-Bass.

② 同上。

③ Pascarella, E. T. & Terenzini, P. T. (2005). *How College Affects Students (Vol. 2): A Third Decade of Research*. San Francisco: Jossey-Bass, 35.

化提供了一个参考框架，而柯尔伯格则提出人类道德发展的顺序原则，并认为道德认知是可以通过教育过程加以培养的。他的道德发展理论为高校处理学生道德发展问题提供了理论框架。①

心理社会学理论和认知结构理论描述了大学生就学期间发展与改变的性质和过程，而**类型学理论**则将个人的变化相对固化，并通过某些特性的分类形成个人认识与回应外界影响的“类型”。米尔斯 - 布雷格斯（Myers-Briggs）的性格类型理论、霍兰德（John Holland）的职业发展理论以及考伯（David Kolb）的学习风格理论是类型学研究的代表作。

四

对于高校管理者来说，了解学生发展的心理学进程固然重要，但这个进程毕竟过于微妙，有太多的变量需要控制，而且影响个人成长的因素又过于繁杂，因此他们更愿意将这方面的研究留给学者们去精雕细刻、理论建模，而将有限的精力放在更加直观、更加应用、较易把握的社会学研究及其结果上，后者产生的成果可以直接用来指导高校的日常运营。

大学影响力研究绝非就事论事，而是通过大量实证数据的搜集和分析，找到影响学生发展的最关键因素，然后从高校管理的角度不断调整人才培养方案，以有限的资源最大限度地开发学生的学习潜能，提高学习效果。阿斯汀的“I−E−O”框架（图 1.1）优雅、简洁，为这类研究提供了实用可靠的理论支撑。②

---

① Kohlberg, L. (1984). *Essays on Moral Development. The Psychology of Moral Development (Vol. 2)*. San Francisco: Harper & Row.

② Astin, A. (1970). The Methodology of Research on College Impact (I). *Sociology of Education*, 43(3): 223−254; Astin, A. (1970). The Methodology of Research on College Impact (II). *Sociology of Education*, 43(3): 437−450; Asin, A. (1991). *Assessment for Excellence: The Philosophy and Practice of Assessment and Evaluation in Higher Education*. New York: Macmillan.

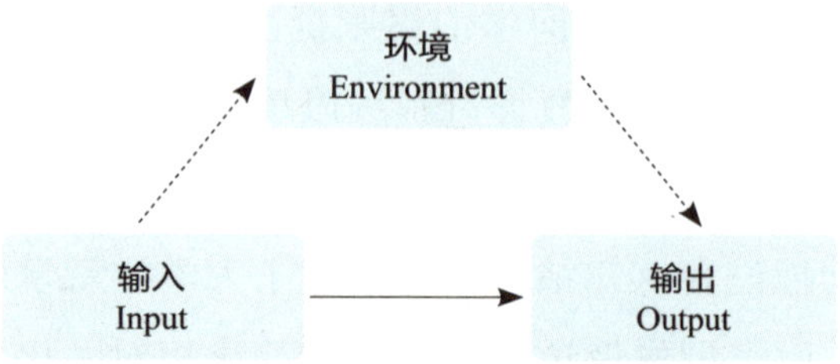

图 1.1 阿斯汀“I-E-O”框架

对阿斯汀框架业界早已耳熟能详。这个框架将学生的高校经历分为三个部分：输入（“I”：Input）、环境（“E”：Environment）和输出（“O”：Output）。输入包括学生的人口学特征、家庭背景、学术准备和个人特点（如高中平均成绩、高考分数、学术抱负和学术动机等）。环境包括高校的制度、文化、氛围和课程设置、教育方式等。输出则是学生经过大学教育后之所得，包括对学校教育过程的看法、学术与非学术能力的获取、行为方式的养成等。

严格说来，阿斯汀框架本身并非理论，因为它缺少一个理论所必备的基本元素。[①] 但是，这个框架的美妙之处在于，它简洁实用，为大学影响力研究提供了一个万能的容器。阿斯汀自己就将**“参与理论”**恰如其分地放进了这个容器里：“学生通过参与来学习。”（Students learn by becoming involved.）[②] 丁托（Vincent Tinto）的学生辍学理论，在考虑了“输入”因素之后，将学术融合与社交融合确认为学生与高校“环境”互动的结果，为院校干预和学生参与提供了有力的抓手。[③] 魏德曼（John C. Weidman）提出本科生社会化模型，综合了心理和社会结构的双重影

① Pascarella, E. T. & Terenzini, P. T. (2005). *How College Affects Students (Vol. 2): A Third Decade of Research*. San Francisco: Jossey-Bass, 54.

② Astin, A. (1985). *Achieving Educational Excellence: A Critical Assessment of Priorities and Practices in Higher Education*. San Francisco: Jossey-Bass, 133.

③ Tinto, V. (1993). *Leaving College: Rethinking the Causes and Cures of Student Attrition*. Chicago: University of Chicago Press.

响，强调参与非学术活动对于学生发展的影响。① 而库（George Kuh）则明确提出学生参与度的概念，即学生在学习和课外活动中付出的时间和努力程度，大学在资源分配、课程设置及其他学习机会上的安排，决定了学生的参与度及其最终的教育产出。②

2020 年 7 月 29 日，特伦齐尼在 “Inside HigherEd” 网站发文，对于“大学如何影响学生”这个课题历经 40 多年的 7000 多项的研究作了全面的反思和总结。③ 他问道：“高校在为学生提供诸如寄宿制、师生互动、同伴互动、不同教学方法、共同课程等活动、项目和服务之后，是否知道哪些真正有效？假如有证据证明有效，那么学生在这些有效活动中的学习经验具有哪些共同的特征？”特伦齐尼对此的总结有六条：

1. 学生得以接触具有挑战性的思想和人。
2. 学生需要积极应对这些挑战。
3. 学生需要在一个支持性的环境中接受挑战。
4. 参与有意义的、真实世界的活动。
5. 活动涉及不同群体，有机会与他人交往。
6. 学生对所参与的活动有所反思和分析。

在此，**挑战**和**参与**是两个关键词，前者涉及高校，后者涉及学生，高校出招，学生接招，两者互动，缺一不可。枯燥烦琐的研究在特伦齐尼笔下变得优雅而简洁，直追阿斯汀的 “I−E−O” 框架。

---

① Weidman, J. (1985). Undergraduate Socialization: A Conceptual Approach. // *Higher Education: Handbook of Theory and Research (Vol. 5)*. New York: Agathon, 289−322.

② Kuh, G. D. (1999). A Framework for Understanding Student Affairs Work. *Journal of College Student Development*, *40*(5): 530−537; Kuh, G. D. (2001). Assessing What Really Matters to Student Learning: Inside the National Survey of Student Engagement. *Change*, 33 (3): 10−17.

③ Terenzini, P. T. Rethinking Effective Student Learning Experiences [EB/OL]. (2020-07-28) [2024-10-11]. https://www. insidehighered.com/advice/2020/07/29/six-characteristics-promote-student-learning-opinion. 特伦齐尼．重新思考学生的有效学习体验：一个工作框架 [J]．赵炬明，译．中国高教研究，2021（6）：41—43.

问题来了，假如大学教育与学生改变之间的因果关系就此确立，今天的学者们还有必要效法他们的前辈，周而复始地油漆金门大桥吗？这个问题从逻辑上顺理成章，在现实中却毫无意义。原因很简单，且不说青春期大学生心理、认知、态度和道德等方面的变化千奇百怪，不一而足，即便我们能够完全掌握这些变化的过程及其背后的原理，我们仍然必须面对形态各异的高校环境及其周围日新月异的社会生态。

换言之，阿斯汀模式时时在提醒我们，学生成长的“O”（人才培养的结果）有赖于高校为他们提供的“E”（环境与氛围），也受到学前形成的“I”（个人家庭、社会与学术背景）的影响，而高校能否以及如何为学生成长设置相应的挑战，后者能否以及如何参与、应对这些挑战，是放在高校管理者和教师面前永恒的任务。更重要的是，从菲德尔曼和纽科姆到帕斯卡雷拉、特伦齐尼和梅修，几代学者孜孜不倦地探索、分析和总结的所有关于大学生发展或改变的文献，都是“以欧美学生为研究群体，在欧美社会文化和高等教育的背景下建构起来的”①。他山之石可以攻玉，但不能不加分辨，拿来即用。

五

高教学者对于“大学如何影响学生”这个课题的研究，从学理上将大学教育与学生改变这两件事情之间的因果关系作了梳理，也从心理社会学理论、认知结构理论、类型学理论和人与环境互动理论等四个视角对这种关系作了全面的解读。然而，真正将学术探究推向实践领域的是 20 世纪 90 年代席卷美国的一场高校问责（Accountability）运动。当时的情形是，高校一方面向政府提交的经费预算年年增加，另一方面给学生及其家长的学费账单也与年俱增。很多州政府为此通过立法要求高

① 朱红．高校学生参与度及其成长的影响机制——十年首都大学生发展数据分析[J]．清华大学教育研究，2010，31（6）：35—43+63.

校对纳税人投入的巨大资源进行问责说明。问责制的核心是高校产生的效果或成果，而州立法要求的是把学生学习效果当作学校绩效的主要证据，甚至把评估结果和政府拨款挂钩。这样一来，学生学习效果就成了评估的关键指标，被提到前所未有的高度，而学习效果的认定与测量成为评估的关键。① 在外力推动下，所谓“学生学习成果评价”（student learning outcome assessment，简称 SLOA）成为高教研究中的显学。2006 年美国教育部长斯佩林斯（Margaret Spellings）领导的委员会发表了一个题为《考验领导力：描绘美国高等教育的未来》的报告。② 报告建议，对高等学校的问责和认证要从过去注重投入要素（input），如校园面积、设施设备、教师人数、学校经费等转向注重产出（outcomes）和工作业绩（performance），如学生发展和学业增值（value-added）、研究与社会服务成绩等。

问题来了：究竟什么是学生的学习成果？包括哪些内容？学生的生理发展、心理发展、社会发展、职业发展等如何界定、如何测量？学习效果的达成和评价如何在大学学习过程中得到呈现？通识教育、专业教育、素质培养、能力提升等“结果”是如何通过教学教育过程得以实现的？

赵炬明对“学生学习成果评估”做过一个辨析，可供参考。他指出，所谓“learning outcomes”其实可以分成两个部分。一是“学习效果”。从课堂教学的角度看，“learning outcomes”的指标是根据专业目标分解出来的课程教学目标，如计算能力、写作能力、编程能力、工程能力、批判思维能力、创造能力、问题解决能力、合作交流能力、领导

① 赵炬明，高筱卉．关注学习效果：建设全校统一的教学质量保障体系——美国“以学生为中心”的本科教学改革研究之五 [J]．高等工程教育研究，2019（3）：5—20．

② Commission on the Future of Higher Education (2006). *A Test of Leadership: Charting the Future of U.S. Higher Education*. A Report of the Commission Appointed by Secretary of Education Margaret Spellings. Washington, D. C.: U.S. Department of Education.

能力等。学生学习效果应该是指学生在学习中是否达到老师设定的课程目标。二是“学习成果”。从评估的角度看，学生对于高校预设的各项学习成果的达成度才是重点，即学生毕业时是否达到学校预定的培养目标。因此“learning outcomes”评价的标准应该是学生毕业率、保持率、就业率、专业对口率、就业起点工资等。赵炬明建议，为避免误解和歧义，我们可以在谈课程教学时用“学习效果”，讲专业和学位质量时就用“学习成果”。① 赵炬明的区分虽然在实践中可行性并不高，但对于我们理解、厘清概念有所帮助。

从学术渊源上看，学界大多将成果导向的学习和评估理念之滥觞追溯到20世纪80年代斯派迪（William Spady）提出的“成果导向教育”（OBE）。② 斯派迪强调以学生为中心，将教学重心由“内容为本”向“学生为本”转变，在设计课程、专业和人才培养目标时，根据社会或行业的现实需求“反向设计”课程体系，从而让学生从一开始就明确学习目标以及学完课程后应掌握的知识和技能，使其学习的成果与未来的需求相匹配，从而真正实现教育的价值和目的。虽然学界对于斯派迪将复杂的教育问题简单化的倾向颇有微词，但OBE对于学生学习成果的重视，显然为在八九十年代（下同）方兴未艾的评估运动和问责运动提供了不可替代的理论支撑。无论是政府自上而下的问责还是高校出于自律所作的自评，都体现了社会对于高校人才培养质量的关注。

【关于“学生中心”的讨论，参见：研究手记1.2 我们为什么要以学生为中心？】

多年来，成果导向的理念不仅逐渐成为院校评估的终极标准，也为医学教育和工程教育等专业认证机构制定质量标准提供了实用的概念框

---

① 赵炬明. 关注学习效果：美国大学课程教学评价方法述评——美国“以学生为中心”的本科教学改革研究之六[J]. 高等工程教育研究，2019(6)：9—23.

② Spady, W. (1994). *Outcome-based Education: Critical Issues and Answers*. Arlington, VA: American Association of School Administrators.

架。美国工程与技术教育认证组织（ABET）于1995年推出工程课程计划与认证标准EC2000。这个标准强调学习产出，规定毕业生应该获得的知识和能力，注重目标评估的持续性改善。OBE的理念在中国教育界的普及，很大程度上得益于ABET的启发和鼓励。2013年6月，中国被接纳为《华盛顿协议》签约成员，而ABET以成果导向教育理念引导工程教育改革，也得到中国学界的广泛的认同。

李志义主持的教育部“工程科技人才培养研究”项目对OBE的理念进行了深入研究和透彻剖析，并将其运用到教学改革实践中。[①] 他将成果导向的教学设计用四对关系来加以总结：（1）内外需求与培养目标的对应关系；（2）培养目标与毕业要求的对应关系；（3）毕业要求与课程体系的对应关系；（4）毕业要求与教学内容的对应关系。[②]

李志义对OBE作如此解读，为我们在阿斯汀的“I–E–O”框架和OBE模式之间架起一座桥梁。以阿斯汀框架中学生成长的结果“O”作为目标，高校通过课程设置和活动安排，为学生营造健康成长的“E”。这里的每一项活动都充满挑战，但这些挑战都需要具有强烈、明确的目的性：教学内容、课程体系、培养目标均需符合毕业要求，而毕业要求则与社会的需求紧密相连。这些要求在OBE的教学设计和评估中得到充分体现。按照李志义的描述，OBE的实施要点包括以下几点：（1）确定学习成果；（2）构建课程体系；（3）确定教学策略；（4）自我参照评价；（5）逐级达到顶峰。总之，OBE“将学生的学习进程划分成不同的阶段，并确定出每阶段的学习目标，这些学习目标是从初级到高级，最终达成顶峰成果。这意味着，具有不同学习能力的学生将用不同时间、通

① 赵洪梅．基于成果导向教育的工程教育教学改革[D]．大连理工大学，2016.

② 李志义．解析工程教育专业认证的成果导向理念[J]．中国高等教育，2014（17）：7—10.

过不同途径和方式，达到同一目标”。[①] 换言之，OBE 对于既定目标达成度的重视，为高等教育质量评估奠定基础，也为循证调查及测量工具的设计提供了方向和依据。

中国高校在过去二三十年间经历了快速的规模扩张、深刻的体制改革，特别是学生群体经历了前所未有的多元化的过程。随着高等教育进入普及化时代，社会对于高校毕业生的期待、高校自身的人才培养模式及其质量评价体系均已发生翻天覆地的变化。对于变化进行描述、辨析、梳理、总结并提出切实可行的建议和方案，高等教育学者和管理者义不容辞。大洋彼岸的同行们比我们先行一步，已经对他们学生成长模式的变化、趋势、特征和影响因素进行了深入的研究。他们的研究方法和工具值得我们借鉴，但他们的研究结果我们不能照搬。我们需要搜集自己的数据，作出自己的分析，得出自己的结论，并以此指导我们自己高校未来的实践。

研究手记 1.1

高等教育发展的四个阶段

麦可思创业时碰上了高等教育的快速发展，并踩到了评价服务的风口上，我当时却不知道，最后是这个风口把我卷进了刚需，我又正好匹配了刚需要求的计量分析背景。为什么是高等教育评价服务的风口呢？

现代社会中，高等教育由精英阶段进入大众化阶段后，大学生的主要诉求是学习专业知识和能力，毕业后从事一份不同于体力劳动者的专业工作，而百年前读大学是为了完善心智，仰望星空。现在，由

① 李志义. 解析工程教育专业认证的成果导向理念 [J]. 中国高等教育，2014（17）：7—10.

公共财政支持的公立大学，要为社会和产业培养专业化劳动力。因此，一国的高等教育的发展与其经济发展密切相关。

1966年到1976年停考大学，积累的高中生存量大，1977年恢复高考后，高等教育的需求量一开始很大，政府通过开办电视大学缓解了存量青年对高等教育的需求压力。之后从1981年到2020年，中国40年的高速经济发展，带来了高等教育的空前扩张。共分为四个十年阶段。

第一个十年，1981年到1990年。中国的经济发展起步，GDP从4169亿元增加到11148亿元（不变价），增幅达170%，人均GDP由468元增加到1663元，增幅为260%。这个阶段农村分田、分地、撤销人民公社，城市的国有企业推行承包制和厂长负责制，经济增长主要归功于农村分田到户与企业管理改革，提高了存量劳动力的生产效率，而不是来自产业技术的进步对专业人才的增加。

此十年普通高校数量由675所增加到1075所（含专科），增加了59%；在校生规模由114万增加到206万（不含电大和成人自考），扩大了80%；全职专任教师数量由25万增加到40万，上升了60%。此时高教的主要问题是高校招生数量不能满足民众上学需求的矛盾。这个十年，各校研究生毕业后主要去向是任教，增加教师数量。1986年前后我们那几届硕士毕业生基本从教。

第二个十年，1991年到2000年。中国的经济发展加速，GDP增加到50887亿元（不变价），增幅为360%，人均GDP增加到7942元，增幅为380%。这个阶段的特点是制造业和服务业快速增长，制造业增长最快，这两个产业的增长推动了对大学毕业生的需求。在此阶段，普通高校数量基本没有变化，但在校生规模增加到556万，增幅为169%，专任教师数量增加到46万，只上升了16%。在校学生数量快速增长，专任教师数量没有相应提高，培养质量开始下降。1995年，中国启动了“211”大学建设，计划建设100所面向21世纪的一流大学，财政对大学的投入加大。这是拔尖工程，不是普惠工程，强调学术研究水平的提高。

第二个十年结束时中国高等教育还有一件大事，就是大家熟知的大学扩招。那时中国提出每年经济增长8%的目标，国企改制后职工大量下岗导致消费下降，怎样缓解就业压力、拉动居民消费是朱镕基总理考虑的主要问题。孩子的高等教育是老百姓的刚需，也是一个家庭的主要开支，经济学家汤敏博士在《关于启动中国经济有效途径——扩大招生量一倍》中提出了建议，指出年轻人读大学也可缓解当时的就业压力。总理采纳了这个建议，实行公立大学扩招，同时容许社会举办收费较高的民办大学。1997年时本科招生约58万，到了2010年就是351万。

我读大学时不收学费，1989年公立大学才开始收学费，当年一个学生一年缴200元，加上学杂费和生活费每年600元，那年城镇职工平均年收入是1376元。后来大学各项收费快速提高，高等教育成为一个家庭的主要支出。汤敏时任亚洲开发银行驻中国代表处经济学家，他说扩招的建议就是给国务院的，他说我也征求过你们的意见，那时我们正好在一个访问团里，但我可能没有参与意见。如果参与我也会赞成。

我记得在2010年后，高等教育学界和媒体对大学扩招后的培养质量下降有所非议，教育部周济部长说，大学继续扩招，但扩招幅度放缓。回头来看，当年的大学扩招的确不是因产业的人才需求而推动的，扩招后的毕业生2003年大量进入社会时，带来了就业难问题，2003年和2004年全国高校一次就业率甚至只有50%左右。但是，2001年中国加入WTO后高速发展，对人才需求的快速增长逐渐吸纳了扩招后的大学毕业生。

扩招的另一个好处我没想到。我曾跟一所民办大学的校长聊天，他很诚恳地告诉我，我们短时间内成立的民办大学肯定教学质量不如公立大学好，但是，总比让孩子们徘徊在大学之外好。是的，民办大学这些孩子都是高中成绩不太好，家里经济又比较宽裕的，换句话说，主要是一大批小富起来的普通家庭，孩子基本是家庭的第一代大学生。没有700多所民办大学，每年上百万这样的普通家庭的孩子就会跟父母一样，不能接受高等教育。

大学扩招在美国也发生过，不是因为“二战”后的产业需求引起的，主因是安置退伍军人。美国二战后的上千万军人需要复员，就业压力很大,《退伍军人权利法案》向复员军人提供免费大学教育和就业培训，以及高额的生活补助，引发了美国大学扩招，先后有230万复员军人进入大学学习。美国的大学扩招也被高等教育学界批评，他们或认为大学应该是精英教育，或认为大学扩招后培养质量下降。但是，美国“二战”后经济增长的黄金时代就是大学扩招支撑的，大量受过高等教育的复员军人成了工程师和教师，这个法案被认为是美国最成功的公共政策。

第三个十年，即2001年到2010年。这是中国加入WTO后经济高速增长的阶段，GDP增加到320102亿元（不变价），增幅为530%，人均GDP增加到30808元，增幅为290%。制造业和服务业延续了第二个十年的快速增长，服务业增长最快。此阶段不仅这两个产业的规模扩张使得对高等教育人才数量的需求增长快，加入WTO后国际市场对产品和服务质量升级的要求，也使产业对高等教育人才培养质量的要求相应提高了。

在此阶段高校扩招进入快车道，普通高校数量增加到2358所，增幅为130%，在校生规模增加到2232万，增幅为300%，专任教师数量增加到134万人，只增加了190%。学生数量快速增长，但专任教师数量增长已经连续两个十年明显低于学生数的增长。学生与教师的比例不合理进一步严重化，培养质量的问题成为第三个十年的主要问题。

第三个十年后期，高校内涵建设成为主旋律，质量评价体系建设进入快车道，对培养质量第三方评价的需求正在形成风口，我就是在这个十年的后期，在2006年成立了麦可思公司，来到了这个风口。美国也是大学“扩招”后的20世纪60年代开始有较多的高等教育研究。

第四个十年，即2010年到2020年阶段，是中国经济发展的中速增长阶段，GDP增加到891646亿元（不变价），增幅为180%，人均GDP增加到70892元，增幅为130%。这个阶段的特点是制造业增长放缓，服务业仍然增长最快。此阶段高等教育人才数量增长满足经济发展的需求已经不是问题，大学毕业生就业出现困难。在此阶段普通高校数量增加到2688所，增加了14%，但在校生规模增加到3031万，扩大了40%，专任教师数量增加到174万，上升了30%。人才培养质量不能满足产业要求是持续的主要问题。此时期，也是麦可思公司和高教服务产业发展最快的风口时期。

（王伯庆）

研究手记1.2

我们为什么要以学生为中心？

“以学生为中心”（student-centered，简称SC）作为一种教育理念，近年来逐渐为高教界所接受。大学普及化带来的多元学生群体及其多样化的学习目标，催生个性化的教学需求，而IT技术的进步让“翻转课堂”成为可能，为这种理念的推广提供了技术基础。

然而，2022年新加坡两位教授（Nina Powell & Rebekah Wanic）的文章《“以学生为中心教育”是一种不友善哲学》①若风乍起，吹皱一池春水。他们认为，将学生满意度置于教育目标之上，虽属善意之举，却让学生无法从大学获得他们本该得到的丰富的学习体验。而反

① Powell, N., Wanic, R.(2022). Student-centred Education: A Philosophy Most Unkind. *Times Higher Education*, Iss. 2507.

驳的声音更是全方位无死角——从历史到现实、从理念到技术、从社会学到心理学，全面论证“以学生为中心”的教育学意义。

细读争论的理据，我发现一个共同点，即双方都从教育者的角度对命题进行褒贬。的确，教师或学生，谁为中心都有其利弊得失，因此结论只能是，都对也都不全对。本来嘛，教学教学，有教有学。我们的祖先奉行以教（师）为中心，谓之“传道、授业、解惑”，而自20世纪二三十年代起美国学界推动进步教育，开始将关注点转移至学（生）一边。以我心思之，两者并无优劣之分，也无选边站之必要。

奇怪的是，两种观点争得不可开交，却少有人去问一下身居“中心”的学生们有何感受。他们能够承受“中心”之重吗？他们享受“中心”的待遇吗？假如有选择，他们愿做“中心”，还是宁可让老师当“中心”，带着他们走？或者，是否还有一种可能：由于各国文化与教育传统不同，这个命题本无普世意义，谁为中心，需要“看菜吃饭”？

作为中美两种教育制度的受益（害？）者，又陪伴孩子在美制下从幼儿园走到大学毕业，我自以为对中美两国课堂里谁为中心的问题有所了解，也有点发言权。与专家观点不同，我的普罗大众视角可能难免有偏颇之处。

假如我们把SC设想为中美大学之间的一场友谊比赛，而学生发展成长及其学习效果是这场比赛的终点，那么在我看来，参赛的“运动员们”就从未站在过同一条起跑线上。换言之，美国运动员早在小学阶段就开始“偷跑”了。以美国小、中、大学生家长和自己研究生的双重身份，我眼中的美国课堂从来就是以学生为中心的。孩子们根本没有排排坐专心听讲的习惯，而大学的课堂里更是充满着师生间的互动。我自己在大学教课之初还曾因为“满堂灌”的教学饱受学生诟病。

但是，SC鼓吹者们认为，课堂互动不等于SC。按照SC的理念，教学不再是教师照本宣科的单向旅程，但也不是我们所理解的课堂互动、启发式教学那么简单。真正的SC设计必须以学生发展为目的，而其效果应是可以测量的。以此观之，美国的大学课堂，虽然在中国“运动员”眼中已经很“中心”了，但与SC的要求还相距甚远。因此，美中课堂都需要SC，但他们各自需要的SC完全不同。对于美国大学来说，如果SC对于教师教学的要求如此之高，而教师的升职、涨薪、声誉却并不取决于教学而在于其研究，那谁会真正努力去实现SC呢？难怪美国业界批评道，他们的SC改革虽已经年，其过程仍然步履维艰，结果乏善可陈。①

看来在这场比赛中，美国“运动员”虽然偷跑在先，但在比赛过程中暴露出取胜意愿不强、体力严重透支等问题。尽管如此，中国“运动员”却从未因此占到任何便宜，原因何在呢？

近年来网上有很多关于留美的印度学生日后事业上为什么比中国留学生更加成功的讨论。由于工作关系我在过去十年里频频访问印度，特别是那里的顶尖中学。这些访问为解答上述问题提供了完美的答案：由于历史原因，今天印度贵族中学的教育根本就是西式的，而学生参与课堂互动早就是这种教育的组成部分。因此，留美的印度学生在文化上融入美国课堂完全没有障碍，加上他们多出的那份勤奋，其日后的成功与美国同学相比，也更加显眼。反观中国留学生，假如他们在国内的课堂里从来就没有成为过“中心”，怎么能指望他们在美国的课堂里产生任何“当家作主”的感觉呢？从文化上看，师道尊严既是我们民族的传统，也是阻碍学生在大学课堂里成为“中心”的原因之一。

同是接受美国大学教育，印度留学生在课堂上的表现，足以展示SC教学的学习效果。这个现象提醒我们，机遇只垂青有准备的头脑，SC成功与否，与学生是否主动配合关系极大，绝非教师一厢情愿能够成就。

这也顺带解释了为什么SC在小型文理学院和名牌研究型大学

① 赵炬明．以学生为中心课程改革骨干培训学习资料汇编[G]．华中科技大学教师教学发展中心，2017：218.

（如耶鲁、哥伦比亚等）更为成功。不同类型的学校在科研与教学之间所设置的激励机制虽然会影响SC的实行，但学生的素质及其学习主动性也许是更加重要的因素。此类精英大学学生在美国大学生中所占比例应当不超过百分之五，因此要在高教大众化的今天推行SC改革，阻力之大可想而知。

由此可见，“以学生为中心”的教育理念对于中美两国的大学来说，原理相同但意义却截然不同：如果SC能为美国大学锦上添花，那么对中国大学则是雪中送炭。

我们生活在一个信息泛滥的时代，今天的大学生从手机上能够获取的信息量也许已经超过他们父辈皓首穷经念完博士之所得。“传道、授业、解惑”，这种以“教（师）为中心”的模式曾经是传授知识的有效途径。但是，当教师讲课不再是信息传输的唯一渠道，学生的成长与发展便成了教学活动的中心，而大学能否展示令人信服的学生学习效果，则成为大学利益相关者们关注的焦点。

那么，中国大学是否可能利用新的教育技术，通过SC的方法，在人才培养上实现弯道超车呢？其实，这个问题本身包含一个悖论。在回答这个问题之前，你首先必须承认我们大学的产品——毕业生不如他人，但改革开放以来的成就似乎并不支持这样的判断。另一方面，从创新能力和竞争能力来看，我们的大学毕业生又的确存在诸多短板。因此在中国的大学推行SC，与美国人心目中的SC改革还是有所不同的。美国人需要通过SC改革来解决普通高校里学生学习意愿不高、动力不足等问题，而在中国大学推行SC改革，除了教育技术方面，还有一个文化传统的问题。而这个问题的解决并非由大学单打独斗能够完成，学习上的参与是一种习惯，需要从小养成。

我在美国上学或教书，几乎每个课堂上都会有那么一些学生，老师提问话音未落，他们的手就举起来了。开始我以为这些学生当真反应灵敏，时间久了才发现，他们举手时根本没有想好答案，而是为了争取说话的机会。事实上，当老师点到时，他们基本上是站起来现编，经常胡说八道。这样的学生在中国课堂上是会受到嘲笑以至谴责的。但作为老师，我发现，没有这样的学生就没有生动活泼的课堂讨论。佐证之一，当今很多讲座都会留一些问答时间，而打破最初的冷场几乎是问答能否进行的关键所在。为此，在国内做讲座，我不得不事先设“托”，个中缘由，值得深思。

本来就是学习，为什么不能胡说八道呢？也许，我们的学生都认为，老师提出的每一个问题都有对应的“正确”答案，而这个答案掌握在老师手里。因此，课堂讨论的目的就是要将那个“正确”的答案找到，或者通过大家集思广益，无限接近“正确”。作如是想，谁还敢胡说八道呢？与其被其他同学笑话，不如等别人出丑，或是等老师给出答案吧！SC之难，由此可见一斑。

因此，细究“以学生为中心”之命题，我的看法是，我们的学生尚未能够承受“中心”之重，更不享有“中心”的待遇。他们并不愿意让老师当“中心”带着走，但为了不影响老师对他们的评价，特别是学期的成绩，他们宁可不要当什么“中心”！而没有“中心”的参与，何来SC？

诸位看官若是同意这个看法的话，那么这才是在中国研究“以学生为中心”问题的起点。新加坡教授的观点、美国的实践、印度的成功，都可以作为参考，但不是理所当然的结论。

（程星）

/ 第二章 /

循证调查与测量工具

一

高等教育急剧扩张，在政府、社会和其他利益相关者等各个层面引发对于教育质量的关注，加上多元化的学生群体，特别是其中的家庭第一代大学生，对于毕业后的就业能力及就业质量的担忧，催生了由政府牵头的高校问责机制。在这一点上，中外高校之间有时间和机制的差异，但无本质不同。

但是，政府不是大学唯一的“利益相关者”，学生及其家长、捐赠者、纳税人以及其他与大学相关的群体，都会对大学教育质量问题表达关切、提出质询，由此形成所谓的高教“市场”。比如说，当学生在全球的大学间开始流动，念学位也好，交换访学也好，家长和学生都希望得到有关大学教学质量的信息，由此决定他们为如此流动付出的代价是否值得。只是在如何定义大学质量这个问题上坊间至今未有共识。然而，就在大学从如何进行质量保障到发布何种质量信息等方面举棋不定的时候，敏锐的商业机构嗅到了商机。《美国新闻与世界报道》（*US News and World Report*，简称美新杂志）在1983年率先推出美国大学排名，从此一发不可收，引发一场世界性的大学排名运动，至今方兴未艾。

然而，美新杂志的大学排名虽影响深远，却也争议不断。1995年，在文理学院排行榜上名列前十的里德学院（Reed College）宣布拒绝为大学排名提供数据。1996年，斯坦福大学的学生成立“忘记美新排名联盟”（简称 FUNC），支持里德学院退出的决定。一时间美新杂志的大学排名如过街老鼠，人人喊打。

转眼间四分之一个世纪过去了。FUNC 早已烟消云散，大学排名却不仅没有消失，反而在全世界范围内不断升温。每年全球四大排名轮番登场，总能在各大媒体上狂欢数日，“吃瓜”群众似乎也乐此不疲。

为什么这些排名在方法论上漏洞百出，却有着如此旺盛的生命力呢？借用姚明那则公益广告词“没有买卖就没有杀戮”，反其道而用之，便是个中原因：有需求才有供给！原来，我们的大学虽然汇聚了最顶尖的大脑，却没有厘清这个经济学的基本原理。

其实，大学的管理者们有过他们“旧日的美好时光”（good old days）。在高等教育的精英时代，大学“代行父母之责”（*in loco parentis*）。① 这个源自英国普通法的术语后来常被用来描述大学对学生及其家长所担负的责任，即校方有权从学生的利益出发设计教育内容并采用相应的教学与管理方法。不言自明，大学“代行父母之责”的前提是父母对学校的绝对信任，而这种信任是建立在大学无须向后者透露任何有关教学的信息的基础之上的。

对于象牙塔外的人们来说，唯其无知，所以神秘，因为神秘，方能信任。正如小孩对父母无条件信任，父母为了维持威权也不会在孩子面前无所不言。这种信息封闭的状态使得大学能够按照自己的理念设置教学项目，维持教学秩序，处理教学纠纷，追求教学效果。

但是，曾几何时，高楼深院里的清高、从容与淡定被国际教育展和职业招聘会上喧闹的人声所淹没。今天的大学不仅需要广开生源，还需要顾及毕业生的就业率，连名牌大学都不得不降尊纡贵地将学术课程推向市场，广而告之。徐志摩要是在今天的剑桥校园里诗兴大发的话，他

① Edwards, K. & Sweeton, N. (2000). Learning Communities: Past, Present, and Future. *Journal of Student Affairs*, 9, 42–52.

的名句也许会变成“匆匆的我走了，正如我匆匆的来”。匆匆而来是冲着大学诱人的广告，匆匆离去是赶赴职场验证文凭的价值。

当上大学从少数人的特权变成多数人的权利，原先约定俗成的“代行父母之责”便不复存在，大学与其受众之间的信任系统也随之土崩瓦解。“大学是否物有所值”这个问题开始浮出水面。

在信息充分的市场上，商品的价值是通过亚当·斯密那只“看不见的手”来调节、通过价格来反映的。但对于学生、家长及其他大学的“利益相关者”们来说，大学的楼太高、院太深、学问太专门、成果太复杂，而学费的高低又与质量的优劣毫不相干。正是人们在识别大学时表现出的这种无可奈何、饥不择食，成就了大学排名的市场需求，成为它久盛不衰的根本原因。排名即便不完美，也比没有好啊！

大学开始正视自己与“消费者”之间信息不对称的问题。为了重建信誉，他们必须有所作为，而不是一味地斥责大学排名太肤浅。有经济学家建议，对于价格昂贵、质量缺陷难以检测、顾客不常购买、一旦购买则将长期使用的这类商品的生产商来说，建立信誉最佳的选择是主动透露商品存在的缺陷，以此博得消费者的信任。[①] 采用这个策略的商家试图传递的信息是，他们所做的不是“一锤子买卖”，而是以诚信的态度，在销售上通过曝光来赢得顾客的信任。这种建立信誉的方法着眼于未来而非只是当下。

没有什么行业比大学更着眼于未来了，不是吗？讽刺的是，要保持大学的信誉，过去靠的是深藏不露，今天靠的却是自我曝光！

由此看来，发布质量信息是当今大学重建其信誉系统的一个重要策略，而这个策略的运用对于处在上升时期的大学尤为重要。高等教育的全球化和市场化，使得大学在选择自己的发展战略时已经不能将目光局

---

① Richardson, Craig J. (2011). *How Firms Build Trust in Markets with Asymmetric Information*. Regulatory Studies Center, Working Paper. The George Washington University.

限于大学所在的地区，因为今天的大学除了校园这个物质的存在以外，在互联网上还有一个虚拟的存在。在虚拟的空间里，大学的受众是世界上每个角落里可能在未来与大学发生联系的任何个人！在选择主动公布教育质量的信息时，大学也许会为某些暂时不尽如人意的表现付出代价，失去一些生源、资源以至声誉，但若将这些损失看作大学发展的一种“投资”的话，那么长期的收益终将补偿短期的付出。

当然，大学在全球范围内的竞争趋于白热化，即便是暂时的付出也让管理者们难以承受。相比之下，那些老牌、名牌大学也许无须通过传递质量信息来建立或巩固其声誉。对于尚未达到一流的大学来说，这不公平。再加上它们之中倘若有大学选择隐瞒，那么选择公开信息岂不是损失更大？

经济学家对此给出的方案是以博弈论作为工具，对在给定的约束条件下追求效用最大化的“理性人”行为进行分析，为信息不对称条件下合作或对抗策略的选择提供依据。在博弈论的经典案例“囚徒的困境”（Prisoner’s Dilemma）① 中，表面看来最佳选择是两名嫌犯都可能选择抵赖，但这不符合个人理性的要求，因为即使两人在事发前就有攻守同盟，各人还都会想到对方有可能会背叛同伙。② 因此，两人都会做出对自己更有利的选择，即坦白立功得到释放。

将这个案例运用到上述关于大学教育质量信息不对称的讨论上，大

① “囚徒的困境”说的是有两个囚犯一起作案被警方逮捕，分关在两个不能互通信息的牢房里审讯。警方的政策是“坦白从宽、抗拒从严”。囚犯或者与警察合作，供出其同伙，或者保持沉默而不愿与警察合作。如果一个囚犯坦白而另一个抗拒，则坦白者因立功表现被释放，抗拒者因顽抗将入狱 10 年；如果双方都坦白，则犯罪证据确凿，双方均被判入狱 8 年；如果双方都抵赖，那么警察将无法得到他们过去的犯罪证据，只能以此次作案轻判，各入狱 1 年。因此，两人都会做出对自己更有利的选择，即坦白立功得到释放。即使在给定一人坦白的情况下，另一人的选择也应是坦白；两人都坦白，结果判 8 年，也比 10 年要好。

② 张维迎．博弈论与信息经济学 [M]．上海：三联书店，上海人民出版社，1996.

学发现，通过对教育市场和自身竞争能力的分析，主动发布质量信息是他们在市场上建立其信誉系统的重要策略。因此，他们同意将质量评估的结果定期向他们的“利益相关者”通报，以求得后者的信任。但是，作为“理性人”，一个大学不能不想到自己选择合作（发布信息）而其他大学选择背叛（秘而不宣）的结果可能带来的伤害。即便所有大学都宣誓合作，也不能排除有大学在数据上造假，从而对合作者的声誉产生负面影响。但是，如果所有的大学都因为存在参与者背叛的可能性而选择不合作，那么通过传递质量信息来建立或巩固其声誉的期许就会完全落空。

至此，我们开始看到大学排名大行其道的原因所在了。在任何市场上，只要有需求，就会有供给。当大学扭扭捏捏地拿不出自己的质量指标来向大众报告，商业机构就毫不客气地 DIY（自己动手）了。他们按照市场需求炮制的大学排名不管是否真正反映大学教育的质量，一旦出炉便拥有了自己的受众群体。大学批驳也好，抵制也罢，都不能阻止这样的评估。从这个角度看，大学除了自己定期发布质量信息，已经别无选择。唯一需要研究的是，如何将这样的信息发布做得比排名机构更好、更有说服力。

事实上，大学从开门招生那天起就有自己的质量评估系统：老师给学生打分是评估，学院决定是否给学生发毕业证书也是评估，这样的质量评估时时在发生。然而，市场因素的介入将评估从教授与学生之间一件简单的事，变成大学与其“利益相关者”之间一件复杂无比的事。于是“绩效指标”（key performance indicator，简称 KPI）在高校成为新的流行语。

KPI 原是企业用以衡量、检视产品质量和工作效率的工具。这种方法在大学能否有效运用，取决于我们选取的指标能否真实反映大学教育的质量，并得到“利益相关者”的认同，也取决于我们能否找到合适的传达方法与途径。大学设定的 KPI 如果太专业，大众看不明白，也不会认同。另一方面，排名机构在设定KPI时偏爱大学拥有的资源指标，却无视学生学习的过程与成果。这样的指标简单明了，大众能看明白，却得不到大学的认同。

因此，面对市场，当代大学不仅需要学会如何保障教学质量，而且需要掌握有效传达其质量信息的工具与方法。同类大学能否通过协商建立起具有公信力的质量发布平台呢？第三方机构能否帮助大学建立起客观可信的质量发布渠道？对于个别大学来说，即便教学质量暂时不尽如人意，建立透明的信息发布机制仍是当务之急。毕竟，罗马不是一天建起来的。

【围绕大学排名产生的是是非非，参见：研究手记2.1 排名数据背后的故事】

二

既然排名机构按照市场需求炮制的大学排名无法真正反映大学教育的质量，那么大学除了自己动手，别无选择。

当代高校为追踪大学生成长发展的路径，提升人才培养质量和管理决策水平，建立了各种学情监测机制，而针对学生及其他相关群组开展的问卷调查便是监测的主要方式。问卷就学生求学经历中可测量的、与学习成效相关的方方面面搜集数据，意在帮助高校了解其学术与非学术项目对于学生成长的影响。学生的成绩报告和各种标准化测试反映的是他们的学习情况，而学情监测则是学生对求学经历的认识与反思，两类数据放在一起，才能形成学生发展的全景图像。

阿斯汀和美国高等教育理事会（ACE）在1966年发起新生调查项目（CIRP），1973年起由加州大学洛杉矶分校（UCLA）主持。这是目前美国规模最大、历史最悠久的高等教育研究项目，每年在美国全国范围内对高校新生班级进行调查。迄今为止，已有1900多所院校的1500

多万名学生参与了这项调查。CIRP 新生调查搜集新近入学的大学新生的个人背景、高中经历、学生态度与行为以及对于大学的期望等方面的数据。加州大学洛杉矶分校的高等教育研究所会对每年全美参与高校的调查数据作汇总分析，并以报告的形式出版。

CIRP 新生调查项目堪称世界各国高校对大学生进行大规模调查的首创者，其意义已经超越简单的数据搜集。其一，CIRP 针对美国大一新生作跨院校的大型调查，第一次将学生的背景、态度、特点、价值观和志向等因素放到整个社会的大背景下进行考察，为国家教育政策的调整和院校学术与非学术项目的设置提供参考。其二，研究型高校的传统是强调学术独立，研究上独辟蹊径，但在学生培养方面，各类高校之间有诸多共性，需要分享与借鉴。CIRP 数据的搜集使高校对标成为可能，也为后来的学生成长追踪开启大门。其三，阿斯汀的“I–E–O”框架在他主持的调研项目中得到运用，催生了一系列的跟踪调查，如“大学第一年调查”（Your First College Year Survey）、大四学生调查（College Senior Survey）、多样化学习环境调查（Diverse Learning Environments Survey）等，也为美国及其他国家高校后来的学情调查树立了楷模。

“全美大学生学习参与调查”（NSSE）[①]是继 CIRP 之后涌现的各种学情监测中最成功、最具代表性的调查工具。1998 年，在皮尤慈善基金会（Pew Charitable Trusts）资助下，NSSE 由印第安纳大学牵头开发，次年试运行，并于 2000 年起在全美范围内推行。NSSE 调查对象为四年制大学的新生与高年级学生，旨在了解学生在四年大学期间的学习状况、校园活动的参与情况及其收获，具体包括五个方面的信息：有教育目的活动的参与情况，学校要求和课程作业的挑战性，对大学环境的看法，对入学以来在教育和个人成长方面的评估，以及学生背景和人口学特性。

① Center for Postsecondary Research, Indiana University School of Education: National Survey of Student Engagement. [2024-10-11]. https://nsse.indiana.edu/nsse/index.html.

调查结果可以帮助大学评估本科教育的质量，获取诊断性的、可操作的信息，并基于数据对学校的教学与管理做出改进与提升。NSSE 的重要性在于，它以 20 世纪 30 年代以降横跨心理学、社会学、认知发展和学习理论领域的研究成果为基础，在问卷项目开发上既关注学生参与活动的有效程度，也包括他们对支持其学习和发展的校园环境的反馈。

以 CIRP 新生调查和 NSSE 全美大学生学习参与调查为代表，过去三十多年间各种各类关于学情监测的调查如雨后春笋般涌现，很多问卷由从事高等教育研究的教授和研究人员设计，数据搜集注重学生成长背后的心理学、社会学因素，在方法论上则强调统计的信度与效度。1999 年由加州大学伯克利分校高等教育研究中心酝酿开发的“研究型大学本科生就读经验调查”（Student Experience in the Research University Undergraduate Survey，简称 SERU Undergraduate Survey）[①] 则是从院校研究的角度设计的，其问题和指标更倾向于学生的学术与非学术体验、高校项目和服务的质量以及学生学习的成效。由于是普查形式的全员调查，数据分析结果为参与高校提供学校日常运营的全景图。参与 SERU 的院校将调查分析的结果用于帮助评估与认证的举证，支撑学校的战略规划，回应政府和社会的问责，特别是提升院校内部的管理与决策。这个调查 2002 年在加州大学开始实施，2008 年其他研究型大学也开始加入，包括北美大学联盟（AAU）中的一些学校。目前全球大概有 30 所研究型大学使用 SERU 本科生调查。

英国大学生调查较之美国起步稍晚，但成绩不俗。“全国学生调查”（NSS）是由英国政府组织的一项全国性高校学生满意度调查，其调查对象为英国大学或学院即将毕业的本科生。问卷收集学生对大学的课程与教学、学习资源、个人发展等方面的反馈信息，为高校改善学生体验提

① Center for Studies in Higher Education, UC Berkeley: Student Experience in the Research University (SERU). [2024-10-11]. https://cshe.berkeley.edu/seru/about-seru/seru-surveys/ugseru-survey-design.

供数据支持，并支撑高校的问责报告。[①]

2005年起，几乎所有英国的大学以及学院都参与了这项调查。在2022年的调查中，一共有382所院校以及32万余名学生参与这项调查，回复率高达69%。与美国民间机构主导的高校质量评估相比，英国高校质量保障体系及其运作更具官方色彩。从质量评估的组织到内容，政府参与并主导的痕迹随处可见。NSS能够达到如此高的回复率，原因不言自明。该调查运行十余年，参与广泛，在英国高校以及学生中具有很高的影响力，已成为英国高等教育质量保障体系的重要组成部分。

为了更好地进行学情监测和高校质量评估，英美之外许多其他国家的高校及研究机构也投入大量资源，开发调查工具。如澳大利亚的“教学质量指标调查”（Quality Indicators for Learning and Teaching，简称QILT）、“澳亚高校学习投入调查”（Australasian Survey of Student Engagement，简称AUSSE）、“全国大学生调查”（National Survey of Student Engagement，简称NSUS）等，日本的“日本大学生调查”（Japanese College Student Survey，简称JCSS）、“日本大学新生调查”（Japanese Freshman Survey，简称JFS）等。加拿大大学调查联盟（Canadian University Survey Consortium，简称CUSC）[②]1994年成立，意在为大学提供“清晰的、有数据依据的管理建议”，目前有60所大学参与其主持的“第一年学生调查”（First Year Survey Instrument）、“学习中期调查”（Middle Year Student Survey）和“毕业年调查”（Graduating Student Survey Instrument）。

第三方商业机构也与政府和公、私立高校携手开发学情调查工具。英国教育服务公司Tribal Group旗下从事调查业务的i-graduate公

① Office for Students: National Student Survey (NSS). [2024-10-11]. https://www.officeforstudents.org.uk/for-providers/student-choice-and-flexible-learning/national-student-survey-nss/.

② Canadian University Survey Consortium. [2024-10-11]. https://cusc-ccreu.ca/?lang=en.

司自2005年起对高校招收的国际学生进行调查。“国际学生晴雨表”（International Student Barometer）通过跟踪国际学生从申请到毕业的决定、期望、感知和意图，为高校提供国际比较，用以提升国际学生的学习体验，帮助其改进招聘策略，并更好地与国际学生进行沟通。i-graduate多年积累的数据涵盖各种学生类型，成为高校跟踪国际学生体验，并进行对标研究的最佳工具。美国的Ruffalo Noel Levitz（RNL）公司①近50年来致力于为高校开发生源调查、学生满意度调查、学生存留调查等工具，帮助大学建设及其学生毕业并取得事业成功。

早在20世纪90年代，中国学界就注意到国外关于大学生发展影响因素的理论和实证研究，并为建立适合国情的质量评价保障体系不断探索。北京师范大学于2001年引进佩斯（Robert C. Pace）开发的“大学经历问卷”（College Student Experiences Questionnaire，简称CSEQ），在北京、山东、内蒙古和湖南等地的23所高校对大学生进行了随机抽样调查，建立了规模庞大的数据库。②北京大学教育学院课题组自2006年开始进行年度“首都高校学生发展状况调查”，对首都不同类型高校学生的成长现状和学习生活的参与程度进行调查。③2011—2012年南京大学、西安交通大学等高校则通过参与加州大学开发的SERU调查问卷，对中国研究型大学本科生学习的基本状况进行数据分析，并与加州大学伯克利分校比较，为提升中国本科教育质量提供思路与启示。④

---

① Ruffalo Noel Levitz. [2024-10-11]. https://www.ruffalonl.com/about-ruffalo-noel-levitz/.

② 周廷勇，周作宇．高校学生发展影响因素的探索性研究 [J]. 复旦教育论坛，2012，10（3）：48—55+86.

③ 朱红．高校学生参与度及其成长的影响机制——十年首都大学生发展数据分析 [J]. 清华大学教育研究，2010，31（6）：35—43+63.

④ 龚放，吕林海．中美研究型大学本科生学习参与差异的研究——基于南京大学和加州大学伯克利分校的问卷调查 [J]. 高等教育研究，2012，33（9）：90—100；陆根书，胡文静，闫妮．大学生学习经历：概念模型与基本特征——基于西安交通大学本科生学习经历的调查分析 [J]. 高等教育研究，2013，34（8）：53—61.

清华大学教育研究院自2007年起，通过与NSSE合作，开发了汉化版工具NSSE-China。[①]研究人员结合国情现状，通过重构指标体系、自主开发量表等方式，对工具进行修订和优化，并于2012年将其正式更名为“中国大学生学习与发展追踪调查”（China College Student Survey，CCSS）。CCSS项目组开发了适合不同类型院校人才培养过程的调查工具，包括“中国大学生学习性投入调查”“中国大学生学习与职业发展调查”“中国高校毕业生调查”和“清华大学在校本科生追踪调查”。截至2019年，参与CCSS项目的合作院校已超过150所，覆盖全国28个省、自治区和直辖市，涵盖从普通本科院校到高等职业院校在内的各类院校。[②]

无论是对国外的调查工具进行汉化和改造，还是自主研发我们自己的学情调查工具，国内学者的努力始终紧扣中国高教发展的实际情况。史静寰对国内高校学情研究的方向作了非常精准的总结：（1）正处在社会转型期并经历高等教育由大众化向普及化阶段过渡的中国大学生，在校期间学习与发展的现实境遇、存在的问题及未来走向。（2）国内外有关大学生学习研究的理论，对中国大学生学情研究的启示与借鉴意义。（3）运用实证研究范式进行大学生学情研究的方法设计、实践推广及政策影响问题。[③]

三

以CIRP为代表的生源和新生状况调查和以NSSE为代表的大学生

① 罗燕，海蒂·罗斯，岑逾豪．国际比较视野中的高等教育测量——NSSE-China工具的开发：文化适应与信度、效度报告[J]．复旦教育论坛，2009，7（5）：12—18. 作者与罗燕教授的对话讨论。

② 胡科，冯权，黄雨恒．我国规模最大的高校学情调查是怎么炼成的？[EB/OL].（2020-04-27）[2024-10-11]. https://www.sohu.com/a/391664575_608848.

③ 史静寰，王文．以学为本，提高质量，内涵发展：中国大学生学情研究的学术涵义与政策价值[J]．华东师范大学学报（教育科学版），2018，36（4）：18—27+162.

求学经验调查，从“输入”和“环境”两个方面为高校追踪学生成长的路径、辅助管理决策提供了有效的循证工具。但是，从《大学如何影响学生》三卷所覆盖的文献来看，学界对于高校“输出”端的研究较为薄弱，可选的大型测量工具也相对欠缺。

在很多国家，高校对毕业生进行问卷调查已经成为搜集学生反馈、了解就业情况、评估教学质量的标准动作。欧洲国家对于毕业生追踪研究极为重视。1998年至2001年，由欧盟和日本资助，德国卡塞尔大学高等教育研究所（International Center for Higher Education Research，简称Incher-Kassel）牵头开展了“高等教育后的职业：一项欧洲研究”（Careers after Higher Education: a European Research Study，简称CHEERS），欧洲（德国、西班牙、法国、意大利、荷兰、奥地利、芬兰、瑞典、英国、挪威、捷克）和日本的4万多名高校毕业生在毕业三到四年后回答了一份关于高等教育培训与工作关系的调查问卷。调查问卷共16页，约600个变量，涉及许多领域，包括学生在高校的学习情况、课程、学习条件、就业过渡、学历资格、学习与工作的关系、工作条件等许多方面的问题。①

作为CHEERS的后续研究，2004年开始的“就业与职业灵活性研究”（Research into Employment and Professional Flexibility，简称REFLEX）项目对已经参加了CHEERS调查的国家以及比利时、波兰和瑞士的约3万名高校毕业生进行调查。REFLEX项目分析了欧洲高等教育和就业之间关系的发展。研究者认为，在知识社会里，有效的高等教育和培训集中在三个相关的问题上：高等教育毕业生需要什么样的能力来充分地完成知识社会的工作任务？高等教育机构在帮助毕业生培养这

① Schomburg, H., Teichler, U. (2006). *Higher Education and Graduate Employment in Europe: Results from Graduates Surveys From Twelve Countries*. Dordrecht: Springer. Higher education dynamics Series, No. 15; Schomburg, H. (2016). *Carrying out Tracer Studies: Guide to Anticipating and Matching Skills and Jobs (Vol. 6)*. Torino: ETF, CEDEFOP and ILO.

些能力方面扮演什么角色？毕业生、高校、雇主和其他中介为了达到各自目标会产生什么冲突及如何解决这些冲突？[①]

这类大型的毕业生跟踪研究对于各国高教政策以至社会政策的制定具有重要的参考意义，但对高校的日常管理和质量评估却意义不大，因为这些研究周期长、常态化程度低，研究的问题学术性高于应用性。

通过加入数据联盟进行调查，是高校在行业大背景下得到其毕业生生存状况全景图的有效途径。“澳大利亚毕业生调查”（Australian Graduate Survey，简称 AGS）是一项全国性调查，了解毕业生在完成高等教育学位要求后四个月的活动情况。调查包括毕业生离校后的就业、深造及其他状况，毕业后的薪资水平，他们在高校的课程体验，特别是他们对教学质量的看法、他们通用技能的获得和他们对课程的总体满意程度。每年 12 月，“全国毕业生职业指导服务中心”（National Association of Graduate Careers Advisory Services，简称 NAGCAS）公开发表调查报告。[②]

在美国，由私立学院和大学组成的数据分享联盟（Higher Education Data Sharing Consortium，简称 HEDS）开发了各种问卷调查，其中包括“HEDS 校友调查”（HEDS Alumni Survey），向校友询问其教育经历的质量和影响，包括实习、出国留学和社区服务等课内外活动。该调查还要求校友评估他们的教育经历，如在批判性思维、解决问题能力和其他方面的学习成果。最后，调查还涉及毕业生就业、大学满意度和大学债务等问题。[③]

---

① Allen, J., van der Velden, R. (2011). *The Flexible Professional in the Knowledge Society: New Challenges for Higher Education*. Dordrecht: Springer. Higher education dynamics series, No. 35; Schomburg, H. (2016). *Carrying out Tracer Studies: Guide to Anticipating and Matching Skills and Jobs (Vol. 6)*. Torino: ETF, CEDEFOP and ILO.

② National Association of Graduate Careers Advisory Services: Australian Graduate Survey. [2024-10-11]. https://www.nagcas.org.au/research/australian-graduate-survey-3.

③ Higher Education Data Sharing Consortium. [2024-10-11]. https://www.hedsconsortium.org/heds-alumni-survey/#1482250041716-ae61aac3-0d72.

由于毕业生调查较之在校生调查更具挑战性，中国高校目前往往采取本校甚至本学院毕业生调查的方式，规模不大，难以对标。一般高校针对应届毕业生或者近几届毕业生的调查比较常见，而对于毕业时间较久的学生的去向和基本状况往往缺乏跟踪了解。针对这样的情况，有学者呼吁在毕业生调查上倡导开放多元，拒斥封闭单维："封闭单维的毕业生调查体系势必窒息大学教学系统自身内在的发展活力，某种程度上会形成'闭门造车'的格局，与社会发展相脱节，同时由于指向单一，不可避免地会排斥、过滤掉大量对于大学教学系统良性运行和教学质量发展有益的'正能量'。"①

这个问题显然已经引起高层重视。从 2020 年开始，教育部正式启动毕业生就业状况跟踪调查，调查范围为"双一流"建设高等学校。结合国家"双一流"建设工作安排，2020 年调查范围为 2017—2019 届"双一流"建设高校毕业生及重点建设学科毕业生就业单位。2021 年起，调查范围将扩大到"双一流"建设高校的所有学科。调查结果将用于"双一流"学科建设成效评价。②

学生毕业（"输出"）及其后的发展状况之所以不可缺席，不仅是因为毕业生就业、深造及其职业生涯的发展状况是高校真正的"成果"，更重要的是，高校为培养人才所设计的各种学术和非学术的项目是否有效，最有发言权的就是亲身经历过的毕业生，他们的反馈是高校改进与提升不可或缺的抓手。从这个角度看，没有毕业生调查的学情监测机制是不完整的。但在这一方面，现有的大型测量工具相对欠缺，很多毕业生调查是由高校独立运营的，对标几乎不可能，比较研究的余地也有

---

① 鲍璐佳. 大学毕业生发展状况调查的实践探索 [J]. 教育观察（上半月），2016, 5(12)：45—47.

② 中华人民共和国教育部 . 教育部办公厅关于开展高校毕业生就业状况跟踪调查的通知 [EB/OL].（2020-09-18）[2024-10-11]. http://www.moe.gov.cn/srcsite/A15/s3265/202009/t20200927_491672.html.

限。根据笔者在高校工作多年的经验，这种情况的产生大致有三个重要原因：一是毕业生调查难度极高，学生一旦离校就很难追踪，因此调查回复率极低；二是跨院校的大型问卷虽能为高校提供对标，但组织调查的第三方机构较之学生母校，难以取得毕业生的信任，因此提升回复率难上加难；三是毕业生对于母校教育教学状况的反馈有一个时间差，而且就“成果”而言，高校的很多“最佳实践”需要几年甚至几十年的时间才能见到效果。因此，好的毕业生调查问卷，不仅要能激发毕业生对高校体验细节的准确回忆，而且要能通过这些细节体现高校在人才培养设计中倾注的理念，以及与此相应对于各种不同的学术和非学术项目之间轻重缓急的处理。要做到这一点，设计者既要有行业知识，还需要有一点生活的常识和智慧。

四

本书的目的是为高等教育普及化阶段多元化的大学生群体画像，为在就业市场上拼搏和发展的高校毕业生留声，为在创新和改革中艰难前行的高校教育教学状况存底，为高校人才培养质量的评估、提升和改进建言。我们希望基于实证数据，通过对成果导向的质量监测体系进行研究分析，为高校的教学与质量管理、二级院系和教师考核、专业建设和专业调整以及院校评估、专业认证提供数据支撑与管理分析报告。为实现这个目标，翔实、可靠而又全面的实证数据是关键。

从 2006 年开始，麦可思公司就对国内外高教研究和管理领域的各种理论与实践作全面的研究与分析，致力于打造符合中国高等教育发展的学情监测体系。本研究使用的数据即来自麦可思。这是目前国内唯一、国际上亦不多见的从“I”“E”到“O”全过程的学情监测，国内至今已有 1500 多所高校参与调查，形成全方位、多层次的高校学情监测数据系统。19 年来，麦可思运用成果导向教育的理念，通过问卷调查、教学平台和其他状态数据的搜集，逐步为中国高校构建了一个从生源质量、过程质量到结果质量的全面质量监测数据库与分析系统。图 2.1 是这个数据库与分析系统的示意图。

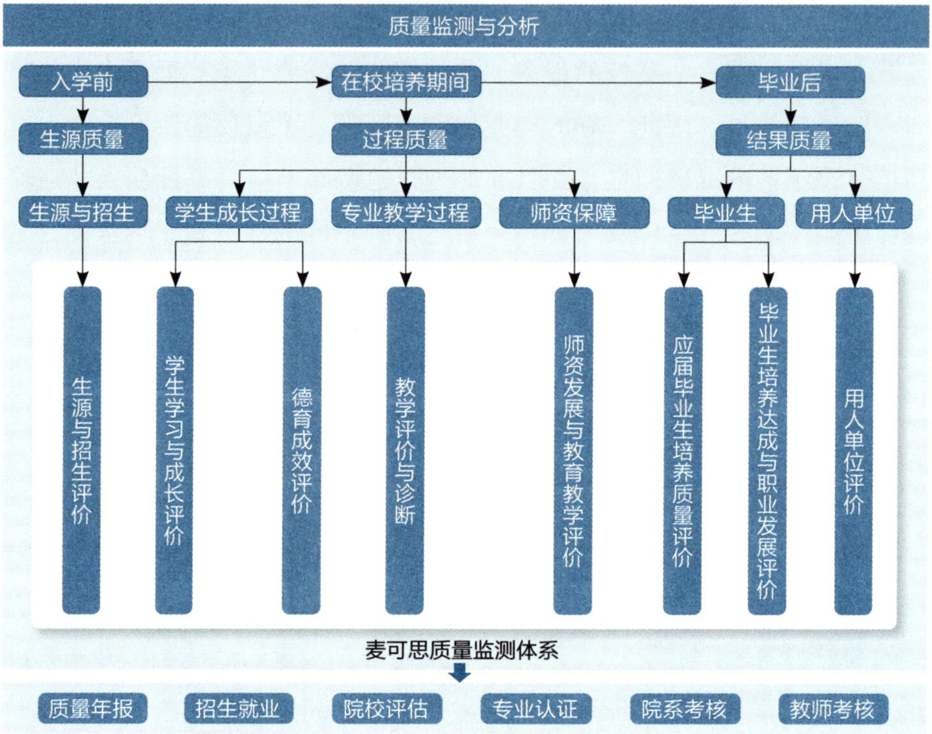

图 2.1　麦可思数据库与分析系统

具体来说，麦可思数据库的设计基于四大理念：

（1）学为中心：聚焦于学生的学习，以教学实施、资源配置、学生服务等诸多方面支撑学生培养目标的达成，把“是否有利于学生达成培养目标”作为教学设计、师资队伍、课程内容、硬件设备的监测要点。

（2）成果导向：以人才培养目标为成果，了解应届毕业生就业质量及能力达成、五年后毕业生培养目标达成情况，分析培养过程中的课程教学质量对教学目标达成的支撑情况，教师的教学投入、教学能力及学校提供的培训对教学质量的保障程度，支持条件对培养目标达成的满足程度。

（3）利益相关方：通过建立来自不同利益相关方的调研反馈渠道，及时了解来自学生、教师、校友、用人单位等方面对于人才培养和院校管理的评价和不同利益相关方对人才培养的改进期待，将评价结果及时反馈到相关负责人，用于教育教学的持续改进。

（4）持续改进：通过量化目标、测量结果、结论分析、明确改进举措等步骤，形成包含校内外各元素的质量闭环，建立多维度的质量监测机制，并通过持续的监测形成累积趋势，了解各项工作的发展和改进成效，从而达到持续改进的目的。

在接下来的章节中，我们从麦可思数据库中选取“新生调查”“学生学习与成长调查”“教学质量管理平台”“教师调查”“应届毕业生调查”“毕业3—5年后校友调查”“用人单位调查”等七大数据样本，对中国高校人才培养的过程从六个方面分别进行深入的探讨与分析。以下是对这七个数据样本的简单描述。

“新生调查”：以新生调研数据为主，结合学校基础数据，从生源特征、志愿填报、专业认可等多角度描述生源质量，分析优秀生源报考情况及其对高校产生的影响。对这个数据进行分析可以帮助高校了解招生竞争情况及招生宣传成效，为未来招生策略调整提供信息支持，了解新生期待及需求，为后续培养提供参考信息。

“学生学习与成长调查”：基于学生自身的反馈数据，帮助高校重点了解在校生的年度成长和学习状态。从分析学生的学习成果着手，通过学生的学习投入、高校的课程设置、教师教学实施、校园支持等方面展示教与学过程的评价结果，并深入分析影响学习成果的因素，寻找主要教学问题，并对不同年级、不同专业的重点问题进行分析。

“教学质量管理平台”：这个平台采集的数据可以帮助高校及时了

解教师的教学质量、课程挑战度、学生的学习行为和学习效果等。以学生、督导等的评教数据为基础，结合学校自有数据，研究者可以对学校教师教学组织、课程建设等进行分析，为学校提高教学质量、进行教师考核、调整课程及专业建设等提供数据参考。数据还可以用于辅助构建学校、院系、任课教师三级教学评价体系，实现教学过程的质量管理。

“教师调查”： 以教师调查数据为主，了解教师的敬业度和满意度，对教师的教学能力水平及学校提供的培训支持进行分析；了解教师对成果导向理念的解读及执行情况；反馈教学组织运行状况以及学校提供的支持条件对教学的满足程度。把握全校总体、各院系以及不同类别教师群体的工作现状，分析对教学质量的保障程度，为学校提升教师能力水平、改善教育教学质量提供参考。

“应届毕业生调查”： 以应届毕业生毕业调研数据为基础，了解毕业生的短期就业质量、培养定位与毕业要求达成情况，以及对母校教学培养过程、学生服务等方面的反馈，从人才培养结果的角度分析培养目标达成情况及其对社会需求的满足程度。

“毕业3—5年后校友调查”： 以毕业生毕业3至5年后调研数据为基础，搜集毕业生中期的职业行业分布、岗位职称晋升、月收入涨幅、能力达成等信息，衡量学校及专业培养目标达成情况。同时，从职业发展角度对在校期间的专业培养目标合理性、教育教学、课程结构、通识教育、能力培养等方面进行分析，为教学管理与改进提供参考，并能够服务学校专业调整、建设及评估等工作。

“用人单位调查”： 以用人单位评价数据为基础，旨在了解用人单位对毕业生在工作能力、专业知识和个人素养等方面的评价与要求，以及用人单位对学校培养质量、专业与教学工作的反馈意见，获取用人单位对于培养目标合理性的评价。通过毕业生真实的职场表现反馈，为高校的人才培养定位与改进提供依据。

近年来，随着数字化技术深入校园，高校的组织结构、管理模式、课堂教学、学生服务等各方面都发生深刻变化。数字化转型中的高校，每一次人际 / 人机交互都会产生数据。高校的数字化转型既生成数据，又对数据产生依赖，学生成长、教学质量、管理效率等指标需要通过数据加以表达。用麦可思数据来对中国高校学情进行分析研究，其优势不仅在于问卷调查数据的连贯性、系统性及背后的理论支撑，还有数据来源的多元性。麦可思近年来系统搜集高校的状态数据，形成“调查数据 + 平台数据 + 校本数据”这样一个综合的、多层次的数据库，为中国未来高校决策和管理提供一幅全景图。

研究手记 2.1

排名数据背后的故事

哥伦比亚大学栽了！

2022 年 9 月 13 日，美新杂志公布新一轮美国大学排名，将这所前一年还名列全国第 2 的常青藤名校拉下神坛，草草地塞在第 18 名的位置上，为那句网络名言作了最好的注解：“伤害性不大，侮辱性极强。”

按说这个结果不应该让人过于震惊。2022 年 2 月该校数学系教授萨迪厄斯（Michael Thaddeus）在自己的网站上发表万言长文[①]，公开挑战哥大提交数据的准确性。哥大随后宣布对此展开调查，并在真相大白之前暂时退出今年的排名。然而，让人跌破眼镜的是，美新杂志不仅没有将哥大踢出排行榜，反而给它安了一个名次，且对此安排没

① Thaddeus, M. An Investigation of the Facts Behind Columbia's U. S. News Ranking [EB/OL]. (2022-03-20) [2024-10-11]. //www.math.columbia.edu/~thaddeus/ranking/investigation.html.

有提供任何理据，引发国内外舆论一片哗然。第18名的名次在许多大学眼里也许很不错，但是16位的跌幅却是未审先判，坐实了哥大数据造假的罪名。

作为校友，并在那里任职多年，哥大落难，于我心有戚戚焉。但此事有太多的看点，能给我们带来难得的启示，我不能浪费这么好的一个危机。

哥大为美新杂志提供数据的部门有我昔日的战友，所以事发后我的恻隐之心不在大学，而在那些遇到麻烦的同事。我自己之前曾在另一所大学任职，就被美新杂志整过一回，至今难忘。那所大学由若干校区组成，各分校虽然在管理上相对独立，但其诸多功能却由总校操作，包括向联邦政府报告各种数据。那年总校在向政府上交各分校数据后，不知何故未能及时将报告副本转给我，这样我在给美新杂志提供数据时就留下了一些空缺。

美新杂志收到我的报告后，没有与我联系，却另寄一份空白报表给校长。校长收到后不明白怎么回事，随手就扔进了字纸篓。美新杂志等不到回音，又重寄一份，校长又给扔了。这下他们沉不住气了，直接给校长写了一封信。信的大意是，贵校院校研究办公室主任程某人居然无视学校声誉，拒绝为美新杂志大学排名提供数据，本杂志决定将贵校今年报告上的空缺数据以全国最低平均数据来填补，由此产生的后果由贵校自行承担。

校长收信后的愤怒不言而喻。但也只是在这时她才意识到，为什么此前一再收到美新杂志寄给她的报表。在听了我的解释后，她无可奈何地苦笑了一下，说："得，算你运气好，因为把报表扔了我也有责任，不然看我怎么轻饶得了你！"①

大学排名从诞生那天起就备受诟病，但美新杂志排名从首发至今

① 程星．美国大学小史[M]．北京：商务印书馆，2018：209—210.

已近40年，不仅风头不减当年，而且还能对大学，包括哥伦比亚这样的名校颐指气使，原因何在？以成果论，大学的出产无非两项——科研与教学。教授学者们皓首穷经，探索大千世界的奥秘，大多数论文连他们的同行都难以看懂，哪个排名机构能将这样的学术研究计入排名？至于教学过程及其效果，更是“一千个观众眼中有一千个哈姆雷特”，很难一言以蔽之。如果排名既不能将科研计入排名，又不能将教学计入排名，那么它的信度与效度何在呢？为什么各类排名还能大行其道呢？

原因很简单。排名与大学的学术水准关系不太大，却与其社会影响休戚相关。大众需要了解大学，却不是非要懂得大学。排名满足了这个刚需。的确，没有人会因为自己不懂芯片原理就拒绝使用手机；相反，不懂芯片的人天天在对手机的功能指手画脚。同理，纳税人可以不懂大学内部的运行规律，却可以决定政府对大学的投入力度，或是为自己的孩子选择大学。所谓存在便是合理，此之谓也。

事实上，连萨迪厄斯都不相信从排名中能够得出关于哥大教育质量的结论，无论是第2名还是第18名。他关注的是大学的诚信，而这个问题不仅于科研、于教学都至关重要，而且直接影响到大学在社会大众心目中的形象。结果是，萨迪厄斯把自己任职的大学告上“道德法庭”，不仅没有受到大学惩罚，反而提升了哥大教授的形象。

与此相比，当事件的轰动效应过去后，美新杂志的做法却开始受到质疑。就以萨迪厄斯指责哥大造假的两个数据为例：一是小班上课的比例，二是教授中拥有博士学位的比例。哥大经过调查后也承认这两个数据与真实情况不符。不管产生偏差的原因是故意造假，还是如哥大所说采集数据的统计方法不妥，这两个指标对哥大真实的教学效果至多只是一种间接而非直接的影响。可是，当这两个数据进入排名指标，居然能够造成16位的落差，不免让人咋舌。

姑且假设美新杂志在排名问题上公平公正吧，那么哥大事件告诉我们，如此间接而琐碎的数据都能对大学排名造成如此巨大的影响，可见排名相邻的大学之间从数据上看其实并无太大差别，他们之间真正的差别何在，这才是我们应该研究的问题。

我也曾自问：假如由我来主持大学排名，我会比美新杂志做得更好吗？当然不会。因为大学排名需要常模数据支撑，而美新杂志在采集可比数据方面所做的工作已经达到这个行业的天花板。换言之，大学间能够用来比较的数据美新杂志已尽收囊中。因此，除了追究数据的准确性而外，我们更需要检视大学评价数据背后的意义。

半个多世纪之前，大学对其教育理念和目标达成的描述还完全是定性的、不可测量的。这样的时代已经一去不复返。管理学大师戴明（W. Edwards Deming）有句名言："除了上帝，任何人都必须用数据说话。"于是乎，随着美国院校研究在20世纪60年代兴起，常态的数据搜集与分析早已成为大学评价和管理的标准动作。定量数据最大的优点是简单、直观，但其最大的缺点也是简单、直观。

以小班上课的比例为例。学生及其家长都假设小班学习效果更好，因此这个比例对于大学吸引优质生源意义非凡。然而，梅贻琦说过："所谓大学者，非谓有大楼之谓也，有大师之谓也。"因此哥大之类名校的吸引力，也许在于其任职教授中的诸多名家大师、诺奖得主。然而期望在小班课堂里一睹其风采、亲聆其教诲，并不现实。可见，小班上课的比例作为一个数据点再准确，其背后的意义仍需定性数据的支持，比如名师大课给学生带来的获得感。

问题是，既想要定量数据的简单直观，又想要定性数据的丰厚深邃，可能吗？以此要求排名机构，当然不太可能。但大学可以根据受众群体、应用场景和评价目的之不同，设计出多维度的质量指标体系，即便难以彻底改变大众对排名的依赖，起码能够建一个平台，讲自己的故事。

平台如何搭建？近年来数字技术创新日益加速，而高等教育也在多种因素的综合作用下发生深刻的数字化转型。[①] 坊间对于"数字化转型"有不同解读。波士顿学院教授凯恩（Gerald C. Kane）的观点值得考虑：数字化转型既不是关于"数字化"，也不是关于"转型"，而是关于适应。[②]

换言之，大学从教学技术层面实现数字化，其实不难做到。过去20年里，美国大学几乎与商界同步，将大数据、人工智能、云计算等数字技术引入课堂。但在院校层面，尽管院校研究办公室从20世纪60年代就开始收集各种与学习和管理相关的数据，但他们似乎并未用好这些数据，既没有适应数字技术给校园运营带来的深刻变化，当然更谈不上向新的管理模式"转型"了。

比如说，哥大在本科招生上与其他常青藤大学最大的区别在于，它给那些在高中毕业时错过升学的艺术家、体育健将、退伍军人等提供了接受精英教育的第二次机会。而我当年参与设计的"2+2"项目，是常青藤大学中唯一具有国际维度的精英本科项目，与法国、爱尔兰、以色列等国家以及中国香港地区的名校联手推出，有的已经成功运行超过十年。但由于哥大没有任何多维度的教学成果展示平台，如此富有创意的项目居然"养在深闺人未识"，成为排名指标中被抹去了背后故事的一组数据。

好项目在社会上鲜为人知也就算了，连哥大自己的教授都不甚了了。萨迪厄斯教授显然对哥大在本科教育上的创新缺乏了解，误将"2+2"项目中的学生列为"转学生"，以此指责大学在转学率上造假。不怪他，当年我自己也被香港媒体误认为是假冒哥大名义招摇撞骗，

① 联合国教科文组织高等教育创新中心，清华大学教育研究院．高等教育教学数字化转型研究报告 [EB/OL].（2022-05-06）[2024-10-11]. https://www.ichei.org/Uploads/Download/2022-05-06/6274833408a85.pdf.

② Kane, G. C. (2017). "Digital Transformation" Is a Misnomer. *MIT Sloan Management Review*. [2024-10-11]. https://sloanreview.mit.edu/article/digital-transformation-is-a-misnomer/.

直到“2+2”的学生毕业，进入纽约和香港顶级的国际金融机构或企业任职，关于我的谣传才不攻自破。

看来面对数字化转型，大学如何适应还真是个不容忽视的问题。自己有故事却任由别人来讲，哥大为此付出了代价。对于那些还在看别人热闹的大学，这是一个警示。

（程星）

/ 第三章 /

分类研究 · 差异发展 · 特色办学

一

北京大学元培学院的学生阅览室里挂着一张条幅，上书“书中自有那个啥”。书法水平暂且不提，那出其不意的幽默却是教科书水准，让人久久驻足。人们常以“读书”代指“上大学”，因而这个条幅简直就是在挑战大学存在的理由，而这个问题之于高等教育从业者们，则不啻来自学生的灵魂拷问。

哥伦比亚大学教授德尔班克（Andrew Delbanco）在他那本不到二百页的小书《学院：过去、现在与未来》中讲过这样一段故事。他曾在一个校友聚会上分享自己多年教授“核心课程”的体会，特别是哥伦比亚模式的通识教育如何帮助学生掌握在未来社会安身立命所需的基本知识与技能。这时一位年长的校友站起来对他说：“教授，您所说的虽然没错，但不得要领。”德尔班克诚惶诚恐地请教“要领”是什么。老者答曰：“哥伦比亚教给我的是如何**享受生活**。”①

享受生活是哥大教育的目的？至少哥大没在自己的网站上作如此直白的表述，倒是哥大著名的“核心课程”逼着学生读书，是不争的事实。哥大开出的阅读书单不仅一百多年来几乎没有太大变化，而且所要

① Delbanco, A. (2012). *College: What It Was, Is, and Should Be* (2nd ed.). Princeton: Princeton University Press, 32.

求的阅读量之大在美国大学里也堪称一绝。难道说，哥大学生书中的那个啥就是享受生活？

同属常青藤名校的耶鲁大学似乎有着截然不同的“那个啥”。前校长惠特尼·格里斯沃德（A. Whitney Griswold）在1964届新生开学典礼上这样告诉学生：“我们将为你们提供世界上最好的教育。我们这样做**不是为了你们个人的享受或富足**。我们把它作为耶鲁神圣使命的一部分，为这个国家和世界培养未来一代又一代的领袖。”①

一个享受生活，一个培养领袖：两所藤校之间的“那个啥”何以如此迥异？当代大学讲究成果导向的教育，虽然不必在这两种看似对立的成果之间选边站，可一旦以成果为导向，大学则需从办学方向、课程设置、校园生活到职业生涯指导等各个方面目标明确、措施得当，方才有成果可言。

其实，大学从它诞生的那天起就从未停止过对于“那个啥”问题的探究，只是随着时代变迁，大学的目的成为“移动的标靶”。特别是进入20世纪之后，人类知识呈爆炸式增长，培养所谓的“文艺复兴人”（Renaissance Man，即多才多艺之人）已经不太可能，而伴随知识专门化而来的是大学的分门别类和学科专业的日渐细化。前者影响高校体制的设计和管理，后者则直接影响每一个学生心目中的“那个啥”——他们上大学的目的、目标及其最终的达成度。

以目标达成度衡量大学的成效，至少有两个问题值得认真考量：一是大学如何分工、分类、分科，以符合学生对于学校、专业及其就学目标的期待；二是学生如何根据自己的特长、爱好、职业目标、家庭要求等因素合理设计专业方向、成长目标及未来的职业生涯。所谓成果导向的教育研究和成效评估，不应仅仅是对学生学习成果的研究，还应当包

---

① Gillette Jr., H. (2015). *Class Divide: Yale'64 and the Conflicted Legacy of the Sixties*. Ithaca and London: Cornell University Press, 3.

括对于高校教育教学项目的设计及其最终成果的研究。两者相加才能完整呈现大学的“那个啥”，才能展示以成果为导向的当代高校教育的真正成效。

总之，当代高校发展的基本逻辑思路是：在知识日渐专门化的当代社会，无论是大学的教育成果还是学生的学习成果，都必须建基于大学间合理合情的分工、分类和分科。离开学校、学科的分类，跨学科无从谈起。而学生学习成效，或者说达成度，从某种程度上取决于学生学习目的与其所选大学的使命及其培养目标的契合程度。

二

关于高校分类的理论探讨，以及国内外高校分类的方法及其应用，国内很多学者已经作过翔实的介绍、研究与分析[①]，在此不再赘述。纵观全世界的大学体制，无一例外地存在着某种程度上的分类。20 世纪八九十年代，很多国家和地区的大学系统都经历了一个高速发展的过程，不仅学生人数成倍增加，而且各种类型，特别是私立民办大学不断涌现。这种变化造成高校系统的异质性显著增强，亦催生了大学分类的需求。

从形成过程来看，有的分类是政府为方便管理而刻意打造的学术分类，有的分类是高校在其历史演进过程中自然形成的声誉等级，也有民间组织根据市场需求出台的各种分类或排名。从分类标准来看，高校的使命、授予学位的层次、入学的选择性、科研水准、服务对象、校园规模、学校声望、办学性质（公立或私立）等多种元素构成分类的基础。

① 陈锋正，苗彦恺，冯启高，等．高等教育普及化背景下的中外高校分类发展研究 [J]．山东高等教育，2022，10(1)：11—17；曹赛先．高等学校分类的理论与实践 [D]．华中科技大学，2004；王茹，高珊，吴迪．美国 2015 版卡内基高等教育机构分类介绍 [J]．世界教育信息，2017，30(9)：41—43.

我们先就国外高校分类的实施情况，选择美、英、德三个较具代表性的国家的高校分类进行解读和梳理，然后对中国香港高校的类型进行比较，最后对中国内地高校应当如何进行分类管理提出我们的意见。

（一）国外高校的分类

1. 美国

卡内基高校分类（Carnegie Classification of Institutions of Higher Education）[①] 在诸多分类中出现较早，也最负盛名。这是美国卡内基高等教育委员会（Carnegie Commission on Higher Education）在20世纪70年代制定的一种学术分类标准，于1973年首次发布后，在1976年、1987年、1994年、2000年、2005年、2010年、2015年、2018年、2021年有数度修订，其中2005年的版本作了较大的修改。这个分类虽然出自一个民间组织，其诞生时本来不带任何官方性质，但由于它准确及时地描述了美国庞大的高等教育体系，成为高校管理的一个实用框架，因而被赋予一定的权威性。

卡内基分类最初在1973年发布的版本将高校分为五大类别，包括博士型大学、综合型大学与学院、文理学院、两年制学院以及职业学校和其他专门职业学院。每一大类中又根据学校的性质和规模细分小类。

在接下来的近半个世纪中，随着美国高等教育规模的急剧扩张，学生群体日渐多元，科研竞争加剧，教育经费紧缩，政府和社会对于高校的期待值也不断提高。卡内基高等教育委员会审时度势，每隔若干年就对其高校分类进行修订，旨在真实反映美国高校的现状，除了为社会提供高教发展的趋势以外，也为政府制定与高教相关的政策提供依据。

从分类结果看，高校类型在过去几十年中不断细化。最近2021年发布的分类包括了七个大类：博士型大学、硕士型学院与大学、学士型学院、学士/副学士型学院、副学士型学院、特定领域学院和部落学院。

① Carnegie Classification of Institutions of Higher Education. [2024-10-11]. https://carnegieclassifications.acenet.edu/.

其中每一大类又根据科研与教学的具体情况细分为小类。如大类博士型大学又分为极强研究活动、强研究活动、专业型大学等三小类，大类硕士型学院与大学分为大规模、中等规模和小规模三小类，等等。

有研究者在介绍卡内基分类时对其产生的原因语焉不详，低估了它在美国高教发展史上的作用。卡内基分类是加州大学前总校校长克拉克·克尔（Clark Kerr）在20世纪70年代担任卡内基高等教育委员会主席时出台的，而克尔校长一生青史留名的杰作就是《加利福尼亚1960—1975年高等教育总体规划》（A Master Plan for Higher Education in California, 1960-1975，简称“总体规划”）。[①] 将这两件事情放在一起，不难看出，卡内基分类其实是克尔校长离职后将“总体规划”加以总结，为美国高校的健康发展绘制的一份蓝图。[②]

克尔的“总体规划”将三个层次的高校管理框架（加州大学——研究型大学，加州州立大学——教学型大学，社区学院—专科学院）通过立法的形式固定下来，有效地避免了三类高校之间无休止的争斗。这个管理框架体现了三个层次高校之间的使命区分，而这种区分使得政府能以有限的资源满足多方需求，在“追求教研卓越（excellence）”和“拓展入学机会（access）”之间找到一个最佳的平衡点。换言之，追求教研卓越和拓展入学机会这两件事也许不可兼得，起码对于一所大学来说难以兼得，但加州高等教育作为一个系统却做到了兼得。

从这个角度看克尔的工作，卡内基分类的意义就显得非同凡响了。这个分类既不是学者案头的思辨，也不带有居高临下的傲慢，而是一个实践者面对高教发展难题给出的解决方案。

---

① California State Department of Education. (1960). A Master Plan for Higher Education in California, 1960−1975. Sacramento, CA: California State Department of Education.

② McCormick, A. C. & Zhao, C. (2005). Rethinking and Reframing the Carnegie Classification. *Change*, 37(5), 51−57.

2. 英国

英国高校的分类也没有一个官方的版本。事实上，英国从来没有专门对高校进行分类，而是任高校在其历史发展进程中自然而然地形成类型集合：

- 古典大学（牛津大学与剑桥大学）
- 伦敦大学（帝国理工学院、伦敦大学学院、伦敦政经学院等）
- 红砖大学（伯明翰大学、曼彻斯特大学、利兹大学、布里斯托大学、谢菲尔德大学和利物浦大学）
- 平板玻璃大学（萨塞克斯大学、兰卡斯特大学、东英吉利大学等）
- 新大学（曼彻斯特都市大学、威斯敏斯特大学等）
- 现代大学（伯明翰城市大学、南威尔士大学等）

以上这个清单几乎就是英国高等教育发展的简史纲要，代表着高校的历史、文化、声誉，也或多或少地反映了它们的学术水准和生源质量。与此同时，英国高校为了凸显其传统或地域优势，自发形成各种联盟，比如罗素大学集团①、古典苏格兰大学、威尔士大学联盟等。这些组织虽然具有某些分类的特征，但未形成统一的分类标准。随历史进程自然形成的分类作为英国高校声誉和地位的象征，近年来为高校推行国际化所用，成为国际招生宣传的有效工具。

3. 德国

与英国大学相比，德国高校的分类有较多政府干预的痕迹。1810 年威廉·冯·洪堡（Wilhelm van Humboldt）提出“教学与科研相统一”的办学主张，反对大学传授实用的专门知识，将追求真理、传授不含任何目的的“纯粹科学”作为大学的首要任务。在这一思想影响下，德国形成了两大类高校：学术型大学（wissenschaftliche Hochschulen）规模庞大，专业领域综合（但一般不含工程技术专业），包括传统型大

① 罗素集团成立于 1994 年，由英国一流的研究型大学组成，成立之初包含 20 所大学，之后扩充至 24 所。该联盟被称为英国的常青藤联盟，代表着英国最顶尖的大学。

学（Universitaten）、工科大学（technische Hochschulen）、综合制大学（Gesamthochschulen）等；而非学术型院校则是在20世纪60年代末期由各类商业、农业、职业和专业技术学校升格而成的高等专科学校（Fachhochschulen），注重培养实用型人才，为学生的职业实践做准备。[①]

德国高校的分类是德国人在解决追求科学真理与培养大国工匠这对看似不可调和的矛盾时所表现的智慧。让学术型与非学术型大学各司其职，让不同类型的人才各取所需，这样的体制设计为德国在“二战”后经济与社会的迅速复苏及其后的崛起提供了有效保障。德国之所以能够成为世界制造强国，他们的高等专科学校功不可没。

然而，随着美国研究型大学的崛起，德国高等教育昔日霸主荣光不再。为了提升德国高校的国际竞争力，打造世界一流的研究型大学，德国政府在2005年推出“卓越计划”（Excellence Initiative）。[②]这个计划反映了德国政府对于在各类高校间平均用力的资助模式的不满，希望通过给顶尖研究型大学注入额外资金来推进大学间的分化，打造一小批常青藤式的大学。

（二）中国香港的大学分类

2004年1月中国香港“大学教育资助委员会”（University Grants Committee，简称教资会）发表了一份报告[③]，对由特区政府资助的八所公立大学提出“角色差异化”（role differentiation）的要求。报告对于如何实现这个要求语焉不详，但其中有一句话透露了政府想要对八所大学进行分类管理的初衷：“提供更多的公共资金给一些选定的学科和大学，

① 曹赛先．高等学校分类的理论与实践[D]．华中科技大学，2004：22.

② Matthews, D. German Universities' Path to Excellence [EB/OL]. (2019-07-31) [2024-10-11]. https://www.insidehighered.com/news/2019/08/01/germanys-path-excellence-higher-education.

③ University Grants Committee. *Hong Kong Higher Education: To Make a Difference, To Move With the Time* [EB/OL]. (2004-01) [2024-10-11]. https://www.ugc.edu.hk/doc/eng/ugc/publication/report/policy_document_e.pdf.

使之能够在国际水平上绽放光芒。”

此后十多年，教资会在大学拨款、学额分配和研究经费等方面不遗余力地推行“角色差异化”的政策，即给每一所大学分配一个角色，然后要求大学完全按照政府的旨意去开展研究与教学工作。具体说来，教资会指定香港大学（简称港大）、香港中文大学（简称中大）和香港科技大学（简称科大）为“研究型大学”，香港理工大学（简称理大）和香港城市大学（简称城大）为“应用型大学”，香港浸会大学为“教学型大学”，岭南大学为“文理学院”，香港教育大学为“师范学院”。

从高校管理的角度来看，教资会的分类便于政府集中精力和资源办好三所世界一流大学，在分配研究经费、本科学额及博士学额等方面简化行政手续，提高管理效率。对于这样的安排，港大、中大和科大当然比较满意，但城大和理大，特别是城大则与教资会展开了一场旷日持久的角力。

由于历史原因，香港的大学国际化水准较高，学校领导在办学理念上也比较开放。他们秉承当代高等教育领域里自由竞争的理念，不相信政府行政主导式的角色分配，认为这种长官意志不符合大学发展的规律。事实上，城大通过大学内部的“差异化”发展，突出工学院的优势，不顾政府反对创办动物医学院，通过全球招聘形成某些领域的人才高地，并在国际招生质量和数量上直逼欧美名校。[①] 理大也不甘示弱，与内地高校紧密合作，积极参与国家航天工程并取得辉煌成就，而且在某些应用学科达到世界领先的地位。

城大和理大所取得的这些成就，本来应当让政府和全体市民感到骄傲，结果却让教资会陷入极其尴尬的局面。他们一方面在教学资源的分配上继续向其指定的研究型大学倾斜，并一再敦促非研究型大学回到各

① 城大在 QS 排名中一直在全球前 100 名之内，在 2020 年 THE 泰晤士高等教育最国际化大学排名中名列世界第一。

自给定的角色，另一方面却不得不肯定非研究型大学争创一流的努力，并在某些方面给他们“松绑”。例证之一：在对城大创办动物医学院围追堵截整整十年后，政府最后还是极不情愿地承认了它的合法地位，2019年特首亲自来到城大，宣布将动物医学院纳入政府资助的项目。

三

美、英、德三国与中国香港的高校分类，或自然形成，或人为推行，各有其独特的背景和目的。解析这些分类，可以帮助高校找到自己的定位并确定合理的办学使命，我们也可以从中得到诸多启示。

（一）公立高校如何争创一流?

卡内基分类的目的是帮助政府以有限的资源，在“卓越”（excellence）和“机会”（access）之间找到最佳的平衡点。美国的幸运之处在于，其高校体系中原有一批顶尖的私立大学，不依赖于州政府财政，因而可以放手追求卓越，在全国以至全世界吸纳最优秀的生源并配备顶尖的师资。在世界高等教育领域里，这是特例而非常规。另一方面，为了服务本州居民，州立大学必须将百分之八九十的招生名额投放州内，其结果当然无法与私立大学面向全国以至全球的生源相比。克尔深知，用本州纳税人的钱办世界一流大学于情于理都说不通，因此卡内基分类中不同层次高校系统的设计，目的是既能让顶尖的州立大学冲击世界一流，又能为本州居民提供教育机会。

克尔的设计虽然在加州取得相当大的成功，但向其他州推广却步履维艰。原因是，很多一流的州立大学是自然形成，而非政府指定。比如说，密歇根大学（University of Michigan）、弗吉尼亚大学（University of Virginia）、伊利诺伊大学香槟分校（University of Illinois Urbana-Champaign）等名牌公立大学，都像英国名校那样，在其历史发展过程中自然形成，和州政府的拨款及相应政策关系不大。至于经费来源，美国高校有民间筹资的传统，因此上进的州立大学往往能够通过筹款来补充州拨款之不足，用捐赠款项来高薪聘请世界级学者，以此提升大学声誉。这才是美国州立高校中也能产生世界一流的原因所在。

德国的两大类高校均为公立，均依赖政府财政。因此，虽然高等专科学校在服务地方经济上交出了一份亮丽的答卷，但与英美一流大学相比，德国学术型大学的竞争力显然不足。“卓越计划”能否通过使命区分实现对一小部分顶尖大学国际竞争力的提升，仍有待时间考验。更难预料的是，当资源开始向研究型大学倾斜，高等专科学校是否会因此受到伤害？毕竟，德国没有像美国那样强大的私立高校系统，两大类高校都从政府一个钱包里取钱，因此，左支右绌、顾此失彼的后果不是一个假设，而是大概率事件。

中国高校除民办以外大多由政府资助，虽有教育部直属、地方直属和省部共建等资助模式，但全国性和地方性高校之间的分工并不清晰。此前的985和211、目前的“双一流”，都是通过政府指令设定高校使命。加州大学通过民间筹资开拓资源的做法可以借鉴，而德国高校为争一流开始打破平衡发展的传统，亦值得参考。

（二）如何为教学/应用型和职业型高校设计上升台阶？

以研究卓越评价高校的方法已为当代高校和社会广泛接受，但以教学优异而成为业界标杆的高校并不多见，美国小型文理学院是难得的例外。这类高校也是私立，有可能将教学做到极致，在声誉上与顶尖的研究型高校比肩。然而，世界上多数国家高等教育体制由公立高校支撑，除非政府在资源分配上倒向教学型高校，否则成功复制美式文理学院的胜算不高。为了弥补这个缺陷，英国政府在2016年启动“教学卓越框架”（Teaching Excellence Framework，简称TEF），意在通过设立评估指标（教学质量、学习环境、学生学习成果）来实现高校之间以教学优异为标杆的分化或分类。中国有学者注意到这个项目，并作了介绍与推荐。[①] 问题是，这个项目实施不久，成效未知，而且英国国内对于TEF的争议也不绝于耳。[②]

TEF的尝试除了需要为社会所接受，还需要制度的保障。因此，如何设计一个激励机制，鼓励教学型高校力争上游，是政府需要考虑的问题。在这一点上，德国的做法值得借鉴。德国职业型高校之所以成为世界的艳羡对象，原因之一是它们自成一体，形成与学术型高校对应的声誉台阶，为这类高校提供了上升的空间。在制度上，国家通过立法实行双元制，即由企业和学校共同担负培养人才的任务，按照企业对人才的要求组织教学和岗位培训。2012年巴登–符腾堡州的双元制大学成为德国大学校长联席会议（HRK）新成员，双元制大学和其他大学获得同等地位，达到“等值但不同类”的状态。[③]

反观中国教学型和职业型高校，传统上学术地位较低，难以形成德式的专业声誉，加上毕业生在就业方面并无地域限制，使得地方财政缺乏为之加码的动力。再者，即便教学型和职业型高校自觉地以“服务地方”为使命，但在现实中，高校使命与市场或产业的需求不完全匹配的情况比比皆是。因此，政府应当考虑利用审核评估这个指挥棒，设计一个激励机制，促使这类高校提升教学质量，并在人才培养上更好地对接地方发展需求。

（三）政府如何有效推动高校分类?

除英国外，多数高校分类背后的推手是政府。中国香港的高等教育

---

① 冯磊，马星．大学外部评价的英国探索：卓越框架体系的形成、特征与发展趋势[J]．教育发展研究，2021，41（5）：69—76.

② 例如：Fazackerley, A. (30 May 2017). TEF: Big Upsets Expected in Official UK University Rankings. *The Guardian*；Grove, J. Will Teaching Excellence Framework Shatter Old Hierarchies?[EB/OL]. (2017-06-08) [2024-10-11]. https: //www. timeshingcrcducation. com/news/will-teaching-excellence-framework-shatter-old-hierarchies.

③ 史秋衡，杨玉婷．均质与分化：德国高校分类发展的战略选择[J]．江苏高教，2021（2）：9—13.

起步较晚，直至1991年创办科技大学，才开始现代研究型大学的建设。因此，由政府推动的高校分类，其初衷是为了实现高等教育的弯道超车，却在借鉴经验时操之过急，忽略了高校发展的基本规律。教资会推行的分类至少有三个问题：

其一，将分类当成行政手段，与大学拨款、学额分配等挂钩，堵住了高校争创一流的上升通道。这种管理方法对于政府钦点的“研究型大学”固然有益无害，却极大地伤害了城大和理大冲击世界一流的积极性，并为这两所大学的成长设置了本不该有的障碍。

其二，以行政命令的方式来管大学，以为角色分配可以轻而易举地在大学得到贯彻执行。然而大学的发展有其自身的规律。比如说，政府在创办科大时满心希望它成为香港工程与科学教育的最高殿堂。谁知20多年过去，科大的科学没有超过港大，工程与城大不相上下，而其商学院却一不小心登上世界顶峰。

其三，完全忽略了香港作为一个国际大都市在高等教育发展上的独特优势。当教授和高级主管实现了全球招聘，大学校长和学院院长们带着先进理念来到香港，却与政府任命的管理班子在办学理念上冲突不断。再者，由于英文是教学语言，香港的大学能在海外招生方面与欧美名校一决高下。结果却是，政府推行的分类对高校海外招生毫无帮助，而且还造成无谓的内耗。

四

中国高教界关于高校分类的思想和实践可以追溯到1952年中华人民共和国成立初期。[①] 当时教育部以“培养工业建设人才和师资，发展专门学

① 杜彬恒，王潇晨. 回顾与展望：中国高校分类问题研究20年——基于CiteSpace知识图谱的分析[J]. 高等建筑教育，2019，28(1)：1—10.

院，整顿和加强综合性大学”的方针进行了大规模的院系调整，是中国高等院校分类发展的最初形态。1959 年中共中央《关于在高等学校中指定一批重点学校的决定》确定了 16 所国家重点大学，后增加了 4 所，1960 年又增加了 44 所。

改革开放伊始的 1978 年，国家将 88 所高校定为国家重点。1993 年国家颁布《中国教育改革和发展纲要》，明确指出制定高等学校分类标准和相应的政策措施，使各种类型的学校合理分工，在各自的层次上办出特色。

20 世纪末，国家通过推出“211 工程”和“985 工程”，将高校的分类和定位当成促进高等教育快速进步的推手。2010 年,《国家中长期教育改革与发展规划纲要（2010—2020 年）》再次提出“建立高校分类体系，实行分类管理”的战略构想。2017 年年初的《国家教育事业发展“十三五”规划》提出要推进高等教育分类发展、合理布局，研究制定高校分类设置、分类指导等制度，形成高等学校科学定位、特色发展的局面。国家提出的建设世界一流大学和一流学科，是中国高等教育领域在“211 工程”“985 工程”之后的又一国家战略，要求各高校根据自己的特色分类发展，也引起了学术领域在“双一流”背景下关于高等教育评价和研究的热潮。

综上所述，虽然中国高校自中华人民共和国成立以来七十多年的发展历程几经曲折，但高校的分类发展却从未缺席。然而，一直以来的高校分类似乎政府顶层设计的考量较多，学生个性发展的色彩少了一些，加上历史上“一考定终身”传统的影响，使得现有分类除了在高校之间分出三六九等之外，并未对高校的专业特色发展和学生的个性特长培养起到应有的积极作用。不同大学系统的经验为我们思考大学分类问题带来一些不同的视角：

其一，将高等教育的多元发展作为高校分类的出发点。中国高校体量之大、在校生人数之多、管理体制之庞杂，实属罕见。因此，从行政管理到学科发展，我们都需要一个多层次的、健全的分类体系。卡内基分类在追求教研卓越和扩展入学机会这两个看似对立的办学目标之间找到了一个相对的平衡点，可圈可点。

其二，高校的科研产出和人才培养既要考虑国家的战略需求，也要顾及地方产业的发展。中国高校的主体是由国家和地方财政资助的公立高校，因此分类不仅关乎高校本身的定位，而且应当与经济和社会发展挂钩。德国的高校分类在解决追求科学真理与培养大国工匠这对看似不可调和的矛盾上做出了有益的尝试，值得借鉴。

其三，高校发展有其自身的规律，而声誉与品牌是高校的生命线。这一点上英国的做法可圈可点。他们虽早已有了声誉卓著的大学，却还在不断努力，将高校品牌做到极致，吸引了世界各地的莘莘学子，特别是他们父母的钱包。同时，英国政府推行的“教学卓越框架”，是对当代高校只看科研不论教学的潮流的反制，值得认真研究。

其四，中国香港用了短短三十年，为世界贡献了一个多元、卓越的大学体系，为我们争创世界一流提供了宝贵的经验。教资会的分类虽然在推行与实施方面不尽如人意，但其背后的理念和方法还是值得借鉴的。

其五，多数的大学系统实施分类，其背后的逻辑都是希望高校提出符合自身发展的愿景、使命和目标，尽管在推行时有的分类自然形成，有的分类由政府指定。据此，学生可以高校分类为指引，在择校时将自己的学习目标与高校的人才培养目标相比对，以求取得更高的目标达成度。

五

近年来中国学界对于高校分类的研究成果丰硕。例如，马陆亭在过去 20 年间对于中国高校分类问题做过不同的梳理：他在 1997 年提出将高校分为研究型大学、教学科研型大学、教学型学院、高职高专院校等层次；2005 年提出按“教学型学院 — 研究型大学”和“学术型人才培养 — 应用型人才培养”两个维度构建高校分类的分析框架；2009 年提出“建设一流的高等学校体系”的思路；2021 年提出按“理论型、工程型、应用型、职业型”进行高校分类的设想。[①] 刘振天则从知识、权力与利益的角度分析高校的分类问题，指出，“高等学校等级结构归根到底取决于知识等级结构，而知识的等级结构又取决于知识的性质、成熟度及其功能”。源于知识等级结构差异的高校分类一旦形成并得到认可，就会影响到政府的政策及其资源配置，从而造成高校事实上地位、权力和实力的不平等待遇。[②]

更多的分类研究旨在为政府如何有效管理种类繁多的高校提供政策依据，特别是在资源分配、学科发展和质量评估等关键管理问题上影响政府的决策导向。这类研究已经对中国高校的评估和管理产生重大影响。2021 年教育部在《普通高等学校本科教育教学审核评估实施方案（2021—2025 年）》中就按两类四种进行分类评估：第一类审核评估针对具有世界一流办学目标的普通本科高校，第二类则包括学术型、应用型、本科办学时间较短的高校。

美国的高校分类尽管也为政府提供政策服务，但由于高校大多实行自主招生制度，分类对于考生及其家长的影响不容小觑。在自主招生的体制下，高校与学生是一个双向选择的过程。在这两者的互动中，各类人员对高校有关信息的了解是有差异的：高校掌握信息比较充分，因而处于比较有利的地位；学生及其家长由于信息乏匮，则处于比较不利的地位。因此，高校分类尽管也能充当政府管理的工具，却更是学生及其

① 马陆亭．以高校分类发展支撑国家强国建设 [J]．北京大学教育评论，2023，21（2）：2—9+187.

② 刘振天．知识、权力与利益：高校分类发展的难题 [J]．北京大学教育评论，2021，19（2）：146—159+192.

家长在无法获取全面信息的情况下，用来决定其心仪的高校是否与自己的求学目标相匹配的替代工具。因此，分类由谁来做并不重要，重要的是任何分类都必须为学生及其家长提供学校办学方向、人才培养目标等方面的信息，以供后者“货比三家”。

比如说，美国小型文理学院一直不受国人待见，而哈佛、哥伦比亚之类的顶尖研究型大学始终是我们的最爱。但是，在美国考生眼中，两者都以博雅教育（liberal arts）著称，其教育质量并无高下之分，但哪一类学校更适合自己，却是学霸们躲不过的自我反思过程。喜欢在不受他人干扰的环境中自由探索的学霸们自然青睐研究型大学，而眷恋家庭式关爱、希望与诲人不倦的师长亲密接触的学霸们则会选择文理学院。由此可见，高校完全可以按照教学方式或校园生活进行分类，在帮助学生择校的同时，充当他们认识自我的一面镜子。

反观中国高考，长期以来实行的是“以分取人”的高校统考招生办法。这种体制“在提高考试效率的同时，有效保障了考试公平，对促进教育发展和社会进步作出了一定的积极贡献”①，但与此同时，考生为了“不浪费”他们辛苦挣得的每一分，盲目选择高校和专业的现象亦比比皆是。而且，考生及其家长们至今不敢直面的残酷现实是，除了象牙塔尖上的那几个老牌、名牌而外，多数普通高校在雇主眼里其实区别不大。试想，四年寒窗，取得的是一张不含甄别信号的文凭，对于毕业生来说，何等悲催！

高校趋同化的问题并非中国独有。第二章中提到大学排名之所以难得大学的认同，原因之一就是这样的排名不可避免会造成大学的趋同化。趋同化的后果是求职无门的毕业生，还有他们无奈的母校。面对简单的、单一化的指标体系，大学为了能在排名榜上争得一席之地，除了削足适履，还能有什么更好的办法呢？由此看来，早在 20 世纪 70 年代

---

① 李木洲，曾思鑫．高考“唯分数”的形成机理与破解之道 [J]．河北师范大学学报（教育科学版），2020，22（4）：6—13.

发布的卡内基分类，其实就是美国高校在经历了20年急剧扩张之后，开始抵制趋同化最早的尝试。

加州大学前总校校长克拉克·克尔在《大学之用》一书中提出了“多元化大学”（Multiversity）的概念，认为现代大学应当服务于多样化的社会需求，因此需要在教学、科研和社会服务等方面进行差异化发展。①克尔的论述对美国高等教育的改革和多样化发展产生了深远影响。而他在校长任上提出的“总体规划”，其核心思想就是通过明确分工和差异化发展，优化资源配置，提升高等教育系统的整体效率和质量。高教研究专家伯顿·克拉克（Burton Clark）在《高等教育系统：学术组织的跨国研究》一书中以跨国比较的方法探讨不同国家高等教育系统的组织和运行模式，提出“分化”（Differentiation）和“整合”（Integration）两个重要概念，分析了高等教育机构如何通过差异化发展满足多样化的社会需求。②

假如说克尔和克拉克两位大家通过理论探索和管理实践，为美国高等教育的差异化发展制定了路线图，那么美国从20世纪60年代兴起的院校研究则为高校差异化发展战略的实施提供了坚实的数据支撑。美国高校设立院校研究办公室，从内部搜集各方数据，对学校的教学、管理及其运行状态进行分析，为管理层制订计划、政策以及最终的决策进行论证，并为高校质量保障提供必不可少的原始数据和同行间对标研究。③

高等教育的演进有其内在的发展规律。20世纪90年代后期中国高校扩招拉开序幕，几乎就在同时，学界敏锐地意识到之前计划经济时代的高校管理模式可能难以应对大众化时代高校面临的挑战。高校规模扩大化、学生群体多元化、校际竞争白热化，新的问题不期而至，每一项

① 克拉克·克尔. 大学之用（第五版）[M]. 高铦，等译. 北京：北京大学出版社，2008.

② 伯顿·R. 克拉克. 高等教育系统：学术组织的跨国研究 [M]. 王承绪，等译. 杭州：杭州大学出版社，1994.

③ 程星，周川. 院校研究与美国高校管理 [M]. 长沙：湖南人民出版社，2003.

都关乎高校的生存和发展，而高等教育作为一个研究领域，其学者并无以问题为导向研究个别高校自身发展中现实问题的经验。因此，潘懋元提出将研究视角转向“校本研究”，并发现国外所谓“院校研究”与他的想法不谋而合：

查阅中国期刊网的文献，最早专门介绍院校研究的论文是程星、周川于1995年发表的《美国院校研究的历史与现状》。[①]论文发表后一直没有得到学术界和高校的重视。直到高校扩招后，由于高校面临着诸多问题，也由于普通中小学提倡校本研究，院校研究才又被提起。2002年刘献君和赵炬明发表《加强院校研究：高等学校改革和发展的必然要求》[②]和《发展院校研究 提高高校管理水平——关于高教所应如何为高校服务的思考》[③]两篇论文后，这一问题迅速成为中国高教研究的热点。[④]

由于院校研究直接为本校的决策服务，其研究成果必然受到院校领导的重视，而研究者的关注焦点也从高等教育的理论问题，转向个别高校所面临的管理和发展问题。这样的研究为高校决策者提供的是他们自己所在高校所面临的特殊问题，以及应该采取的特殊解决方法。在此，潘懋元虽然没有就高校的差异化发展作进一步论述，但他大力推介院校研究，原因之一就是希望将高教研究者从习以为常的泛泛而论中拽出来，投入以个别高校为对象的发展战略研究，并以其研究结果回应规模扩张形势下高校特色办学的迫切需求。

① 程星，周川．美国院校研究的历史与现状 [J]. 苏州大学学报，1995(4)：110—113.

② 刘献君，赵炬明，陈敏．加强院校研究：高等学校改革和发展的必然要求 [J]. 高等教育研究，2002(2)：54—58.

③ 刘献君，赵炬明，陈敏．发展院校研究 提高高校管理水平——关于高教所应如何为高校服务的思考 [J]．中国高教研究，2002(3)：37—38.

④ 潘懋元，刘小强．21 世纪初我国高等教育研究的进展与问题 [J]．国家教育行政学院学报，2006(8)：30—39.

大学实行差异化发展，其最终目的是满足多样化需求，优化资源配置，提升竞争力和创新能力，应对市场变化，提升教育质量和学生体验，增强社会影响力和服务能力。具体来说：

（1）满足多样化需求：主要包括学生需求和社会需求两大部分。不同学生有不同的学术兴趣、职业目标和家庭背景。差异化发展使大学能够提供多样化的课程和项目，满足学生的个性化需求。同时，社会对高等教育的需求多样，包括基础研究、应用研究、职业培训、社区服务等。差异化发展可以使大学在各自擅长的领域中发挥最大作用，满足社会多方面的需求。

（2）提升教育质量和学生体验：差异化发展使大学能够提供更加个性化的教育服务，关注学生的个性发展和特长培养，提升学生的学习体验和满意度。多样化的学习环境和教育模式，可以丰富学生的学习经历，增强学生的综合素质。

（3）优化资源配置：大学通过定位和使命陈述，帮助学生及其家长和社会上其他利益相关者了解其独特的人才培养目标和办学宗旨，避免不同类型的大学在相同领域内重复建设和竞争，减少资源浪费。不同类型的大学唯有专注于各自的核心使命，才能更高效地利用资源，提高教育和研究的质量和效益。

（4）提升竞争力和创新能力：高校通过差异化发展，可以集中资源和精力发展自身的优势领域，提升在特定领域内的竞争力和声誉。多样化的学术和研究环境，给不同类型的大学在各自的领域中进行探索和实验的机会，可以产生更多的创新成果。

（5）应对市场变化：劳动力市场对人才的需求不断变化，差异化发展使大学能够灵活调整课程设置和研究方向，培养适应市场需求的人才。

（6）吸引多样化资金来源：不同类型的大学可以通过提供独特的教育和研究服务，吸引政府、企业和社会的多样化资金支持。

（7）增强社会影响力和服务能力：不同类型的大学可以通过其独特的教育和研究活动，推动地方经济和社会的发展，增强大学的社会影响力和服务能力。

以上所列差异化发展能给高校带来的裨益远非详尽，但每一条都与大学发展的使命或是目标紧密相连。而成果导向教育（OBE）的核心思想就是以目标达成度衡量大学。无论是人才培养、科研成就，还是社会贡献，一所高校无须面面俱到，但必须厘清其使命和目标，才能有所侧重、优化资源，做到有的放矢。

事实上，当代社会分工日趋细化、知识日趋专门化，大学间合理合情的分工、分类和分科势在必行，离开学校、学科的分类，跨学科无从谈起。而学生学习成效和成果的获取，从某种程度上取决于学生学习目的与其所选大学的使命和培养目标的契合程度。从这个角度看，普通大学想要在排名榜上实现攀升虽说不易，但学术的象牙塔也并非高不可攀。差异化发展与其说是大学经过设计的、自觉的市场营销策略，不如说是教授对于学生个性化成长的认同、高校对于社会需求的回应。如果管理者能够因势利导，将这种认同与回应转化为办学方向和人才培养策略，那么他们即便在一条赛道上略输于竞争对手，也还能在另一条赛道上出彩，以优势和特色赢得市场的青睐。

这样的事每天都在大学校园里发生。高校若能将自己的优势发挥到极致，就能成为品牌。美国小型文理学院是这方面的典范，这一类学校之所以能够自成一体，是因为对学生成长无微不至的关照是他们的品牌。再往前走一步：大学若能做别人还没有想到，或是想到还没有做到的事，这就是创新，是差异化发展的更高阶段。进入更高阶段的差异化，完全有可能像英国的大学那样自然形成分类，这样的分类即便不被政府用来管理大学，也会被考生用来选择大学。假如说高校分类的目的是为高校管理提供抓手和为学生择校提供理由，那么在高校与学生之间找到最佳匹配也许是其终极目的。

【关于大学差异化发展的话题，见研究手记 3.1：大学怎样实现差异化发展？】

六

在理想的状况下，大学类别、专业设置以及人才培养模式应当呈现鲜明特色，应当是独特的“这一所”，而不是大同小异的一堆大学中的任何一所。学生则应当根据自己的特长与喜好选择大学与专业。大学特色与学生特长完美匹配，实现大学与学生利益的最大化，最终的受益者是我们的社会。

然而在现实中，姑且不论这样的理想状态是否存在或有几分实现的可能，当下的高校类别繁多，专业特色、培养特色等虽可以描述却难以量化，更难以匹配。因此我们只能退而求其次，假设学生知道他们想要什么，他们对学校和专业的认同度就成为我们衡量匹配度的一个近似值。但在学生与学校关系的天平上，学生是处于被动一方的，所以学校对于自身办学使命目标、专业特色、教研优势、服务水准等各方面信息的披露，决定了学生与学校之间匹配的可能性。所谓成果导向教育，学生首先必须知道学校可能产出的教育成果是什么，才有可能从中发现导向，寻求匹配。

麦可思的学情调查为我们提供了一幅考生择校行为的数字画像。

图 3.1、图 3.2 展示 2019 到 2022 四届毕业生对于自己所上大学培养目标和毕业要求的了解度。图中可见，双一流、非双一流两种类型的高校学生似乎都对毕业要求相当清楚（双一流 2019—2022 届：96%—97%；非双一流 2019—2022 届：95%—96%），换言之，他们知道为了能够按时毕业他们需要完成什么样的学习任务。与此相比，他们对于自己所上大学、所学专业的培养目标则知之较少（双一流 2019—2022 届：81%—84%；非双一流 2019—2022 届：83%—87%）。

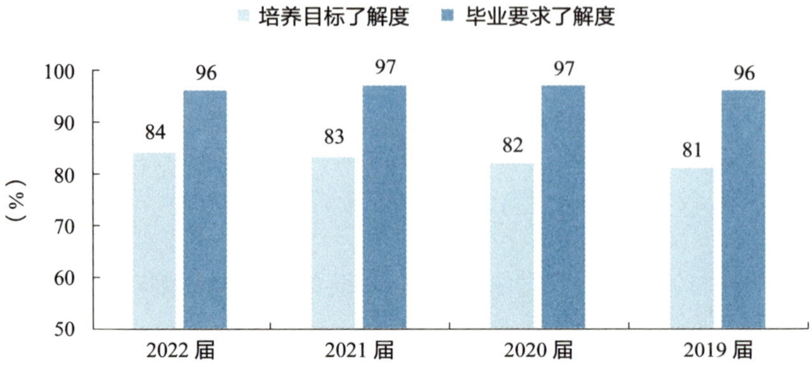

图 3.1 双一流应届毕业生对培养目标和毕业要求的了解度（%）

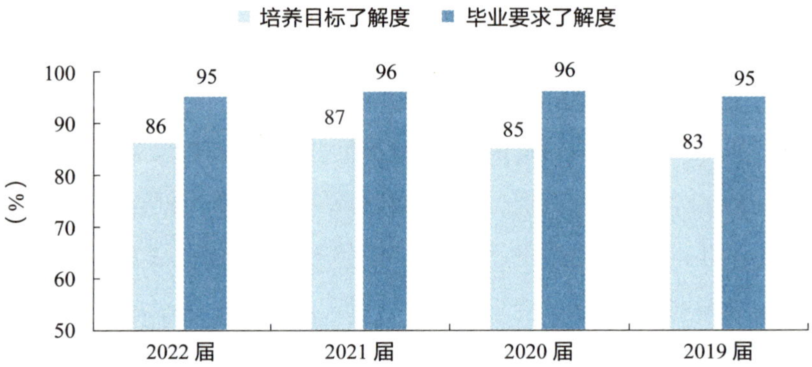

图 3.2 非双一流应届毕业生对培养目标和毕业要求的了解度（%）

我们随机选取 2021 届毕业生对培养目标的了解度作进一步分析。由表 3.1 可见，2021 届毕业生中，双一流高校的学生尽管对毕业后进入什么行业、应具备哪些能力这两个问题的了解略低于非双一流高校的同届毕业生（88% 比 91%），但最大的不确定性来自他们对于毕业 3—5 年后的职业成就和定位的了解，较之非双一流学生低了 12 个百分点（69% 比 81%）。双一流与非双一流两类高校的学生对于自己所选专业的了解度都跟培养目标了解度一样相对不足，很多学生对于所学专业的培养定位、行业知识以及毕业后的职业方向也不甚了了，但双一流高校的学生对于这些基本问题的了解较之非双一流高校的学生似乎更弱一点。

表 3.1 2021 届毕业生对培养目标具体内容的了解

2021 届毕业生	双一流	非双一流
培养目标了解度（%）	83	87
培养定位（%）	87	85
就业的行业和职业（%）	88	91
毕业时应具备的能力（%）	88	91
毕业 3—5 年后的职业成就和定位（%）	69	81

在此值得一提的是，20 世纪 90 年代末以来，国家为优化高等教育布局，适应高等教育大众化的需要，建立了一批地方普通高校。这些院校的基本特征包括：具有地方（行业）性特征的服务面向、以应用型人才为主的培养目标、与业界合作的人才培养模式、以专业能力培养为核心的课程体系、注重实践的培养过程、多元化结构的师资队伍、服务导向的管理理念和制度。据教育部高等教育教学评估中心 2017 年发布的《中国本科教育质量报告》，截至 2015 年，新建本科院校有 678 所，占全国普通本科高校 1219 所①的 55.6%。

这些新建本科的存在，给非双一流院校带来较为明显的行业特征和职业倾向，他们的学生当然也对其未来职业发展有较多了解和认同。相比之下，双一流本科专业的行业特征和职业倾向显然不如非双一流明显，而且很多非职业性的专业，如人文与社会科学，在择业上给了学生较大的空间和选择自由。这其实不是一件坏事。双一流高校是那些在教学、科研、社会服务等方面具有卓越表现的高等教育机构。这些高校在培养人才方面承担着重要使命，不仅要为社会培养具有专业技能的人才，还要培养具有创新精神、批判性思维和全球视野的领导者和思想家。换言之，双一流高校在教育目标、人才培养、领导力和社会责任感

① 根据教育部 2025 年发布的全国教育事业发展统计公报，本科院校达到 1257 所。

的提升等方面，都需要超越单纯的职业导向，从而造就能够适应未来社会需求的高素质人才。因此，与非双一流高校相比，双一流高校学生表现出相对较弱的行业特征和职业倾向顺理成章。

职业认同虽然有别于专业认同，但两者之间的相关度不言自明，特别是在一些应用性较强的专业领域。因此，高校管理者需要关注的问题是，相当一部分的高考生根据高考分数而非个人兴趣或特长选择学校和专业，这样的行为有可能会对学习成效产生影响。以北京某高校在校生调查数据为例。问卷以一组陈述来模拟学生的专业认同度：学习过程充满乐趣、积极主动学习专业、如果重选专业仍会选择本专业、愿意选择本专业对口工作、对本专业未来有信心、关注相关行业动态及个性符合本专业等，要求学生指出符合程度（1=非常不符合，4=非常符合）。①

由表3.2可见，A、B、C和D四个学院学生的专业认同度较高，而其余三个学院（E、F和G）则较低。无独有偶，表3.3中显示学习意愿②较低的恰好就是E、F和G这三所学院！假如我们认为这纯属巧合，那么随后的三个指标——课前学习主动性、课堂学习积极性和课后学习自主性③——则清楚地表明，E、F和G三所学院的学生在学习态度指标

① 专业认同度基于在校生调查中学生对于专业认同方面的七个陈述，分别为“觉得本专业学习过程充满乐趣”“会积极主动地学习本专业知识”“如果重新选择专业，仍会选择本专业”“愿意选择与本专业对口的工作”“对本专业的未来发展有信心”“经常关注与本专业相关的行业热点和前沿动态”“个性特征适合在本专业学习”，评价结果分为“非常符合=4”“符合=3”“不符合=2”“非常不符合=1”“无法确定”。

② 学习意愿调查包括三个陈述：“能够从学习中获得强烈的满足感”“经常有很多问题向老师提问”和“具有充足的学习兴趣”。

③ 课前学习主动性指“课前完成规定的阅读和作业”“课前主动梳理知识并发现问题”，课堂学习积极性指“能跟上老师的讲解进度”“专心上课”“主动提问或参与讨论”，课后学习自主性指“合理分配学习时间”“搜集/阅读参考资料”“课后复习笔记”“借鉴他人学习方法”“制订短期学习计划”“延伸阅读教师推荐的其他相关书目”。评价结果分为“总是”“经常”“偶尔”“从不”，其中选择“总是”和“经常”为主动学习行为。

上均低于A、B、C和D学院的学生。特别是专业认同度最低的G学院学生，在有关学习态度的三个指标上都叨陪末座。

表3.2 北京某校各学院学生专业认同情况

学院	专业认同度（分）	专业为第一选择（%）	接受过培养方案解读的比例（%）
A	3.19	75.54	65.48
B	3.12	59.79	65.20
C	3.03	74.59	53.64
D	3.03	49.36	64.81
E	2.95	42.63	56.49
F	2.91	66.27	55.42
G	2.72	29.73	50.29

究其原因，多数学院学生的专业认同度都和他们所选专业是否是第一志愿有较大关系（见表3.2）。而在学校方面，学生是否接受过培养方案解读的比例也与他们专业认同度的高低密切相关。虽然光凭这些数据难以锁定现象之间的因果关系，但变量之间的相关度还是显而易见的：学生对于专业及其培养方案的了解→所选专业为第一志愿→专业认同度→学习意愿→学习态度。

表3.3 北京某校各学院学生行为表现

学院	学习意愿（%）	课前学习主动性（%）	课堂学习积极性（%）	课后学习自主性（%）
A	86.02	74.73	81.96	73.36
B	86.81	77.78	82.52	73.72
C	80.50	68.48	77.76	70.09
D	82.52	70.28	80.03	72.30
E	78.01	68.05	73.35	65.28
F	77.71	67.37	75.37	66.33
G	71.88	67.18	69.82	63.26

七

行文至此，元培学院学生那个问题的答案开始浮出水面。书中的“那个啥”是因校而异、因人而异的。它可以是一个清晰的职业目标，也可以是一个模糊的人生理想，而且“那个啥”更多关乎未来，而非当下。耶鲁人成就领袖的目标和哥大人享受生活的前景其实并不矛盾。人们常说年轻真好，好就好在年轻学子们能够无拘无束地做梦，自由自在地探索。从这个角度看我们的学生，入学时对于大学的培养目标、学习内容不甚了了，毕业时对未来前途有点迷茫，都再正常不过。其中，非双一流高校学生对于职业的期待较之双一流高校学生更加清晰一些，而双一流高校的学生则需要花更多的时间思考自己将来想干什么。数据不说谎，它们如实地呈现了大学生心目中的“那个啥”在理想与现实之间宽宽的光谱。

问题是，学生心中的“那个啥”可以模糊一些，高校则不行。特别是公立高校，假如既把握不了自己的办学方向，也给不了学生清晰的培养目标，那么拿什么应对社会的问责？又如何展示其教育教学成果？所谓以其昏昏，使人昭昭，此之谓也。如此高校，恰似南辕北辙，工作越努力，成效越可疑。近年来高教界流行成果导向教育，针对的就是这种现象。

所谓成果导向，一是要求高校对于自身使命进行梳理和陈述，二是要求高校为实现其使命精心设计相应的管理机制、教学活动和支持系统，三是要求高校对于使命达成程度和教育教学结果进行评估。为了完成这个闭环，高校需要借助一点外力，那就是一个为大众认可的高校分类系统。

没有高校能够在一个使命陈述中完整覆盖从理想到现实的整个光谱，有所为、有所不为才是成果导向教育的精华所在。但是，让十七八岁的考生在几千所高校的使命陈述中找到属于自己的那一个，并不现实。所以，构建真实可信、简单易懂的高校分类系统，不仅在高校管理上意义重大，而且对于年轻的考生来说，人生第一次，也许是唯一一次的择校将变得不那么困难、不那么纠结。

光有高校分类还不够。分类可以帮助考生找到他心目中的“那一类”，却不一定是“那一所”。特别是综合性高校，往往包含几十甚至上百个专业或学科。试想，面对绵延千年的“一考定终身”制度及其传统观念，未及弱冠的高中生怎能抵挡“不浪费每一分”这么强大的社会压力？因此，特色办学不仅应当成为每一所高校的追求，还应列入每一个专业、学科的教学目标。调研数据表明，学生对于自己所学专业的认知程度与他们的学习态度及最终的学习效果密切相关。

退一万步来说，每一个学科或专业的形成都有其内在的科学依据与逻辑，教授们也许并不能在教学内容、课程大纲或培养目标上作太多的创新，但是，同样的内容可以用不同的教学方式与方法教授，也可以在学生学习能力培养、职业生涯规划等其他领域有所作为。况且实习实践、社团活动、宿舍生活等非学术领域的活动是高校学生提升综合素质、培养通用能力、建立社交网络等的重要途径，高校能在这些方面帮助学生成长，也完全可以在这些领域进行人才培养的探索并产生品牌效应。

看来书中的“那个啥”，不仅是莘莘学子心中挥之不去的问题，更应当成为对高等教育从业者们的灵魂拷问。

研究手记 3.1

大学怎样实现差异化发展？

坊间对于名校有不少刻板印象。有这样一个段子：斯坦福人发明了一个高科技产品，耶鲁人自告奋勇地承担法律业务并为之申请专利，哈佛人接过专利，开了一家公司并自封CEO，麻省理工人设计了产品生产线，宾大沃顿人将产品推向市场，而哥大人则负责公司运营分析和统计。不难看出，段子编排者的原意是拿这些名校精英们开涮，却一不小心为他们作了广告，将各校的办学特色生动形象地呈现在象牙塔外的普罗大众面前。

办学特色对于今天的大学有多重要？随着高等教育的普及化，大学文凭的“能力信号”严重衰减，以致寒门子弟遍尝人间艰辛挤进大学校门，却在熬出头时发现手中的一纸文凭早已贬值。这时如果文凭不是来自那几个镀金的名牌，那么毕业生所能祈求的便是母校至少在哪方面还有一些与众不同的东西，这样，给未来雇主送去的“信号”虽然微弱，但起码还有一些闪光点。

在中国香港的大学任职期间，我走访了中国31个省、自治区、直辖市的顶尖高中。在与应届生及其家长的见面会上，我被问到最多的问题是：你们学校去年的录取分数线是多少？我试图解释为什么分数线没有太大的意义，因为对于招生名额较少的学校来说，一个高分或低分的录取就会影响到平均分，而学生真正需要关注的是大学的特点以及特色专业，可听众还是不依不饶，非得拿到分数线方才罢休。

说实在，我是太理解这些求“分”若渴的学生，特别是他们的家长了。用高考的“行话”说，就是不能让孩子“浪费”一分！这背后的逻辑是，大学录取分越高，其文凭的含金量就越高。没有比这个假设更远离真相的了。残酷的现实是，除了象牙塔尖上的那些老牌、名牌以外，很多普通大学在常人眼里其实区别不大。试想，四年寒窗，取得的是一张不含甄别信号的文凭，对于毕业生来说，何等悲催！

悲催的不仅是求职无门的毕业生，还有他们的母校，特别是在高等教育实现了普及化的今天。我那些高校的同仁们对此也感到无奈：假如学生和家长们要的就是分数线，大学能有什么办法呢？在此，我建议不妨从市场学暂借一个概念——产品差异化（product differentiation），用来帮助我们思考“千校一面”的问题。

产品差异化作为一种市场营销策略，旨在将公司的产品或服务与竞争对手区分开来。成功的产品差异化要求企业对其产品独特的品质有清晰的认识，强化与竞争对手之间的差异，将这种认识向市场有效地传达，并最终在市场上建立起自己的品牌。

当然，企业的终极目标相对单一：不管提供什么产品或服务，只求利润最大化。所以它们的差异化较易实现，结果也较好衡量。大学的难处在于，它们的目标多元，有研究，有教学，有声誉，有效用。这就要求大学有所侧重，有所选择。换言之，大学首先需要明确自己的使命与目标，然后根据既定的目标进行差异化设计并付诸实施。

这么简单的道理为什么不受大学待见呢？著名教育家梅贻琦有句名言被大学奉为圭臬："所谓大学者，非谓有大楼之谓也，有大师之谓也。"殊不知，这句睿智的名言早被一些似是而非的高教理论整成了一个圈套：有大师才有声誉，有声誉才能吸引大师。普通大学走不出这个圈套，因为无法形成高端人才聚集的高地，而这是吸引学术大师的基本前提。那么，为什么这些大学不能舍弃难以企及的声誉，另辟蹊径，量体裁衣，设计出适合自己的人才培养目标呢？不是没有想过，只是虚荣加上一点无奈，又将它们打回原点：学生和家长们盯着分数线不放。

我理解，产品差异化的第一要义就是知己知彼，针对客户需求，比竞争对手做得更好。不错，学生及其家长的确关注声誉，尤其是在择校时。然而，一旦入校，学生的校园体验、学习成果、就业机会等就成为更加迫切的需求。假如大学无视这些真正的需求，反而一厢情愿地将宝贵资源投入无谓的追求，结果可能南辕北辙。所以，与其追逐难以企及的目标，不如在一些基本功上做到极致。那些以教学优异享誉世界的小型文理学院就是大学产品差异化最成功的例证。

至于什么是大学的基本功，人才培养如何实现差异化，业界有不少误解。比如说，同是数学专业，A与B两所同类大学如何区分？当然非常困难。如果高教研究文献中能够找到答案，那么等作业抄完时竞争优势已经不复存在。可见，大学差异化是每一位管理者需要在他们的创新实验室里完成的特别任务。哈佛大学著名统计学家莱特（Richard Light）在他的小书 *Making the Most of College*① 中记录了数百名大学生如何度过四年大学时光的原汁原味的故事，从学生的角度告诉大学的管理者，他们的实验可以从学生的需求开始。

莱特写道，一位主修生物化学专业的女生参加了大学芭蕾舞团，却发现自己患有应力性骨折，而且其他女舞蹈演员也有类似情况。她将这个情况告诉自己的导师，在后者的建议下找到一位研究矫形压力对骨骼生长影响的生物学教授，并申请到一项研究经费，开展研究工作。大二时，她腿伤好了，但在另外两位教授指导下继续她的研究。最后她不仅以此研究为基础撰写了荣誉学位论文，而且还找到了自己愿意为之献身的职业——当一名矫形外科医生。

这个故事给我们启示颇多。这所大学的生物化学专业不一定出色，但它的教授却一定出色：不是因为他们在顶级刊物上发表了多少论文，而是他们愿意带着学生玩——在后者表现出研究兴趣时为她提供机会和经费。最为难得的是，三位教授接力式地担任一个本科生的研究指导。有人会质疑：要是所有学生都像她，教授还能正常地从事教学与研究吗？我的回答是，大学的差异化之所以可能，恰恰因为不是所有学生都像她，也不是所有的教授都能做到这三位教授所做的！

这样的故事向竞争激烈的大学“市场”送去强有力的信号：这是一所关注学生成长的大学，一所家长们可以信赖的大学。还有什么品牌能够产生比这更好的市场效应？有意思的是，在此，产品差异化与其说是大学经过设计的、自觉的市场营销策略，不如说是教授对于学生个性化成长的认同。如果管理者能够因势利导，将这种个性化的认

① Light, R. (2004). *Making the Most of College: Students Speak Their Minds*. Cambridge, MA: Harvard University Press. 莱特．穿过金色光阴的哈佛人：哈佛大学生成功访谈录[M]．范玮，译．北京：中国轻工业出版社，2002.

同转化为人才培养的策略，那么他们即便在科研成果或大学声誉等热门赛道上略输于竞争对手，也还能以人才培养的优势和特色赢得市场的青睐。

其实，教授鼓励并指导学生参与科研这样的事，每天都在大学校园里发生，并不稀罕。稀罕的是将这件事做到极致，做成学生发展的常态或品牌，这才成为大学的差异化发展。再往前走一步，大学若能做别人还没有想到，或是想到还没有做到的事，这就是创新，是差异化发展的更高阶段。

我有幸访问过很多名牌或非名牌的大学，新加坡科技设计大学是其中给我留下印象最深的大学之一。不是因为它的排名，作为一所2012年才建校的大学，它还没来得及开启爬"藤"之旅；也不是因为它的高攀，与麻省理工学院的合作给它带来的只是一个较高的起点。马尼安提（Thomas Magnanti）校长讲话慢条斯理，却有一种"语不惊人死不休"的锋芒，一种从骨子里透出的叛逆。他将这所全新大学的创办当成一个不可浪费的机遇，从一开始就抛弃了大学组织的"原生态"——学院、系科和专业，代之以围绕学科与行业设立的四大"学术支柱"——建筑与可持续设计、工程产品开发、工程系统与设计以及信息系统技术与设计。

有人会问：这种以产业为导向的人才培养模式，会不会造成学生知识结构过于偏狭？的确，这四大学术支柱虽然涵盖很多新兴行业，为学生在毕业后与产业急需岗位无缝对接提供了较高的可能性，但毕竟在当代科技发展的态势下，产业升级换代随时都在发生，学生必须在掌握专业知识的同时具备终身学习和不时转行的能力。为此，大学给四大学术支柱配备了数学、科学、人文艺术和社会科学领域的师资与课程，作为每一个学生必修的核心课程。

总之，这是一所没有院长的大学，一所瞄准产业发展的"大设计"学校，从开门招生的那天起就将自己差异化的办学理念毫无掩饰地展示在世人面前。他们的努力是否成功需要时间的检验，但其独树一帜的学术架构从亮丽登场之际已经先声夺人，在群雄争霸的大学市场上赢得满堂喝彩。原来魅力四射并不只是名校或老校的专属权利，创新才是当代品牌的核心。

（程星）

中篇

全程追踪

第四章

从生源质量到招生管理

一

人们常常将大学与国家的发展相提并论。的确，大学是人才培养的重要场所，而人才是一个国家发展、创新和最终崛起的核心因素之一。21世纪是以信息技术为特征的知识经济时代，而知识和技术的载体——人力资源，早已突破地域以至国界的限制，在全球范围内流动、重组与优化。因此，为国家发展建立高效的优秀人才发现、培养、储备和利用机制，当代大学责无旁贷。

随着高等教育的普及化，中国大学校园里学生群体多元化的现象不期而至。社会越来越关注教育质量和学生就业情况，对高校的期望也越来越高。高校质量保障需要回应社会的期待，保证教育质量和学生就业竞争力。当代高校在质量保障方面做出巨大努力，包括学生学习成果的评价、毕业生就业质量跟踪、学生能力素养提升的测量等。但是，与高校对教育教学过程和结果的重视相比，阿斯汀“I-E-O”框架中的输入端，即新生背景经常被忽略。不仅高等教育研究文献中关于新生来源和背景的调查研究相对薄弱，高校管理者也似乎对生源调查在人才培养过程中的作用不甚了了。

其实，中国教育界对于生源重要性的理解并不肤浅。“因材施教”

作为中国古代教育思想中的一个重要理念，可以追溯到孔子。[①]在当代高校的语境之下，“因材”意味着高校在施教之前必须了解新生这批“材料”来自何处、是否可塑、如何塑造。因此，生源调查对于高校招生意义非凡，对于人才培养方案的制定与实施亦关系重大。也许是因为中国高教刚刚进入普及化阶段，高校与他们蜂拥而至的新生们尚处在“蜜月期”，大学对其输入端——生源尚无太多担忧；高教普及化无疑给人以高教资源紧张的问题已经得到缓解的印象。殊不知，几乎是在高校急剧扩张的同时，生源危机已经悄然来到他们身后。

据中国国家统计局2024年1月18日发布的人口统计报告，“2023年末，全国人口为140967万人。全年出生人口为902万人，死亡人口为1110万人。出生人口少于死亡人口，影响中国人口总量比2022年减少208万人。中国人口总量出现下降，主要是由于出生人口减少”。[②]出生人口的大幅下降将导致相应教育阶段适龄人口大幅减少，并对教育体系构成重大冲击。从统计数字看，上一次人口增长高峰是2016年：出生人口1786万，增长率为5.86%。2017年出生人口数量开始下降，2022年仅956万，五年间几近腰斩。[③]出生人口下降从2020年开始影响到学前教育发展，2023年开始冲击义务教育，2033年将影响高中阶段教育，2035年将为高等教育带来严峻挑战。

人口问题会在哪些方面对高校形成挑战呢？首先，出生人口减少意味着未来学龄人口的减少，这将直接影响高校的招生规模。生源减少对于非名牌、非双一流院校的冲击可能更加明显。其次，出生人口减少将

①《论语·为政》有“子游问孝”“子夏问孝”，朱熹集注引宋程颐曰：“子游能养而或失于敬，子夏能直义而或少温润之色，各因其材之高下与其所失而告之，故不同也。”

② 王萍萍．人口总量有所下降，人口高质量发展取得成效[EB/OL].（2024-01-18）[2024-10-11]. https://www.stats.gov.cn/sj/tjgb/ndtjgb/.

③ 数据来源：中华人民共和国国家统计局每年发布的国民经济和社会发展统计公报。见 https: //www.stats.gov.cn/sj/sjjd/202401/t20240118_1946701.html.

导致高校之间的竞争加剧。随着招生规模的缩小，高校可能需要更加努力地去吸引和选拔优秀的学生，以确保自身的生存和发展。再次，出生人口减少还可能对高校的教育质量和教学改革提出更高的要求。高校需要更加注重内涵式发展，提高教育质量和教学水平，以应对日益激烈的竞争和满足社会的需求。最后，出生人口减少也可能对高校的专业设置和人才培养方向产生影响。随着人口结构的变化和社会需求的变化，高校需要调整自身的专业设置和人才培养方向，以适应新的社会和经济环境。

由此可见，“因材施教”这个命题对于高校至少有两层含义：一是有才可选，二是选合适之材而教之。前者关乎高校生源供给端的数量及其规模，后者关乎高校的人才培养目标和课程设置。前者涉及生育率、人口结构等重大社会问题，高校除了未雨绸缪，能做的事情不多；后者涉及高校的发展战略和教学效果，无所作为则代价高昂。

每年的高考季我们都会听到不少关于高校如何争抢优质生源的故事，这些故事的主角往往是最不用担心生源的少数名校，他们的目的是“掐尖”。而在国际上高校生源大战如火如荼的背景下，中国高校的招生几乎还刚从“石器时代”走向“铁器时代”。20世纪90年代高校扩招之前，招生处于“石器时代”：大学作为卖方市场，没有手册、没有网站、没有咨询热线、没有校园开放日、没有广告投放。扩招后大学招生终于进入“铁器时代”：招生网站如摆信息地摊，文字密密麻麻无从看起；招生手册可媲美红头文件，却不管学生能否看懂；广告投放则跟着感觉走，精准营销仿佛只是商家特权，与大学无关。

让人百思不得其解的是：为什么高校对于争创世界一流大学如痴如醉，却无意静下心来研究一下生源，考虑一下招生呢？想来在很多中国高校眼里，不是招生不重要，而是在面对高考制度时的那种无力感让他们不战而溃。但高校在招生上不作为，究竟是因为他们对于招生困难的想象远超现实，还是他们自己在很多问题上早已陷入误区而无法自拔？我们的答案是后者。

误区一：不愁没人报考就无须重视招生。

这是中国式招生最大的误区。招生不是保生源数量，而是提升生源质量。以美国为例，从社区大学到顶尖大学都在招生上投入大量资源，被生源热捧的高校比被冷落的高校花钱更多，据美国高教管理咨询公司RNL2022年的报告，美国公立大学每招收一个学生平均花费494美元，私立大学的花费是2795美元。[①]

误区二：录取批次已定，所以生源质量不是我校能改变的。

这是中国式招生的第二大误区。首先，每个高校都是跟同层次"兄弟"院校竞争生源，并非与清北争着"掐尖"。事实上北大清华生源竞争更加残酷，很多文理科状元弃清北而去香港或国外。其次，生源质量不单指高考分数，在每个高校所在的分数段中，符合学校愿景和人才培养目标的学生才是高质量的生源，生源质量就是匹配度。

误区三：招生宣传等于自我美化。

这是中国式招生的第三大误区。美化不是坏事，过度许诺却无法做到才误人子弟。招生宣传传递的应当是本校的特点与定位，旨在提高生源匹配度。比如说，培养应用人才型高校，招生中就不必过多宣传本校的学术追求；面对农村生源，就不要拿城市考生的兴趣爱好来说事。让属于自己的生源热烈追捧本校，是最好的美化。

误区四：自说自话。

高校在招生手册里往往用自己的语言说话，根本不管考生和家长是否明白。不关心考生的信息需求，不考虑他们查找是否方便，连宣传广告都只管自娱自乐。对于很多家庭来说，考生是家中第一代大学生，招生资料应该语言通俗、文字精练、字体有变化、数字突出、画面夺目，让学生第一眼就能看到关键信息——专业介绍、职业前瞻、校园生活、

① RNL. (2022). *2022 Cost of Recruiting an Undergraduate Student Report*. Cedar Rapids, IA: Ruffalo Noel Levitz. Available at RuffaloNL.com/Cost2022.

费用资助。广告需要精准投放，让生源在关键时刻发现本校。从来不需要记住，看过就不会忘记。

误区五：招生是招生办的事。

高校人才培养的质量既取决教师质量，也取决于学生质量。因为巧妇难为无米之炊，所以招生工作理所当然是“校长工程”，由招生办牵头、相关部门参与，协同作战。请在校生回到高中母校向学弟和学妹们喊话，招生网站挂出学生在校体验的分享，招生咨询热线和现场咨询回答考生问题，等等，这些方法在国际招生中屡试不爽。在校生和高中生的年龄接近，交流起来距离最近，正如消费者跟消费者沟通更具公信力。

误区六：招生工作谁都会。

高招会、校园开放日、咨询热线的参与人员是否经过培训？是否了解本校的定位与愿景？是否了解考生心态？是否了解学生关注点？招生问题容不下半点“业余”。学校必须对参与招生的所有人员的知识、语速、衣着和举止进行培训，并对其工作进行跟踪以求改进。激烈竞争中的高校在招生跑道上需要的是专业表现，不是业余爱好。

“铁器时代”的中国式高校招生误区其实不止六处，每所高校还有自己的误区。当代社会不断进步，信息革命方兴未艾，招生工作不能停留在远古时代。对生源科学分析，推动的不只是招生，而是高校各个培养环节的全面进步，毕竟高校要靠自己的特色来求发展、求生源。在生源的竞技场上，只有抢跑，没有发令枪，无论是清北还是无名高校，招生是一场输不起的战争。

二

美国在“二战”结束后实施《退伍军人权利法案》（G. I. Bill），为老兵提供上大学的机会，却无意之间为20世纪后半段高等教育大众化做出铺垫，也深刻改变了大学的生源结构。20 世纪 60 年代，美国大学校园的多元化成为不可阻挡的潮流。学生成分的变化对大学的招生造成直接压力：招什么样的学生？如何招生？这些在高等教育精英时代不成问题的问题突然出现在大学管理者面前，让他们措手不及。为此，20 世纪 70 年代有学者撰文，以“招生管理”（enrollment management）一词来描述大学为吸引并留住学生所作的一系列努力。

顺此思路，美国高教管理和研究领域出现一大批研究报告和专著，围绕招生及其后的学生管理问题进行研讨，逐渐形成“战略招生管理”（Strategic Enrollment Management，以下简称 SEM）这样一个研究领域。SEM 对以院校招生为中心的综合管理过程进行研究。它针对院校进行市场分析，将供需、营销、招生宣传，与学科发展、录取过程、学生辅导服务等放在一起作综合考量。作为一个规划过程，SEM 将注意力放在动态、竞争的环境中院校所从事的外向型、前瞻性活动。俄勒冈州立大学助理教务长邦特拉格（Bob Bontrager）就“战略招生管理”的任务和方法作了较为完整的总结，其中包括：为完成院校使命，高校必须就招生数量、学生类型等制定明确目标；为了助力学生的学业成功，高校须在从入学到毕业各个环节上提供支持；高校必须提供有效的学术课程；高校必须为其所有的利益相关者提供服务；高校需要营造丰富的数据环境，为决策和评估战略提供信息；高校必须加强学校各个职能部门之间的协调；等等。①

美国高校的招生体制与中国迥异，但并非毫无相似之处。其一，美国高校是基于自主招生模式的，特别是在私立高校，校方对于招生数量、生源背景、学术要求等有着绝对的自主权，而中国高校招生则是在政府统一的招生计划下进行的，但在这一点上，中国高校与美国公

① Bontrager, B. (2004). Enrollment Management: An Introduction to Concepts and Structures. *College and University Journal*, 79(3): 11–16.

立高校有许多相似之处。其二，高居不下的辍学率是最令美国普通大学头疼的问题，而“战略招生管理”除了帮助高校筹划招生战略，对于如何留住学生、保持较高的持续注册率也需要认真研究。这一点中国绝大多数的高校无须担心，因为它们的辍学率低到可以忽略不计，至少到目前为止。但美国高校注重招生是因为它们发现学生与高校匹配度越高，辍学率越低；中国高校关注学生成功，匹配度也是决定因素之一。

【美国大学如何招生，见研究手记4.1 我经历的哈佛招生面试】

因此，中美高校之“国情”或“校情”虽然不同，美国学者与管理者联手开发的“战略招生管理”中，还是有很多理论、方法和策略，对于中国高校的生源和招生战略研究都具有现实意义。回到前面的问题：为什么中国高校为争创世界一流不遗余力，却对高校生源和招生问题视而不见呢？高等教育研究者与管理者或实践者之间的隔离可能是另一个原因吧。借鉴美国“战略招生管理”的理论及其相应的研究方法，中国高校的管理者应当和研究者携起手来，从下列三个理念出发，开拓符合中国“国情”和“校情”的招生管理研究，并将研究成果付诸实践。

其一，战略招生管理的前提是根据学校使命制定招生目标，而不是盲目地接受政府给定的招生名额和录取批次。在中国高教管理体制下，大学遵从政府的招生计划无可非议。但是，既然招满名额不是问题，那么高校必须倾全力去做的，就是招到合适的、属于自己的生源，因为这关系到高校能否完成其独特的办学使命和人才培养目标。

其二，战略招生管理背后的理据是理性择校。考生需要知道学校的优势专业或培养方向、教学资源、毕业生的就业市场等特点，在报考时不高攀、不低就。这一点在今天分数至上的招生大环境下并不容易实现，但高校不能因为难做就不做，而是需要以滴水穿石般的坚毅，改变哪怕是一小部分学生和家长的择校心理和行为，通过追求匹配生源，以求得最佳的培养效果。

其三，新生入学不是招生工作的终点，战略招生管理追求人才培养的全过程管理，从有效学术项目的设置到学生学业的成功，每一个节点高校管理者都需要关注，而学生在走向成功道路上点点滴滴的反馈信息，都是高校用来持续改进的依据。

上述三个理念得以实现的前提是高校为战略招生管理而构建的数据环境。在新一轮审核评估的推动下，中国高校已经开始重视学生成长数据的搜集、管理与分析，并通过学生学习过程的监控和学习成果的评估推动持续改进。然而，以阿斯汀的“I-E-O”框架作为参照系，绝大多数中国高校至今付诸阙如的是输入端的数据。而新生调查数据的获取及利用，除了可以提升高校生源质量以外，还是审核评估之后专业调整以至学校教育教学整改不可或缺的依据。

麦可思开发的生源与招生调查评价指标体系包含三个部分。第一部分是招生工作与新生期待，包括高考分数段情况、各专业的报考热度等，同时还会了解生源对于专业的认可度和认知度，通过客观和主观多维数据综合诊断生源质量。调查还包括生源在报考时的院校选择情况，从而识别主要竞争高校，并找到学校和竞争高校的差距所在及关键改进点。此外，还会围绕招生宣传效果进行评价，帮助学校锁定最优招生宣传渠道和优质生源地。第二部分围绕入学教育，评价学校开展的各类迎新活动、专业认知教育、职业前瞻教育等的效果。同时，了解新生对未来的职业期待、学历目标、大类招生背景下的专业选择等。第三部分重点关注新生适应性问题，了解新生刚入大学时在学习、生活、人际关系等方面遇到的问题，以及学校帮助缓解的情况，还会关注到已经产生退学意愿的群体，为学校后续干预提供参考。

三

麦可思的生源与招生调查，结合学校基础数据，从生源特征、志愿填报、专业认可等多角度综合分析生源质量，梳理对优秀生源报考产生影响的各项因素，对招生竞争情况及招生宣传成效进行剖析，为高校未来招生策略的调整提供信息支持，并通过了解新生期待及需求，为高校人才培养方案和专业结构的更新与调整提供参考信息。中国的高校无须照着美国高校的战略招生管理系统依样画葫芦，但也需要建立符合国情、校情的招生管理系统，以坚实的数据为基础，帮助高校在人才培养和高校管理方面更上一个台阶。以下我们通过一些高校的案例数据来展示生源与招生调查可以从哪些角度为后续工作提供支持。

（一）学生背景

图 4.1 展示的是某大学对学生家庭教育背景进行统计的结果。可以看到，该校新生中，父母教育水平为大学或以上的人数占比较小，并且明显低于同类院校平均水平。而父母二人受教育程度都在大学以下的，通常被称为家庭第一代大学生的新生人数，占总体的 87%。

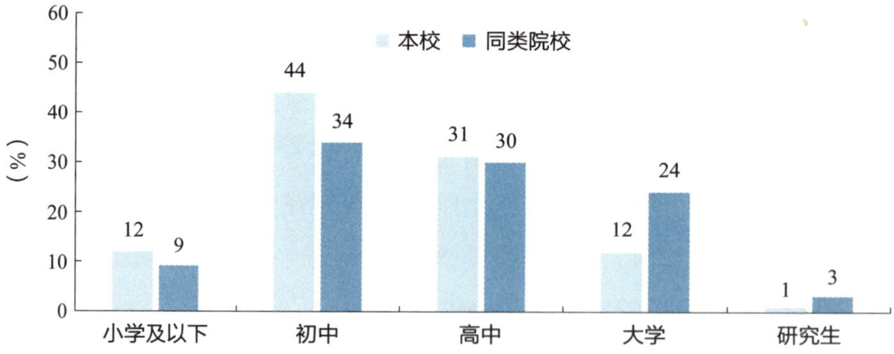

图 4.1 某校新生家庭教育背景构成

图 4.2 是针对学生所在家庭职业或阶层所作统计，结果显示，新生中农民与农民工家庭生源在新生总人数中占比过半。结合上述信息可知，该校生源中，具有农村背景的家庭第一代大学生占主体。

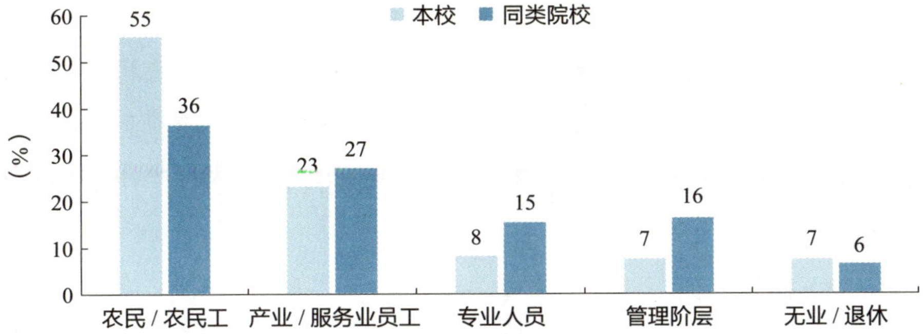

图 4.2 某校新生家庭职业或阶层构成

研究表明，这种背景的学生往往面临家庭文化资本和社会资本匮乏的问题，在经济基础、文化基础和综合素质基础水平上相较于其他背景学生存在一定的劣势。① 举例来说，由于缺少对大学的了解，这部分学生往往在专业选择、学习生活及求职就业等方面较难从家庭获取有效信息，容易出现盲目性的问题，因此在这些方面对学校的依赖性较强，需要学校提供更多参考信息，投入更多辅导资源，引导学生做出更理性的选择。另外，由于农村的教育资源相对匮乏，这部分学生大学前受教育经历与城市背景学生相比较为单薄，在文化背景上处于劣势地位，因此学校需要额外关注这部分学生的文化基础问题，在必

① Pascarella E. T., Pierson C. T. & Wolniak G. C. et al. (2004) First-generation College Students: Additional Evidence on College Experiences and Outcomes. *The Journal of Higher Education*, 75(3), 249–284；杜彬，余亭蓉，白莹，等．第一代与非第一代大学生学习能力差异性研究 [J]．高等农业教育，2020（2）：42—48；王兆鑫．寒门学子的突围：国内外第一代大学生研究评述 [J]．中国青年研究，2020（1）：94—104+48；吴建云．大学生家庭文化背景、学习投入及学习效果关系研究 [D]．湖南大学，2017.

要情况下可以针对集中出现问题的学科提供适当的补救教育（remedial education 或 remediation），如英语或艺术类课程等。此外，这部分学生家庭经济水平与城市背景学生之间通常存在一定差距，学校应落实好相关奖助学金发放工作，在公平公正的基础上让有需要的学生真正受惠。①

总之，通过了解学生背景，分析生源主体人群特点，高校能够准确地定位学生最集中、最迫切的需求，更有针对性地展开后续教学及服务工作，从而更好地帮助学生克服社会阶层流动障碍，引导学生更好地融入学校和社会。

（二）择校原因

学校招生竞争力和毕业生的就业竞争力都与学校的社会声誉有着紧密关系，社会声誉对学校的重要性不言而喻。由于这是一个外在指标，目前绝大多数学校主要依赖社会报道或用人单位反馈，将其视作社会声誉的衡量依据，而忽略了自己的生源其实是最好的社会声誉调查对象。假如用人单位的反馈是基于它们与学校及其毕业生有限的、带有一定随机性的接触，其结论有可能以偏概全或流于客套，考生和大学新生对学校的印象则是对社会各平台零散评价信息进行整合后得到的，可能更为贴近外部社会对学校的一般印象。

图 4.3 所示案例高校通过调查学生选择该校的具体影响因素，可以确认其就业状况和专业设置仍是考生认可该校的主要原因，而因教学质量或深造机会选择报考该校的比例较小。从三年的数据来看，考生对该校整体声誉和地理位置的关注程度始终保持在 40% 左右的高位，可见社会对该校的认知定位上，除了专业与就业而外，其声誉品牌和地理优势亦发挥着举足轻重的作用。因此，学校在制定发展战略时，除了需要坚持其应用型大学的定位及其相关的发展策略而外，还应当考虑如

① 刘莹．质量监测当然要看“入口”[J]．麦可思研究，2017(2)：52—55+120.

何向品牌型大学转向的问题，包括采取相应措施增加学校在招生市场上的曝光度，提升品牌效应，吸引优秀生源。当然，要做到内涵发展和品牌提升两者兼顾并不容易，但忽略任何一方则代价高昂。持续搜集调查数据，紧密监测市场走向，是高校制定准确有效的发展战略之关键所在。

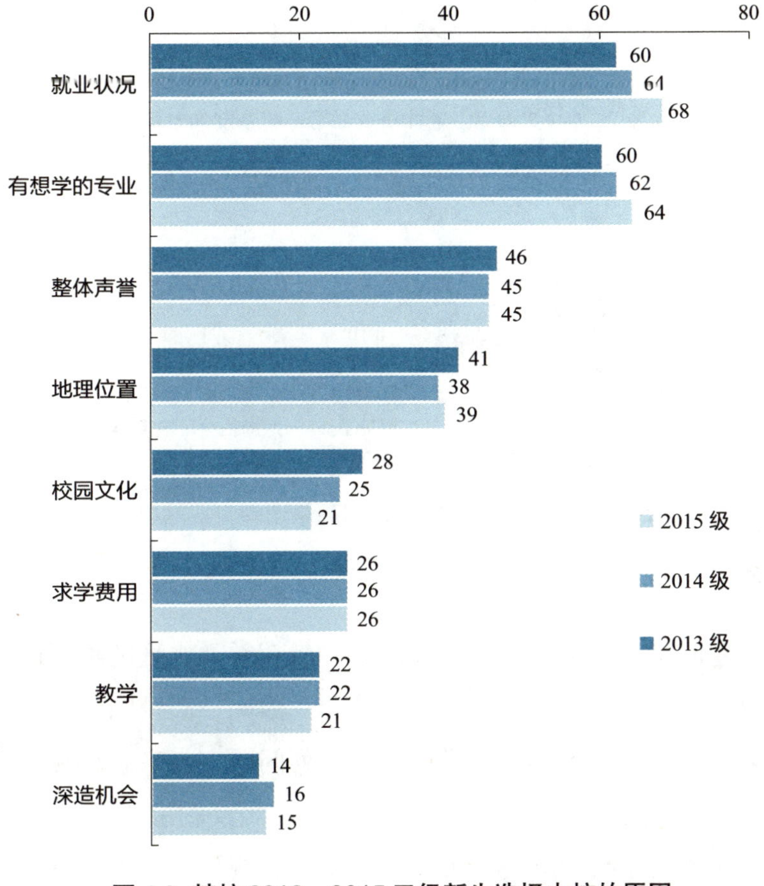

图 4.3 某校 2013—2015 三级新生选择本校的原因

除了择校以外，学生选择专业的理由也值得关注。图 4.4 是另一所高校学生在生源与招生调查中透露的选择专业的原因。图中可见，随着社会外部环境的变化，学生因就业原因选择专业的比例与日俱增，而因个人兴趣爱好选择专业的比例则在逐年下降。对于理论性较强、应用性较弱的专业及其教师来说，这是一个巨大的挑战。从战略的高度看问题，是调整专业结构以迎合学生求职需求，还是在改进课程设置的同时坚持学校的专业特色，这是高校领导无可回避的抉择，关系学校的前途与未来发展。由此可见，深入的生源调查，可以帮助学校了解学生发展需求，重新审视培养目标，以此为据不断调整并完善学校的短、中、长期规划。

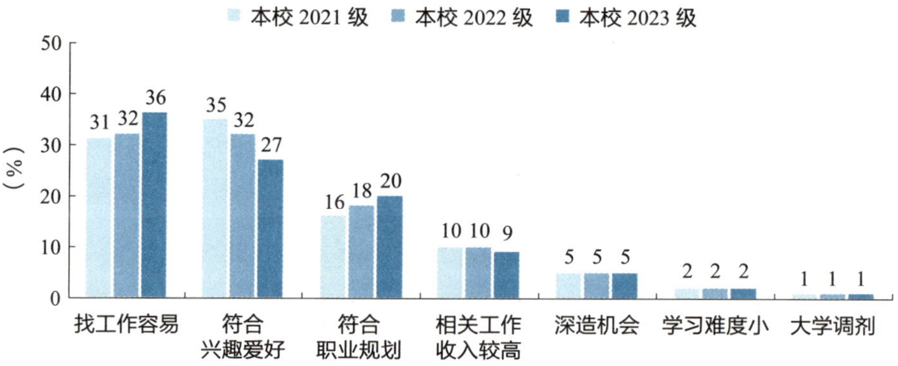

图 4.4 某校 2021—2023 三级新生选择专业的原因

（三）招生竞争

优质生源是学校提高人才培养质量和教育教学水平的重要保证，对高校来说，是稀缺资源，也是非共享资源。因此，高校间的生源竞争是一种必然。由人口出生率下降带来的一系列问题，未来必将触发高校间愈演愈烈的生源竞争，对高校的招生工作提出更高的挑战。

招生宣传是学校树立自身形象、让学生了解学校的最佳机会，对提升学校生源质量有重要作用。每到招生季，各大高校便会拿出“十八般武艺”进行招生宣传。然而，由于招生数据的缺失，多数高校对于各类招生渠道的效果究竟如何知之甚少，对新生偏爱哪类渠道也并不知晓。高校招生资源有限，策略得当，事半功倍，而制定有效的招生策略，管理者首先必须知己知彼。

图 4.5 呈现的案例来自北京某校的生源与招生调查。结果看似违背常识：当地生源对于该校的认知（31.38%）远低于外地生源（58.54%）。这种情况的出现有几种可能的原因：一是该校身处北京，名校林立，所以学校的学术声誉被本地其他高校所淹没；二是该校专业特色鲜明，在有志于这些专业的考生中口碑良好，与地理上的远近无关；三是该校线上宣传较之线下宣传更加有效，所以外地考生反而比本地考生更加了解学校。

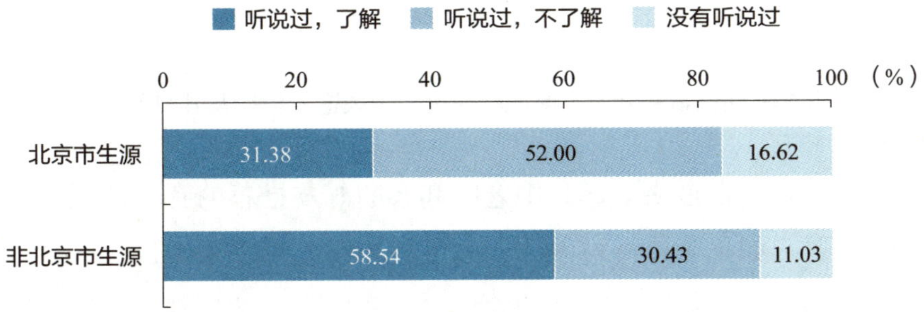

图 4.5 北京某校不同生源对学校的认知情况

有鉴于此，通过生源调查了解考生认识本校的途径便成为最佳选择。图 4.6 和 4.7 显示陕西某校通过线上和线下渠道宣传分别对考生产生的影响。在线上宣传渠道方面，图 4.6 可见，学校在教育类网页投放的宣传资料较多，但有效性不一定是最佳的，考生似乎对短视频、直播渠道、官方微博、微信公众号等新媒体、自媒体渠道的反应比较积极而该校在这些方面的投入显然不足。同时，大学招生网站仍是学生了解学校的主要途径，其有效性也较高。

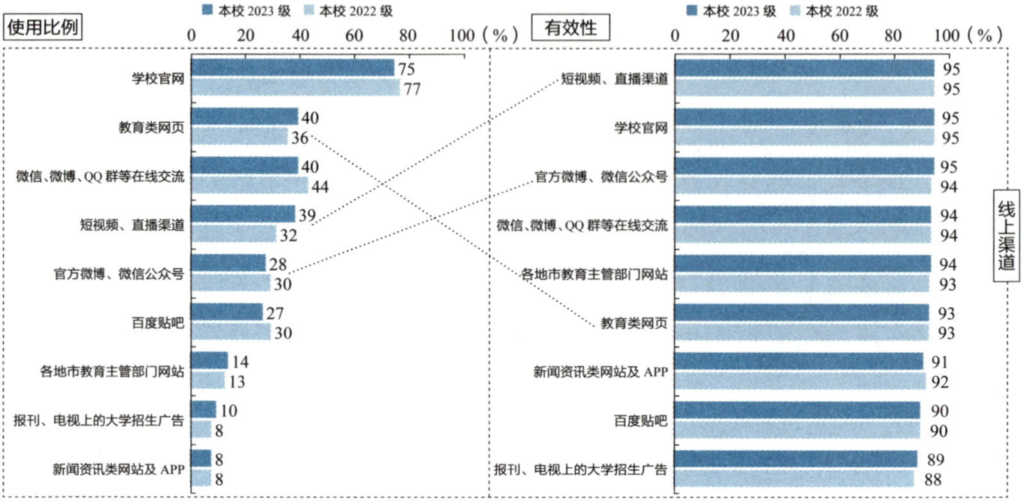

图 4.6 陕西某校考生了解本校使用线上渠道的比例及其有效性

从线下宣传渠道来看，高中老师和亲朋好友推荐的有效性仅次于学校招生手册。如果条件许可的话，大学应当投入更多人力资源，通过电话与考生沟通，也能取得较好的效果。相对而言，学校制作的报考指南之类的传统宣传方式，其有效性有限，而招生人员进入高中进行咨询活动也许只能是事倍功半。

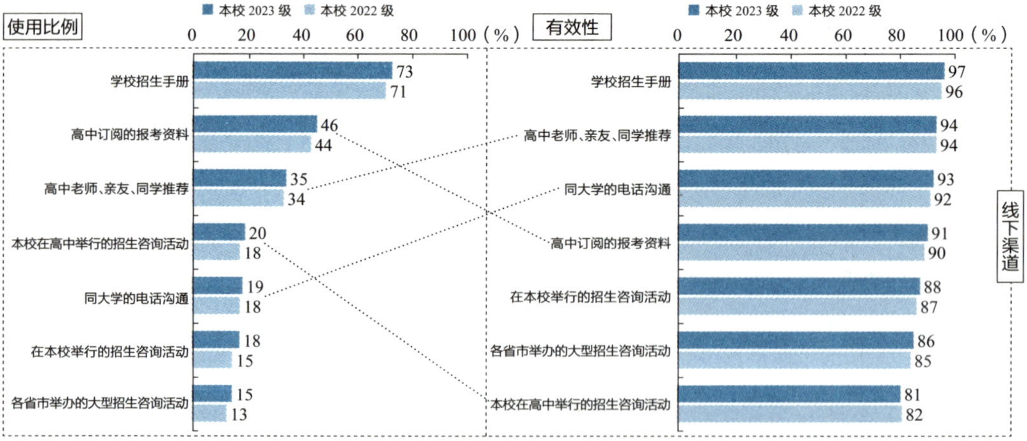

图 4.7 陕西某校考生了解本校使用线下渠道的比例及其有效性

生源调查还能帮助高校识别竞争高校，分析自身优势及薄弱方面。比如，通过询问新生在报考本校时还考虑过哪些高校，影响其择校的因素有哪些，等等，高校可以梳理出排名前几位的竞争高校。同时，结合新生的择校因素，以及学校的资源条件等，通过与竞争高校对比，可以找到学校和竞争高校的差距所在及关键改进因素。

在表 4.1 中，根据“2022 年软科中国大学排名”，列出某高校与其主要竞争高校的排名。从表中数据可见，竞争高校中，C 高校排名（200 名）靠前，D 高校排名（500 名）靠后，而该校传统的关键竞争对手——A 高校的排名稍靠后，但差距不大。

表 4.1 某高校 2022 级新生前五名竞争高校的排名

学校名称	2022 年软科排名
C 高校	200
B 高校	350
案例高校	400
A 高校	480
D 高校	500

图 4.8 显示案例高校在与表 4.1 中不同竞争高校相比时的竞争优势与劣势。具体来看，A 高校为本校的关键竞争高校，与其相比，本校 2022 级新生选择高校时，在“地理位置”“有想学的专业”“就业前景”“整体声誉”方面选择本校较好的比例分别为 84%、53%、52%、51%，远高于认为竞争高校较好的比例（分别为 1%、6%、5%、4%）。这个结果说明本校在这几个方面均比 A 高校有优势。同样，与 B 高校、D 高校相比，本校在这几个方面也更具有优势。

在软科排名榜上，该校排名与 C 高校排名有一定差距，这一点在新生调查中得到证实。C 高校在“就业前景”“整体声誉”“有想学的专业”等方面比案例高校更具优势，但在“地理位置”上，两校不相上下。

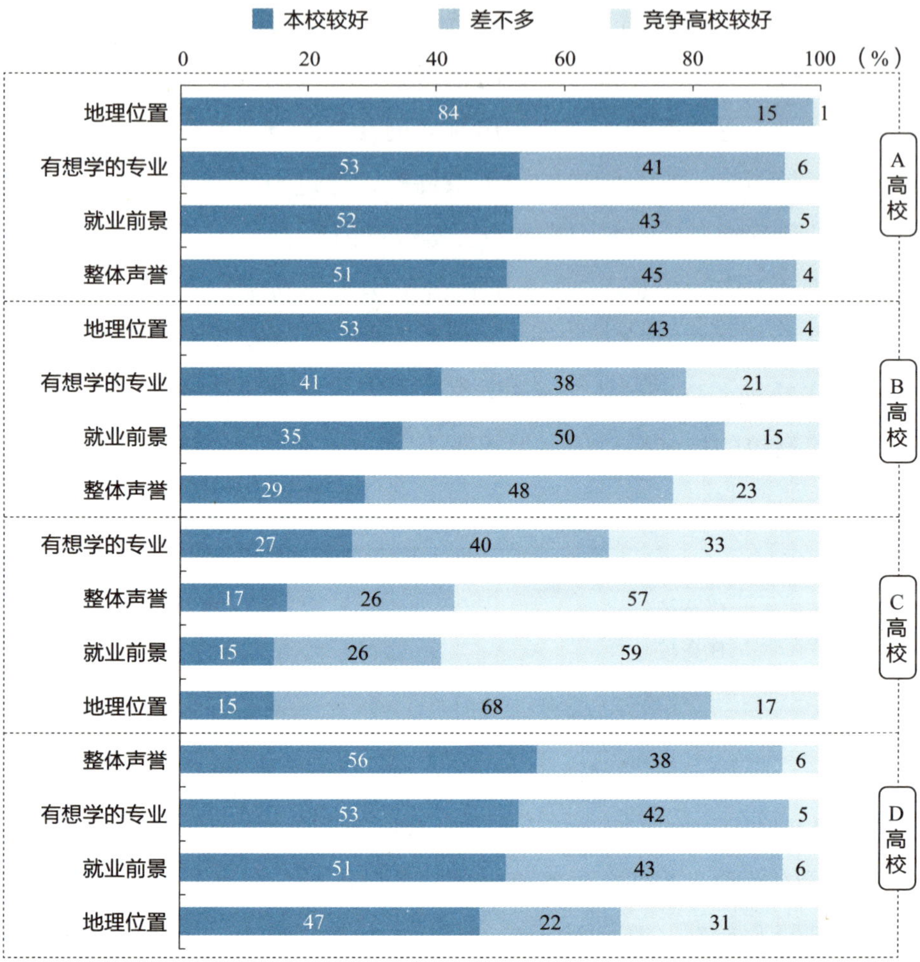

图 4.8 某高校 2022 级新生选校时前四位因素与主要竞争高校的比较

在对竞争高校的优势和劣势进行识别后，高校可以利用就业年报、教学质量年报等公开数据来分析本校与竞争高校的关键指标，通过对比识别自身的优势及短板。如反映毕业落实情况的毕业去向落实率、升学率指标，与教学相关的生师比、师资结构等指标，以及反映资源设施条件的图书馆面积、体育馆面积、图书资源等指标。以对标数据为依据，高校可以在招生宣传中扬长避短，突出自身的优势，吸引更多优质生源。

（四）新生期待

了解新生期待，是生源和招生调查的另一个重要功能。高校在制订人才培养方案时应当具有针对性，而通过新生反馈可以了解新生的学历期待，结合每个专业毕业生的实际升学比例，锁定升学意愿较强的专业，在培养过程及课程体系设置中关注升学人群的需求，助力学生升学成功。

图 4.9 是某高校通过新生调查得到的各专业新生学历目标分布。由图中可见，该校 2022 级新生打算提升学历（“硕士研究生”和“博士研

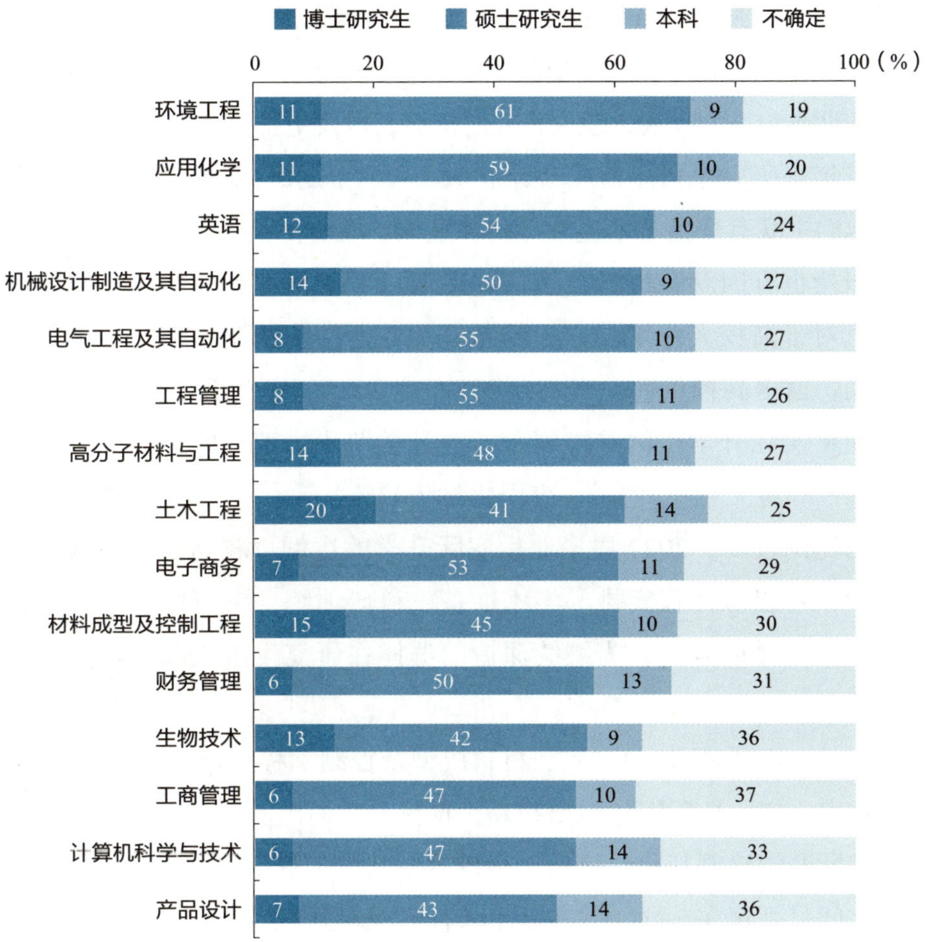

图 4.9 某高校 2022 级各专业新生的学历目标分布

究生”）的比例较高的专业是环境工程（72%）和应用化学（70%）。产品设计（50%）、工商管理（53%）和计算机科学与技术（53%）则相对较低。

问题是，新生的期待和这些期待的最终实现之间并无必然联系，就业市场的变化、学习兴趣的转移、专业课程的教学质量等许多因素，都可能对此产生影响。更重要的是，每一个学科专业都有其独特的知识结构和必备技能，有的需要通过系统的研究生训练才能掌握，有的则需要通过类似师徒制的实践过程才能掌握。所以，对于高校来说，考研率不等于学生学习成果，并非越高越好；对于学生来说，考研是有“机会成本”的，在不需要研究生学历的领域里念研究生，那么他们为之付出的代价是可能获得的收入、职位晋升的机会，以及更加宝贵的青春年华。

近年来研究生招生规模逐年扩大，学生的求学期待也随之发生变化，他们中既有怀抱学术追求考研深造的，也有随波逐流盲目追求文凭的，当然也有因就业市场行情低迷想通过考研推迟就业的。不同的考研动机对于高校人才培养方案的制订和专业结构的调整都有不可忽略的影响，值得高校重视。表 4.2 将该高校 2022 级新生升学意愿和 2022 届毕业生实际升学比例并排展示，对升学期待的契合度进行分析。表中可见，环境工程（57%）、应用化学（43%）等专业 2022 级新生期待升学的比例较高，2022 届毕业生实际升学的比例也较高。对于这些专业，学校可以从课程安排、学术准备、科研训练、考研服务等方面做出相应的安排或调整，为继续深造的群体在研究生阶段取得学业成功铺路。

但是，电子商务（13%）、材料成型及控制工程（15%）、计算机科学与技术（17%）等专业 2022 级新生期待升学的比例不低，2022 届毕业生的实际升学比例却相对较低。学校需要及时了解学生期待与专业培养目标之间是否存在差异，并在新生入校后及时开展专业认知教育，使新生对专业培养定位有明确的认知。

表 4.2 某高校 2022 级新生各专业的学历期待符合度

专业名称	2022 级新生期待升学的比例（%）	2022 届毕业生实际升学的比例（%）	契合度（%）
升学期待高、实际升学比例较高			
环境工程	72	41	57
应用化学	70	30	43
英语	66	23	35
机械设计制造及其自动化	64	21	33
电气工程及其自动化	63	29	46
升学期待高、实际升学比例较低			
工程管理	63	13	21
高分子材料与工程	62	12	19
土木工程	61	12	20
材料成型及控制工程	60	9	15
电子商务	60	8	13
财务管理	56	17	30
生物技术	55	11	20
计算机科学与技术	53	9	17
工商管理	53	11	21
产品设计	50	13	26

学生学历期待或就业期待能否最终实现，与他们的专业认同有很大关系（这一点在第三章中已略作介绍），而专业认同度又会转而影响学生的学习态度。其他学者的研究也表明，专业认同对学生学习投入、学习绩效与专业归属感有显著影响。[①] 表 4.3 显示福建某高校 2022—2023 学年在校生专业认同度及其学习态度之间的关系。总的来看，专业认同度

① 毛智辉，眭依凡．跨学科教育学硕士研究生专业认同的影响因素与作用路径研究 —— 基于扎根理论的分析 [J]．学位与研究生教育，2021（6）：83—89；吴剑琳，周明旺．大学生专业承诺对学习兴趣与学习绩效的中介作用研究 [J]．校园心理，2010，8（2）：97—99.

在学校平均水平线以上的三个学院，学生无论是课前学习的主动性、课堂学习的积极性还是课后学习的自主性，基本都要比平均线以下的学院高一些。当然，影响学习态度的因素绝不仅限于专业认同度，比如商学院学生在课堂上相对较高的学习积极性（80%）可能与商科专业教学的特点相关，案例式、研讨式教学要求学生积极参与。

表 4.3 福建某高校 2022—2023 学年在校生专业认同度及其学习态度

学院名称	专业认同度（分）	学生学习态度		
		课前学习主动性（%）	课堂学习积极性（%）	课后学习自主性（%）
艺术学院	3.17	76	83	72
外语学院	3.03	80	87	76
机械学院	3.00	77	79	71
本校平均	2.99	75	79	70
计算机学院	2.98	73	75	68
土木学院	2.94	75	79	70
商学院	2.93	74	80	69

对于实行大类招生的高校来说，学院更加有必要提前了解学生选择专业的预期，是否有转专业意向，最想辅修哪些第二专业，等等。通过新生专业选择意愿的分流数据，管理者可提前了解各专业选择的不平衡程度，对于“冷门”专业及早做好专业特色、发展现状和就业前景等方面的介绍与宣传，加深学生对于这些专业的认知。另外，通过了解各专业新生的转专业意向，管理者可锁定想转出比例较高的专业，并提醒相关专业提前做好专业认知教育工作。

总之，对于生源的数字画像进行深入分析，可以为招生、培养、就业这个联动机制的实施提供数据支撑。高校通过深入了解学生的特点，制订具有针对性的培养方案，采用多样化的教学方法和手段，可以更好地满足学生的需求，为学生的未来发展打下坚实基础。

四

招生管理研究专家邦特拉格曾经就高校如何实施“战略招生管理”说过这样一段话：

> 有必要重申，战略招生管理（SEM）不是一种权宜之计。相反，它涉及一系列精心制定的战略及其过程，随着时间的推移得以实施、评估、重新调整。耐心是SEM最重要的原则之一，允许其实施周期不只是一次，而是多次。这使得直觉驱动的、‘银弹’（silver bullet，又译‘杀手锏’）式的策略让位于有效实施招生管理所必需的合理规划和仔细评估。只有这样，一个高校才能意识到SEM的力量及其规划未来更强大的潜力。①

相信邦特拉格在此所说的直觉驱动的、“银弹”式招生策略，多数中国高校的管理者们并不陌生。没有生源数据的支撑，任何高校的所谓招生战略都只能拍脑袋产生。更要命的是，假如高校从未将招生与其院校使命挂钩，那么其招生计划、专业布局、生源匹配等目标就无从说起，而没有目标的管理是无法评估其有效性的。因此，中国高校是否需要美国式的“战略招生管理”并不重要，重要的是，我们如何从战略的高度，对高校招生进行规划、管理，并最终惠及学生，让他们在最匹配、最合适的校园、学院或专业里成长，让高校成为世界一流、国内一流或行业一流不再是一个梦想或一句空洞的口号。

本章中我们通过麦可思生源和招生调查数据，展示了调查数据能够为高校招生做些什么。这些数据和信息的搜集是招生战略的依据、招生管理的基础，但不是“战略招生管理”的全过程。数据本身，甚至对于

---

① Bontrager, Bob. (2004). Enrollment Management: An Introduction to Concepts and Structures. *College and University Journal*, 79(3), 11–16.

数据的解读，如果不是用来制定招生战略，不能以此改进招生过程，不能用于提高生源质量，那么再多也只是徒劳。

麦可思针对某校 2012 级新生做过一个生源和招生的研究项目，通过问卷调查了解考生的报考行为、学校面临的招生竞争、宣传渠道的有效性，以及各项招生宣传活动中存在的问题，为改善下一届的招生工作提供一手数据。在新生调研数据的分析过程中，我们发现了学校在招生工作中的一些问题。在学校的帮助配合下，我们对反映这些问题的学生进行抽样调查后开展了电话访谈，力求发现问题背后的原因。最后我们将问卷数据和访谈数据放在一起进行分析，并参考国内外高校招生工作的经验教训，为该校提供了《招生改进建议报告》，其中包括但不限于下面所列的问题。①

（1）宣传内容

由于宣传内容欠缺，许多新生表示在报考前尚不了解各专业的就业情况和职业发展路线，对学校的特点与优势也缺乏认识。此外，学校对不同受众的统一宣传也影响了宣传的有效性。调研显示，学校的本地生源与外地生源的关注点显著不同，但学校在宣传中未能做到区别宣传。

（2）广告投放

大学招生广告的目标受众是考生及其家长，因此随着近年来新媒体逐渐取代传统纸媒，高校的招生广告也需要转向更加适合的媒介，如社交媒体、校园活动和教育展，广告也应强调学校的特色、专业优势和职业前景等考生及其家长关注的内容。国外很多高校都在招生宣传上引入了“精准营销”（precision marketing）的概念，跟踪广告投放效果，并据此调整广告投放的侧重点，以实现精准投放。与企业广告侧重促销和购买动机不同，大学招生广告需要侧重于情感和价值观的传递，强调学生成长和未来职业发展的机会。

① 刘超，王笛，周凌波. 中国招生工作改进案例 [J]. 麦可思研究，2013（5）：19—21.

（3）招生手册

通过对学校2012级新生的调研，我们了解到学校招生手册（简章）存在的最大问题是“缺失所需信息”。我们对认为“缺失所需信息”的新生进行第二轮访谈，了解到手册主要缺失信息包括“就业状况”及“校园环境和生活条件”。此外，通过调研及访谈，我们还收集了考生阅读偏好等重要信息。

（4）招生网站

新生反映学校现在的招生专网在目录和架构设计上不便于查找信息。网站上的招生信息未能及时更新，使考生无法了解最新的招生进展。多数新生认为网站缺失职业前瞻、学生活动、校园环境、生活条件等信息。网站所使用的主要表述方式是文字，并且是从学校的角度展开描述。网站缺乏在校生体验、故事以及形象展示。

（5）现场咨询

本校招生咨询会的公告宣传时间太短，导致宣传力度不足，直接影响到了考生的参与规模。参与过现场招生咨询的新生认为活动中缺乏交流机会。在对学生和教师的访谈中我们发现，参加学校招生咨询的人员，特别是专业老师培训不足，咨询质量难以保证。

（6）校园开放日

学校没有做好招生开放日的事件营销。开放日如同大型发布会一样，应做到提前两三个月开始营销。开放日的内容包括咨询与讲座、校园参观、开放课堂、发放纪念品等活动。

（7）电话咨询

电话咨询仍然是考生了解学院的重要渠道。“电话打不通”“没有解答好问题”“态度不亲切”是学校的主要问题。值得注意的是，近年来社交媒体如微信群成为信息交流的主要渠道，大有取代电话的趋势，学校必须对此有所准备。

【关于招生工作改进流程，见研究手记4.2 招生工作改进流程】

了解招生工作问题及背后的原因仅仅是第一步，接下来要做的是在参考国内外先进经验的基础上，为学校提出解决问题的具体方案及实施措施。

（1）品牌识别系统

品牌识别系统，这里主要指的是视觉识别系统（Visual identity，简称 VI），包括基本系统、色彩计划、基础应用、公关用品、旗帜系列、导示系统、服饰系列、交通系列等大类。具体的应用中不仅包括名片、信纸、便签、文具等大家平时比较熟悉的内容，还包括各种徽章、出入证、名卡、邀请函、雨伞、导向牌等数十项具体内容。

在完成识别系统的最终设计后，学校应立即着手开始制作实物（如服饰、纪念品等）。这些设计应从下一个招生季开始在每一个场合反复提及，并不断出现在网页、宣传册、入学指南、T 恤衫、水杯、毕业证书等每一个可能的位置上，全方位打造学校品牌，让考生和家长刚刚接触学校就能获得完全不一样的感受。

我们根据学校的愿景和定位帮助学校设计了一句话的招生口号，这句口号不仅凸显了学校的定位和对学生的价值，也朗朗上口，便于记忆和传播。一经应用，便得到了大家的交口传诵。

（2）招生手册

在对学校的招生手册进行设计时，我们主要考虑到了下面几点。

第一，当代人的阅读习惯已经发生了很大变化，大量的文字容易使读者产生疲倦感。我们决定提高图片的使用比例，并且采用了大画面推出的方式，力求充分展示学校风貌和学生状态。我们的照片选用原则为：色彩鲜明、构图重点突出、画面具有视觉冲击力。展示画面包括校园环境、课堂教学、实习实践、校园生活等。

第二，新生反映招生手册中缺乏就业及专业相关信息。根据毕业生的就业数据，我们增加了主要专业对应的职业、行业月收入、中期职业发展情况的介绍，成为考生的关注点。

第三，我们在选取招生手册内容时，加入了考生和家长们尤其关心的校园生活和费用及资助情况，通过大幅的学生照片来展现校园生活和学生风貌，体现以学生为本的思想。

第四，我们将招生手册和课程手册分类制作。考虑到考生及家长的阅读习惯，我们对课程进行了全新的、更易读懂的介绍。

（3）招生网站

我们对学校的招生网站提出如下改进建议。

第一，参考国外大学的网站设计，建立全新的招生专网架构。网站架构主要包括“院校特色”“就业状况”“专业介绍”“报考指南”“校园生活”“费用及资助”等六大模块，每个模块下面又包含了多级目录。比如“专业介绍”这一模块下面就包括了各专业大类和不同专业方向的介绍，内容涵盖了培养目标、就业方向、工作所需的核心能力、职业路径和主要课程等考生关注的信息。

第二，改善网站的用户体验。为了给考生带来较好的用户体验，我们尽量避免一个页面出现太多链接和按钮。为了营造更亲切的阅读感受，我们在网站首页增加在校生博客，通过大量在校生的照片、故事、视频、博客等形式进行宣传。为了提供更多了解学校的机会，我们在网站设计中实现了考生与在校生及学校招生工作人员直接互动。此外，学校建立了网站的更新责任制度和招生信息推送渠道。

毋庸置疑，上述案例中我们向学校提出的每一步招生策略、做出的每一个设计建议，都是基于生源调查和跟踪访谈得到的数据和信息。所谓“战略招生管理”，不管高校的关注焦点在哪里，扎实的数据基础不可或缺。

在获取了初步的问卷调研数据之后，如果需要进一步访谈的话，选取合理的样本框架是关键所在。同时，访谈者必须对高等教育和学校所面临的生源困扰有深刻的了解，才能在访谈时理解每一个回答后面隐藏的原因及其可能的解决方案。提问过程难以预设，要靠提问者做足功课并富于深究的经验，如同一个成功的访谈节目主持人。

在帮助学校设计改进方案时，我们只有对该校的历史和现状有着充分的了解，对同层次高校的竞争、该校的愿景和定位有所认识，才能指导VI、招生网站、招生手册和招生短片的专业制作。专业制作要求的不只是编程和美工的高水平，更是对一个高校的招生问题及解决方案的专业理解。

【招生宣传如何实施，见研究手记4.3 酒香也怕巷子深】

研究手记4.1

我经历的哈佛招生面试

中国和美国的民众对美国精英大学最大的误解在于录取过程。与中国的高等教育不同，美国私立大学和公立大学的录取过程区别极大，私立大学之间也存在显著差别。多少次美国人对于我讲述的哈佛大学的录取感到惊讶甚至是震惊，就连我的前任上级（曾担任哈佛大学中国基金会的执行董事），对哈佛本科的录取过程也不熟悉。想想看，连哈佛大学的高级雇员也不清楚录取过程中到底发生了什么！

要详细介绍哈佛大学录取过程中的错综复杂之处，恐怕这篇文章得写成一本小说那么厚。当然，这会让你头晕脑涨。我不会这样来折磨你，接下来仅以哈佛为例，对私立精英大学录取之中的迷人和独特之处进行一个大致的勾画。作为一名曾经的哈佛申请人和优秀学生的招募者和面试参与者，我对哈佛的录取过程从头到尾都有着较多的了解，并且热爱参与其中。

为什么我爱它呢？我认为这个录取过程在全美的大学之中是最复杂、最令人发狂、最让人有挫折感，同时也最令人满意的录取过程之一。麻烦的是，这个过程是自我表现的、主观的和自助的。好处是，它体现了美国人典型的“自己动手”的观念，以及一切皆有可能的梦想，无论你是一个来自中西部的小镇男孩，还是来自洛杉矶的第一代墨西哥移民。

哈佛大学“录取金字塔”

学业成绩

我首先从录取的基础——考试开始。美国是没有高考的，取而代之的是SAT和ACT考试[①]。和中国高考相比，这两种考试都容易得多。你只需为它们学习几个月，去接受数学、语言、写作和科学（只出现在ACT考试中）基础的知识和概念的测试即可。这些考试的时间很短——与中国高考的几天考试相比，你只需要花费几个小时。如果你对成绩不满意，还可以再考一遍（有些学校会看你所有的考试成绩，有些学校只会看你每个部分的最好成绩）。如果你拿了满分，很棒。但满分并不能保证你能够获得哈佛录取，很多没有考出完美高分的人却获得了录取。

① ACT考试主要在美国中西部地区使用，哈佛和其他的东岸精英大学更倾向于使用SAT考试。

当我在哈佛大学招生办公室兼职工作的时候，录取是通过一个三层的金字塔式的系统来进行的（见上面的示意图）。对于一个有竞争力的候选人来说，最基础的部分是学业成绩。很明显，哈佛不想录取那些学习能力不足的学生。学业优秀是通过以下方面来定义的：SAT成绩，IB成绩[①]或者AP成绩[②]，高中的GPA（平均分），地区、全国和国际学科竞赛取得的成绩。请注意，SAT成绩只是整个学业成绩中的一个组成部分。不太理想的SAT成绩可以通过高中四年的优秀成绩和赢得数学竞赛或者写作竞赛来补偿。但是，我最好的朋友——一位韩国同学告诉我，她所在的高中（韩国最好的理科高中）很多拿到高分和国际数学、物理奥林匹克竞赛奖牌的学生也被哈佛拒收了。我还有一位好朋友，她的SAT成绩很低，而高中成绩虽说还不错，但也没有达到很优秀的程度，却被哈佛录取。最后要说的是，一名在优质私立高中修了12门AP课程，其中5门表现优异的学生，不一定就比一名在乡下公立高中修了5门高级课程且门门优异的学生更具优势。有价值的是你在什么条件下取得好的成果，而不是简单对比结果。是不是有点令人迷惑？我们再来看“录取金字塔”的第二层。

课外活动

美国高中学生对课外活动的“沉迷”到了我觉得影响学业的程度。当然，那些以学业成绩、SAT得分为代价去搞课外活动的学生，也不会受到哈佛重视（哈佛特招进来的运动员在成绩上可以网开一面）。哈佛喜欢什么都做、什么都能做好的孩子。自然，哈佛也喜欢

① IB是International Baccalaureate（国际文凭）的简称，是学生在高中修读的、具自我挑战性的、高级程度的国际课程。通常，IB需要学生修读项目的全部课程，AP允许学生选择一门或所有课程。

② AP是Advanced Placement（大学预修课程）的简称，是美国学生在高中时可修读的大学基础课程。每门课程结束时，学生参加全国统考，3分及以上即通过。哈佛当然偏好5分。

有难以置信的特长的奇才，但光靠奇才是装不满校园的。我现在开始明白为什么哈佛会看学生的课外活动。

有本事考试拿满分和完美地完成作业当然很好，但很多孩子都可以做到这些，而且哈佛并不只是一个学术机构，它是一个为世界未来培养出领导力、雄心、愿景和计划的地方。这些学生的潜力你能从他们的学业表现中识别出来吗？不能。

哈佛很难。不只是学习难而已，你得样样做好：作为学生、组织领导者、研究助理、兼职工作人员、实习生、朋友，以及哈佛社区公民。如果除了拿到分数“A”以外干不了别的，如何指望你成为一个真正的哈佛学生？

哈佛要的是具备激情、领导力、信念、人际交往技巧的人，是思考深入，敢于行动和改变世界的人。你在课堂之外选择做什么，是对信念、兴趣和未来抱负的表达。

哈佛喜欢质量。如果你在一个社团中是受人钦佩的领导，把一种乐器演奏得极好，就比你是5个社团的普通成员，仅能摆弄下3种乐器要令人印象深刻得多。许多高中生犯的一个错误就是，把参加过的活动都一一列举出来，以为会获得招生办公室的青睐。我曾见过社团活动足有一英尺那么长的个人履历，我几乎可以马上就分辨出这是在“注水”还是深入、真实地参与。要骗倒招生工作者并没有那么简单，尤其是现在有大量的国际申请人，哈佛越来越懂得如何辨别冒名顶替者和虚假履历。

你也许有疑惑——这会不会使得家境富裕的孩子处于优势地位？父母能负担他们所有的课外活动花费。未必如此。就学习方面来说，哈佛也会根据你所处的条件来评价你所取得的优秀。例如，我以前在一个小镇上并不耀眼、只算“不错”的高中上学，我的一些朋友毕业于美国最好、最贵的私立高中。你认为我们会有同等的机会去参加各种活动、培养自己的兴趣吗？当然不。但我的背景不会成为我的缺点。我在劣势的有限选择中做了很多，对于招生办公室来说，这是学生的远见和决心的体现。

那么，现在如果你有优等的成绩、领导力、奖项，在音乐会上演奏钢琴，你就会被录取了吗？不，很遗憾，这些还不够。“啊？要怎么做才能跨进哈佛的大门？”这个呢，如果你父母是哈佛毕业生，一直在给哈佛捐赠，你有相当体面的“成就”记录，你可能会被录取。这叫“传承录取”（Legacy Admission），尽管哈佛和其他学校不想承认，但这种情况确实存在，还挺多。我不是校友的孩子，我的哈佛朋友中的95%也不是校友子女，所以对这项录取无法置评，只能说哈佛里有很多这样的学生可以“对号入座”。这并不意味着他们就不成功或不优秀，但却是招生流程中的一个争议点。然而，正如我所说，这并不适用于像我这样的人，以及被录取的绝大多数申请人。

个人特质

“录取金字塔”的第三层包含了我称为“X因素”的东西。到现在为止，“金字塔”的前两层是可测量的——分数、等级通常不会说谎，课外活动的质量也可以被客观地评估。但这第三层，“个人特质”层面，要怎么评估？在我看来这是哈佛招生最有意思的方面，是多样性和最难评价的方面。有三种方式评估你的个人特质。

申请大学的短文。不像公立大学，哈佛的入学短文实际上是“作数”的。你不能只是写养的狗死了你有多难过，或者当你看到非洲穷困的人民时多受触动。人们常常纠结于主题，但关键并不在于主题，而是你怎么去写。你可以写冰激凌、波尔卡圆点、在开封发现犹太人等任何你想写的话题。但你通过话题，如何传递出你的哲理、看法、观点、个人发现和自知之明，才是最重要的方面。不是主题本身，而是你的表达方式更能折射出你的生活和你自己。

你的个人面试。哈佛与所有常青藤大学一样，给所有申请人被哈佛校友面试的选项。这种至少一小时的面试是非正式的讨论，由校友与申请人对其兴趣和参与活动进行讨论。这个人是否措辞成熟、谈话有趣、精通时事、饱览群书？这也是被面试者表现个人特质的一个机会，这些个人特质在大学申请的书面材料中有时无法表现。

你的申请的整体情况。你的申请作为一个总体来看有意义吗？各块拼在一起是否描述了一个智慧的、有成就的、动力十足的、有天分的、有趣的、能够在哈佛学生社群中贡献独特品质的人？

这里没有“魔法配方”。没有什么个性品格是比其他个性品格更被看重的。自我认识、对自己目标的感知，以及表达出自我和目标以影响世界的欲望是最重要的。你的背景是重要的，哈佛越来越多地招收来自移民背景、家庭社会经济状况较差、在美国之外成长的学生，这并不是巧合。

50年前，哈佛学生通常是白人男子，来自美国东部的富裕家庭。如今，哈佛学生是多种族、多元文化、多种社会经济背景、多地区的。现在如果你能够被哈佛录取，经济不是问题。学校提供慷慨的经济资助套餐：学生家庭年收入在5万美元以下的无须付学费；家庭年收入在5万美元及以上的，也只需付收入相应比例（10%）的学费。这里有低利息的学生贷款、勤工俭学的机会，并且对学生的经济资助会根据每年对家庭收入状况的复评进行调整。哈佛本科没有奖学金，这意味着，哪怕你在卡内基音乐厅演出，或者在英特尔科学竞赛中获奖，奖金还是要从资助中扣除。哈佛相信，它要使任何被录取的人都能够入学。

为什么有这些录取标准？为什么对负担不起学费的学生如此慷慨？为了反映、发展全球意识和国际影响力，并在这方面竞争，哈佛知道它必须从多元背景中去招收志趣相投的学生。世界顶尖大学，不仅仅是学术卓越，还要能够把脉当前和未来的世界。这不全是利他主义，因为哈佛是一个大型的、复杂的组织，面临对其声誉和策略的挑战，在战略上和智慧上必须如此选拔学生才能实现哈佛愿景。这是它能持续兴盛，保持世界翘楚地位的原因。

像我们在招生办公室常说的那样，哈佛本科招生是一门艺术，而非科学。现在，我喜欢认为它不只是艺术，还是领导力与愿景的榜样，是寻求学生整体品质的典范。招收具有你所期望的品质的学生，学校的成功随之而至。

（王可）

研究手记 4.2

招生工作改进流程

生源质量是一所高校的毕业生质量的重要影响因素，重要性不低于高校培养过程带来的增值。随着青年人口的下降以及国外高校对中国生源的竞争，中国的高校已经普遍面临着日益激烈的生源竞争。在美国，招生工作是“校长化”、专业化、预算化：72% 的校长和 19.7% 的副校长抓招生，上百家咨询公司为 2000 所高校的招生提供专业服务，私立大学的生均招生成本高达 2000 美元以上。越是好大学，招生投入越大，并非为生源数量，而是为生源质量。高考成绩不应该是生源质量的唯一指标，高质量的生源是“符合学校愿景的生源”。

国外招生工作改进的流程从科学调查开始，以此发现招生工作中的问题和改进点，通过深度访谈提出招生改进建议，对 VI（视觉识别系统）设计、招生手册等宣传手段进行改进，最后达到生源质量的综合提升。

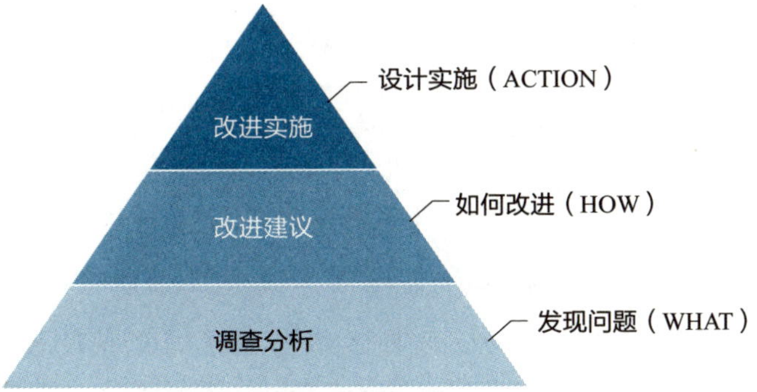

招生工作改进流程

麦可思曾经为一所高校的招生改进做过一个咨询项目，具体实施过程如下。

第一阶段　调查分析

通过对新生进行调查，收集本校考生的报考行为、学校面临的招生竞争、宣传渠道的有效性，以及各项招生宣传活动中存在的问题等基本数据。对回收的数据进行数据清理、数据挖掘，通过科学建模分析，生成具体指标。对生成的具体指标进行解读，形成初步的招生数据分析报告。该阶段是发现问题，不涉及深度访谈等其他调研形式，也不会形成改进建议或方案。

第二阶段　改进建议

根据在招生数据分析报告中发现的问题，选取本校的老师、行政人员、新生以及新生家长进行电话深度访谈，了解招生过程。深度访谈将设计循环轮次，使每一轮次的访谈在前次调查成果基础上逐渐深入。根据深度访谈获取的信息，归纳总结本校在招生工作中存在的问题，并找出初步的改进方向。咨询公司还多走一步，根据深度访谈获取的信息做出初步建议，听取校方专家的意见。最后提交包括组织安排、招生定位、招生活动的改进建议报告。该阶段形成招生改进的建议，但不涉及具体招生改进设计和实施方案。

第三阶段　改进实施

基于改进建议报告，开始设计VI系统（包括Logo、代表色、口号和吉祥物等）、招生手册、招生网站、招生视频。针对每一具体改进目标，收集相关资料，并对相关人员进行访谈。例如，招生手册的改进需研究学校以往的招生资料和手段，对学生和本校相关人员进行深度访谈。然后筛选和整理具体改进目标所需的素材（如故事、照片、视频等），形成针对具体改进项目的文案设计，最后外包美工、IT和影视公司的专业人员施工。

最关键的一点，该项目不是美工、IT和影视专业人员设计的，他们是在最后进场施工。他们的外包工作必须受到招生设计团队的密切监督，以实现预期设计质量目标。各阶段工作要衔接好，很多工作可以并行，总的实施时间是4—5个月。

（王伯庆）

研究手记4.3

酒香也怕巷子深

我站在办公室门外已经五分钟了，看着日理万机的校长还在埋头工作，好像忘了外面有一位远道而来的大学协理副校长，正等待他的接见。这是印度班加罗尔的一所顶尖的公立中学，之前多次拒绝我校负责国际招生的同事入校宣讲。不得已，我只得亲自出马，让同事打着我的旗号拜访校长，几经交涉才得到恩准。

又过了大约五分钟，校长终于抬起头来。他没有起身，只是向我们招了一下手，示意可以进去了。助理在他硕大的办公桌前放了两张椅子，就像特朗普接见外宾的架势一样。还没等我们坐下，校长就发话了：“我今天很忙，你只有两分钟，告诉我你们是哪个大学的，找我有什么事？”听了这话我心中暗喜，当年美国教授传授的“电梯游说”（elevator pitch）技巧终于找到用武之地了。我使出浑身解数，活活地把半小时的宣讲压缩成两分钟的脱口秀。讲完后，房间里一片静默。这时，只见校长将站在一旁恭候的副校长招过去，在他耳边嘟囔了几句，副校长就匆匆离开了。

结果只能用“不虚此行”来形容：十分钟后校长带着我们进入一个坐满三百名学生的礼堂，几乎一字不漏地传达了我刚才“电梯游说”的讲话精神，鼓励学生报考。临离开前对我的同事说：“你自己掌握时间，把你们大学好好给学生介绍一下。”从此以后，这个中学成为我校没有挂牌的生源基地。

在香港城市大学主持环球事务超过十年，这样的故事我攒了一箩筐。有一次和国内一位同行分享，他带着疑惑的眼光看着我：“你是不是用力过猛了？你们大学在世界上排名如此靠前，需要这样去营销吗？”答案是，需要的。

我在2010年从美国“海归”，正值政府提出将香港建成国际教育中心的宏大愿景。作为大学环球事务的主管，国际招生毫无悬念地成为我的“关键绩效指标”（KPI）之一。其时香港的大学里国际学生寥若晨星。通过大型国际教育展，排名靠前的几所大学每年也能守株待兔式地收到一些国际学生的申请，但大多是外交官和国际商务人员的子女。尽管亚洲众多区域的经济在20世纪最后阶段已经实现跨越式发展，但高等教育发展相对滞后，留学生的流动轨迹仍是单向地由东向西。因此，上任伊始我就将刚刚离开的那片留学热土当成了自己的假想敌。

据美国国际教育协会（Institute of International Education）发布的年度“开放”（Open Doors）数据显示，“新冠”疫情前的2018—2019年度在美国大学就读的国际学生总数达到1095299，但这个数字并没有让任何人感到惊讶。美国作为“二战”最大的赢家，其大学依仗强盛的国力，将一大批来自欧洲及世界各地的杰出人才尽收囊中；20世纪90年代苏联解体和东欧剧变，更是为美国大学创造了一个二次收割人才的良机。因此，近半个世纪以来，美国的大学不仅是诺奖获得者集聚之地（比第二名英国多出三倍！），更是世界各国学生留学的首选。亚洲的大学在21世纪初开始加入全球人才竞赛，但他们对于赛道上遥遥领先的美国大学并无非分之想。新兴经济体如新加坡，从20世纪90年代就开始在国际招生方面跃跃欲试，但他们的野心也仅止于想和美英大学分一杯羹。

考察了几个国际教育展之后，我决定立即停止参展，因为展会花费不小，却是事倍功半。我和同事们一起对国际招生市场作了深入研究，最后将东南亚、中东，特别是邻近国家和地区的顶尖高中列出清单，准备花几年时间一一登门拜访。于是就有了上面那段访问印度中学的故事。

在国际招生上施行“新政”，我很快陷入困境。最初的访问请求屡遭拒绝原在意料之中。多年来有志者共同的留学目的地一直是美国和其他西方国家，让包括美国在内的各国中学生在地图上找到香港都会是一个挑战，劝说他们考虑香港的大学更是难上加难。假如说学校的拒绝是基于学生的兴趣和意向，那么这种拒绝其实也是我们的大学在那个地区、那个国家的一个形象测试或民意调查。

在国际招生“市场”上，优秀高中大致可以分成两类：国际中学和本地中学。前者存在的理由之一就是帮助孩子出国留学，因此国际学校非常习惯于接待来自世界各地的大学招生人员，学校实行IB、GCE等国际通用的课程资格，便于大学审核与录取。学生英文水准较高，对于奖学金的依赖程度也相对较低。但是，由于这些学校学生的家长们早早地就把孩子的前途设计好了，入校宣传一个闻所未闻的大学，比对牛弹琴好不到哪儿去。万事开头难，此之谓也。

那么，本地中学是否比较容易切入呢？难说。每个国家或地区都有一些顶尖中学，学生大多将本国的顶尖大学作为奋斗目标，因此对出国留学并不太感兴趣。即使有学生对留学动过心，也会因家庭经济条件、英文水平等原因不敢有太多奢望。本地中学每年都会有学生去美英等国留学，西方国家很多大学采取所谓的“综合评定”方法录取学生，而中国香港的大学则几乎完全基于学习成绩录取学生。因此，要充分了解当地的学历资格以便设立合理的录取和奖学金标准，是一个不小的挑战。再说，招收本地中学的优秀考生，充裕的奖学金和其他经济资助是个关键。

话说回来，我的团队开拓国际招生市场的经历也并不总是那么悲催。事实上，国际招生和一般的市场营销活动并无本质区别：增加与客户互动、建立互信关系是基本动作。我们因此结交了许多国家顶尖中学的校长、老师，有时常规的拜访甚至会变成愉快的朋友聚会。但是，交友与招生之间还隔着一道屏障，那就是成见。有一次在欧洲访问一所国际学校，校长热情有加，午餐招待，还亲自交代毕业班的老师，要他们尽力邀请学生参加我们的宣讲会。我有点感动了。可到了会议室我却哭笑不得：听众几乎全是亚裔孩子！要招这些学生我还要不远万里来到欧洲？也许是想象力的限制，国际学校的老师根本就无法看到留学走向由西向东的可能性，因此把学校里所有长着亚裔面孔的学生都给我们找来了。

除了观念问题而外，国际招生还是件力气活，需要点开拓以至冒险精神。

记得有一次在斯里兰卡首都科伦坡出差，一场校访结束时正是城市交通的晚高峰时段，我和同事试图打车回酒店。眼看天渐渐黑了，我们两人在街角上已经站了一个多小时，就是打不到车。我同事问我敢不敢坐满街乱跑的“突突车”，我说：“Why not？”（为什么不呢？）于是，我们钻进一辆三轮“突突车”，生生地将这段至多半小时的车程走成几乎两小时的长途旅行。街道上尘土夹着汽车尾气，令人窒息。更可怕的是，有很长一段时间“突突车”前后左右都是高出起码两倍的大货车。我甚至怀疑这是卡车司机们百无聊赖之余故意上演的一出“猫捉老鼠”的游戏，其中任何一方稍有不慎就能将夹在中间的“突突车”压成汉堡。

旅行之于我原是件乐此不疲的事，但公差出行则另当别论。目的地无法选择姑且不论，最大的挑战还是航班晚点。困在机场少则几小时，多达一天，属家常便饭。有一次我从圣彼得堡飞香港，途经莫斯科时，航班因为暴风雪的缘故被取消了。我在机场折腾到半夜，才在凌晨时分进入航空公司安排的旅店，此时已经筋疲力尽。可是刚进房间不到两小时又被叫醒，让去机场赶下一班飞机。在机场等到天亮，被告知还是不能起飞，于是又回到原来的旅店。这一待就是三天。好在我不怕冷，冒着零下二十多度的寒风第一次游览了久闻大名的红场。

对于崛起中的亚洲大学来说，走向国际化的道路不会平坦，这点我早有思想准备，尽管这种准备并不能在我面对困难时带来任何解决方案。我这样安慰自己：一切都是因为大学国际化进程才刚刚起步，随着我们的大学在排行榜上不断攀升，总有一天我们会像美国大学那样，无须太费劲就能招到来自世界各地的优秀学生。

现实很快就打脸了。2017年在埃及首都开罗参加当地中学举办的招生展会，午间和几位美国大学招生人员聊天。他们中间年轻的那位来自中部堪萨斯州一所州立大学，还有两位年近七旬的老人是南部州一个私立文理学院联盟的代表。来自堪萨斯的年轻人告诉我，他自从八月底离开美国，两个多月来一直在中东地区作校访，没有回过家。我惊讶地问道：“几个月不回家你不觉得太辛苦吗？”这回轮到他吃惊了：“学校花这么多钱让我飞到这里，难道我还能要求经常回家？”至于那两位老人，以前是大学教授。近年来南方几所小型文理学院为了推动国际化，组成联盟，聘请他们代表成员大学进行国际招生宣传。

此前他们刚在中国内地走访了很多偏远省份，然后就马不停蹄地赶到开罗参加展会。

原来，美国每年一百多万的国际学生，还真不是等来的。连密西西比、亚拉巴马这样的南方小学院都在玩命似的争取优质生源，用“一不怕苦、二不怕死”来形容堪萨斯那哥们儿的工作态度也不算过分。美国大学在国际化方面如此用功，你能相信“酒香不怕巷子深”吗？

（程星）

／第五章／

学生成长的“黑匣子”

一

众所周知，民航飞机上都装有“黑匣子”（实际上通常是橙色的，便于事故后搜索），其中包括飞行数据记录器和驾驶舱语音记录器。飞行数据记录器的作用是记录飞行过程中飞机的各种技术数据，如速度、高度、航向、发动机状态、控制面位置等。这些数据帮助调查人员了解飞机在飞行各个阶段的运行状况，便于在事故发生后分析原因。而驾驶舱语音记录器的作用则是记录驾驶舱内的声音，包括飞行员之间的对话、与空中交通管制的通信，以及驾驶舱内的环境音。这些音频资料可以提供飞行员在紧急情况或事故发生前后的操作和反应的信息，帮助调查人员重建事件经过。

“黑匣子”的数据和录音提供的信息不仅可以帮助查找事故原因，还能记录飞机的运行状态，为后续的研究与改进提供依据。

高等教育不同于民航飞行，从过程到结果都不如后者那般生死攸关。但是，近年来随着中国高等教育的普及化，人们对于高校人才培养质量的信心似乎有所动摇，对于在高等教育上的巨大投入是否物有所值也质疑不断，高教领域任何风吹草动都会成为社会热点。原因很简单，因为在高等教育的中国航班上坐着四千万乘客，以及关注乘客命运的两亿多直系亲属。

批评者们往往是从人才培养结果评价高校，而校长们更加关心培养过程。只有真正弄清了过程，才能采取干预措施，才能改变培养结果。可是，我们真的了解过程吗？我们系统地、科学地测量和记录了学生培养过程吗？高校拥有打开培养过程“黑匣子”的钥匙吗？第三章中我们提到耶鲁人将成就领袖当成事业成功的目标，而哥大人则将享受生活作为寒窗苦读最终的收获。这两者之间究竟有何差别？学生在走向这两个看似不同的目的地的过程中，会有同样的经历吗？

答案可以在特伦齐尼对“大学如何影响学生”课题所作的总结中找到。① 特伦齐尼将大学生的学业“成功”分为三个层次：第一个层次为“学术和认知”，第二个层次为“心理、态度、价值和道德”，第三个层次为“职业生涯和个人生活”。特伦齐尼认为，职业生涯成功还不是学生最终的成功，最终成功是学生的个人幸福，因此个人生活质量的提升也应成为评价学生成功的一个重要标志。从这个角度说，耶鲁人和哥大人看似矛盾的两个目标，在特伦齐尼这里得到了统一。其实，当高校将学生在第三层次上的成功当作高校使命和办学目标，他们对于人才培养的思考会有一种豁然开朗的感觉。据此，我们以图 5.1 对学生成长过程作一个图解。

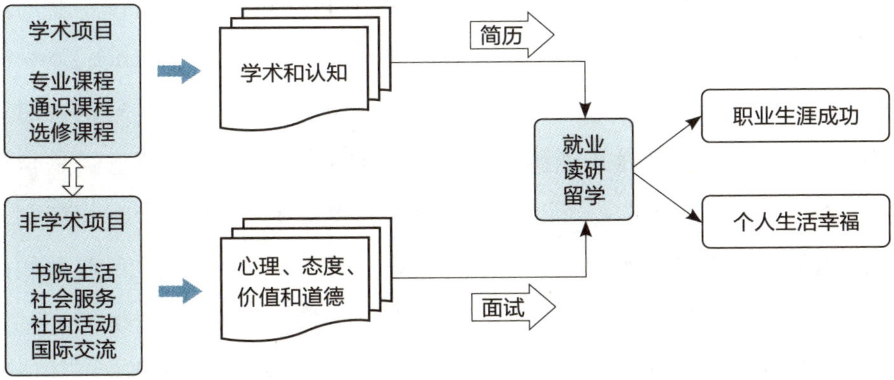

图 5.1 学生成长的路径

① Terenzini, P. T. Rethinking Effective Student Learning Experiences[EB/OL]. (2020-07-29) [2024-10-11]. https://www. insidehighered.com/advice/2020/07/29/six-characteristics-promote-student-learning-opinion. 特伦齐尼．重新思考学生的有效学习体验：一个工作框架 [J]．赵炬明，译．中国高教研究，2021(6)：41—43.

不难看出，图 5.1 是阿斯汀的“I–E–O”框架的图解或延伸。该图省略了输入端，因其形成于学生的前大学阶段，高校能够改变或施加影响的地方不多。图中展示的学生成长路径从进入高校开始，其“环境”因素包括高校的制度、文化、氛围、课程设置以及各种教育教学活动，大致可以分为学术与非学术两大部分。其中学术项目约等于学生所选专业或学科，包括专业课程、通识课程、选修课程及其他教学相关的项目；非学术项目则囊括学生所有的课外体验，从社交、社团、宿舍等课外活动到带有学术性质的国际交流、实践实习等学习活动。

图 5.1 提醒我们，在高校的“环境”与“输出”之间并没有一条清晰的楚河汉界。学生在“学术和认知”方面的收获与成功主要来源于学术项目，而他们在“心理、态度、价值和道德”方面的养成和收获则常常通过非学术项目取得。学术与非学术项目之间不乏重叠，而学生通过参与这些项目，与“环境”产生互动，在学术和非学术两个方面日渐成熟。这是一个渐进的过程，也是一个收获的过程。

因此，在高校的“输出”端，大学生的“成功”包含两个时间点。第一个时间点为学生在完成本科学习后**当下**的收获，即学生在毕业后成功就业、读研或留学。哈佛前校长劳伦斯·罗威尔（A. Lawrence Lowell）曾将大学生活比作大河摆渡，途中经历乏善可陈，回首旅程只觉得时光如梭。然而，一起启程并到达彼岸的虽仍是同一批乘客，却已经是全然不同的一批男孩（是的，当年只有男孩没有女孩）。[①] 第二个时间点则是**未来**的收获，即“事业成功、生活幸福”。学生在第一个时间点上的成功，又对他们在第二个时间点上的成功有着决定性的影响。

问题是，大河摆渡需要花费整整四年，非传统学生所需时间更长。在这个漫长的过程中可以发生很多事情，同坐一条渡船的人在行程结束时所得到的结果亦全然不同。摆渡人其间究竟经历了什么？麦可思用数据，从不同的侧面为我们记录了这个颇为神秘的过程。

① 程星．细读美国大学 [M]．3 版．北京：商务印书馆，2015：163.

二

追踪学生成长过程，目的是帮助高校进行有效干预。近年来高校数字化转型成效初显，数据的获取不再困难。但是，数据不等于证据，不能支撑管理决策，它们需要经过认真的分析处理。就像小时候看电影，我们总是希望能够早早地知道谁是好人、谁是坏人，当面对大量数据的时候，人们常有一种不可遏制的冲动，希望找出变量之间的“因果关系”（causation），而事实上很多时候我们观察到的现象之间至多只存在“相关关系”（correlation）。在学生的努力和他们最终的成功（或不成功）之间有太多、太复杂的因素。破解学生成功的“黑匣子”，研究者们还在路上，还有很长的路要走。

国内外大学通过问卷调查对学生成长进行跟踪，搜集大量数据，极大地提高了研究者进行各种探索的可能性。然而，只有学生成长的数据并不保证我们能够打开学生成长的“黑匣子”，也不能假设所有数据都能提供影响学生成长的关键因素。在数据分析中，研究方法和研究角度的选择对于研究结果的有效性具有决定性的作用。

高教研究界在探寻大学生的成长路径及其学习体验时，主要的研究方法包括纵向研究设计（longitudinal research design）和横断面研究设计（cross-sectional research design）。前者是对同一个群组在不同时间段进行反复测量，旨在对多次观察得到的推断不断进行矫正，以提高其有效性。后者则是在一个时间点检测群体的不同样本（或“横断面”），以此提供一个群体或社会在特定时刻的快照。

这两种研究方法各自的优点和缺点，不是本书关注的问题，但做过教育研究的人都深知个中甘苦，特别是取得有效样本数据之艰难。近年来随着数字化进程加快，大数据技术进入高校，遍布校园的监控摄像头、人脸识别门禁闸机、上课签到系统、食堂餐盘自动结算机等，给人一种印象，似乎研究者终于不用像过去那样辛辛苦苦地获取随机样本，就能得到学生成长经历之全貌了。但是，无限增加的点并不能自动连成线，数据点的激增可能使得原本已经足够复杂的学生行为变得更加扑朔迷离。而对于未加考究的数据施加复杂的统计分析手段，其结果只能如著名经济学家科斯（Ronald Coase）所言："如果你折磨数据的时间足够长，它就会招供。"①

在此，麦可思数据库的作用开始显现。数据源于中国1500多所高校在过去19年间采用普查方法进行的调研。由于参与高校的积极配合，多数在校生问卷的回复率超过80%，毕业生问卷的回复率也达到40%以至更高。从历年积累的总体数据（population data）来看，虽然每份调查的回复率不及100%（事实上也不可能达到），但由于参与学校种类和数量之多、时间之长均属罕见，这些数据代表了高教研究者可能取得的最准确、最全面、覆盖面最为广阔的学生日常生活场景和体验。

【如何对在校生成长进行跟踪评价？见研究手记5.1 在校生成长跟踪评价工具的研发】

从统计方法来看，总体数据的结果可以直接推广到整个学生群体，而不需要作太多的推理统计，而且总体参数的误差幅度也比较小。加之总体数据允许对学生群体进行更全面的分析，让我们能够探索在较小样本中不太明显的各种小群体状况及其行为模式。从这个意义上看，麦可思数据既不是对同一个群组进行反复测量的纵向研究，也不仅仅是对一个群体在特定时刻快照式的横向研究，而是通过纵向和横向数据的叠加实现对中国高校整体状况及其不同侧面的描述和分析。

以下我们从学生学习行为和学习参与两个方面，对当代大学生在校期间的学习状况作基本描述。

（一）学习行为

心理学家瑞恩（R. M. Ryan）和德西（E. L. Deci）提出"自我决定

① Ronald Coase: "If you torture the data long enough, it will confess."

理论”（Self-Determination Theory），认为个体在学习中的动机和意愿对其行为和表现有显著影响。高度自主的学习意愿与更积极、持久的学习行为密切相关。[①]

在第三章中我们已经通过一个案例，展示学生对于专业及其培养方案的了解有可能影响其专业认同度，并对学习意愿、学习态度产生影响。在此我们通过更多的整体数据，作进一步的分析。学习意愿涉及内在动机、兴趣、目标和期望，学习意愿高的学生通常更倾向于积极地参与学习活动，因为他们对所学内容感兴趣或者有明确的目标。学习行为则是学生在学习过程中所采取的实际行动，比如参与课堂讨论、完成作业、阅读教材和寻求帮助等。学习行为受到学习意愿的驱使，两者互动直接影响学生的知识获取和学术成就。

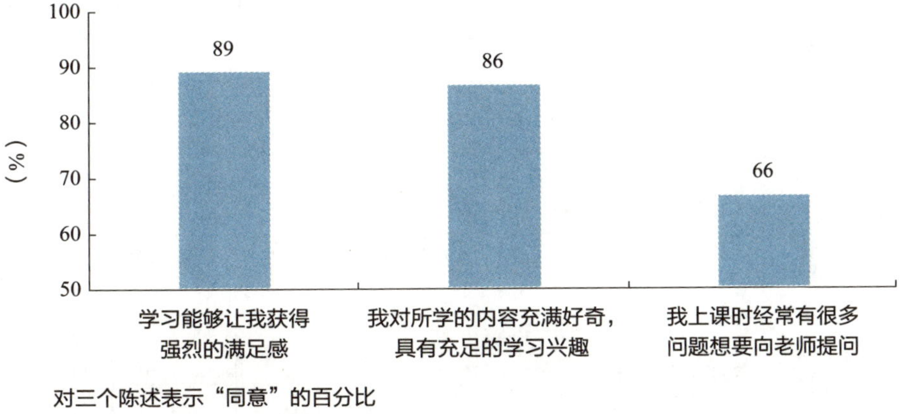

图 5.2 本科生学习意愿（2021—2022 学年在校生调查）

调查问卷从好学、好奇、好问三个方面来模拟学生的学习意愿：“学习能够让我获得强烈的满足感”（好学）、“我对所学的内容充满好奇，具有充足的学习兴趣”（好奇）以及“我上课时经常有很多问题想要向老师提问”（好问）。学生在“同意”和“不同意”两个选项中做出选

① Ryan, R. M. & Deci, E. L. (2018). *Self-Determination Theory: Basic Psychological Needs in Motivation, Development, and Wellness* (1st ed.). New York: The Guilford Press.

择。图 5.2 显示本科生的“好学”高于“好奇”，而“好奇”又高于“好问”。高校教师通常将“勤学好问”当成“好”学生的标志，其最重要的表现是学生是否愿意向老师提问题、提出“好”问题。在这一点上，每三个本科生中就有一人连提问的意愿都没有，令人唏嘘！

假如说学习意愿过于主观，那么本科生自报的日常学习行为是否较为客观呢？我们假设学习意愿可以激发学习行为，如果学生对学习内容感兴趣或者有明确的目标，他们更有可能投入较多时间和精力去学习。反过来，积极的学习行为也可以加强学习意愿，因为成功和成就感可以增强学生学习的兴趣和动力。

表 5.1 显示我们通过一组问题对学生的课前学习主动性、课堂学习积极性和课后学习自主性进行的探究，将其中满足于完成学习任务的表述设为浅层的学习行为，而将较为主动、积极和自主的学习设为深层的学习行为。

表 5.1 本科生学习行为（2021—2022 学年在校生调查）

学习行为			总是	经常	偶尔	从不
课前学习主动性（%）	浅层	课前完成规定的阅读或作业	40	43	16	1
	深层	自主预习，梳理知识并发现问题	27	39	31	3
课堂学习积极性（%）	浅层	专心上课	35	53	11	1
		能跟上老师的讲解进度	31	55	13	1
	深层	主动提问或参与讨论	26	38	33	3
课后学习自主性（%）	浅层	以课程难度、重要程度分配时间和精力	29	53	17	1
		课后复习笔记及总结课堂教学相关知识	26	48	25	1
		搜集、阅读课程相关的参考资料	25	46	27	2
	深层	注意观察、借鉴他人的学习方法和经验	26	50	22	2
		制订短期学习计划以提高学习效率	26	44	28	2
		延伸阅读教师推荐的其他相关书目	22	38	35	5

中国大学生以学习认真为人所知，这一点表 5.1 显示的结果虽不理想，也差强人意：较高比例的学生能够在课前完成规定的任务（40%“总是”），专心上课（35%“总是”），并在课堂跟上老师的讲解进度

（31%“总是”），加上“经常”的比例，似乎也说得过去。但将课前、课上和课后的各种学习行为分成“浅层”与“深层”两类，我们立即可以看到，本科生的学习更多停留在浅层，而70%以上的学生并不“总是”在课前梳理知识并发现问题，并不“总是”在课上主动提问或参与课堂讨论。最令人失望的是，“总是”能够在课后延伸阅读教师推荐的其他相关书目的本科生仅有22%。

关于中国大学生课堂讨论参与比例偏低的问题，国内学者已有研究报告。例如，清华大学罗燕等学者早在2009年使用NSSE问卷汉化版（NSSE-China）对清华学生进行调查时就发现，清华学生自我报告从未在课堂上发言或参与讨论的学生比例为33.6%，而在美国同类院校该比例仅为5%。相反，接近60%的美国学生自我报告说自己在课堂上“经常”甚至“非常经常”提问并参与讨论，而该比例在清华仅为12.3%。①

无可否认，中学阶段的应试教育要求学生通过反复练习，获得较强的知识储备和解题能力，这为他们在大学阶段的学习奠定了良好的基础，尤其是在理工科类专业中。但应试教育对于学生学习习惯的负面影响，在表5.1中一览无余。应试教育由教师主导，学生在进入大学后仍然习惯于被动接受知识。他们难以适应高校学习从被动到主动的转变，“标准答案”的思维使他们自主学习和自我驱动的能力明显不足。他们中的许多不读书、不提问，也不参与讨论，当然也就谈不上独立思考和创新精神了。

（二）学习参与

图5.3进一步聚焦双一流高校与普通高校学生在大学三年级时参加各类学术活动的状况。由图中可见，双一流高校学生参加学术讲座的比例比普通高校学生高出五个百分点（74%比69%）；以不同科研项目作

① 罗燕，史静寰，涂冬波．清华大学本科教育学情调查报告2009——与美国顶尖研究型大学的比较[J]．清华大学教育研究，2009，30(5)：1—13.

比较，双一流高校学生的学生科技立项比例高于普通高校学生（23% 比 17%），而后者更多参与老师主导的科研项目；完全不参与任何学术活动的比例，双一流高校学生低于普通高校学生。

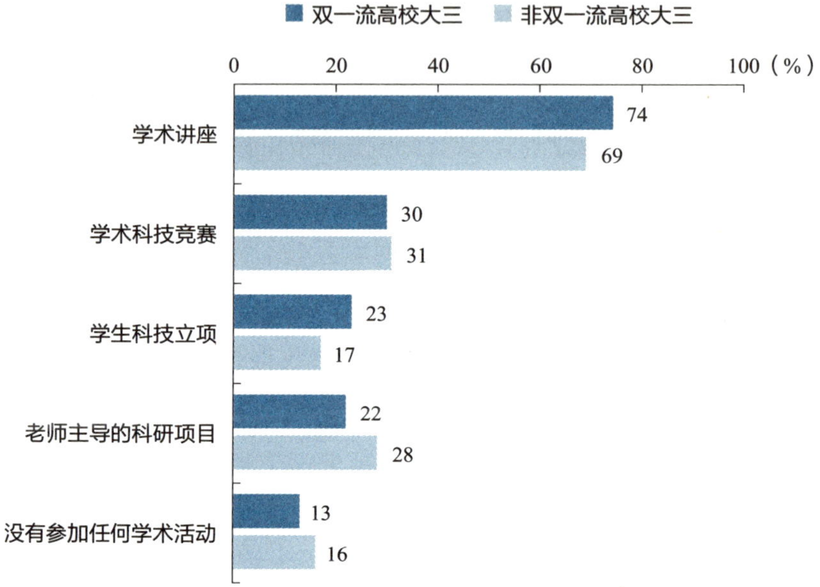

图 5.3 本科学生参加各类学术活动的比例（2021—2022 学年在校生调查）

与普通高校相比，双一流高校学生独立立项进行科研的比例较高。他们在学习上表现得也比较独立。表 5.2 显示，在与同学的互动和交往上，不管是合作完成作业、课后讨论还是交流学习方法，双一流高校学生的比例都低于普通高校学生。

表 5.2 本科生和其他同学学习互动情况（2021—2022 学年在校生调查）

和同学学习互动情况	双一流	非双一流
和同学合作完成课程任务或作业（%）	80	85
课后和同学讨论，理解所学内容（%）	74	79
互相交流、吸收学习方法（%）	73	76
和同学一起参与老师的科研团队（%）	45	52
和同学一起参加学科竞赛（%）	41	50

三

以上我们以麦可思调研数据呈现中国大学生学习生活的常态。这是一个漫长的“大河摆渡”过程，我们着重观察摆渡人随着学术项目的展开所表现的学习行为。用数据记录如此巨大的学生群体的学习行为，为我们从不同侧面分析中国高校教学现状、研究学生成功背后的秘密提供了一份难得的数字画像。

当今社交媒体上充斥着关于中国高校学生的学习状况、成长经历和最终成才（或不成才）的各种故事，而关于中国学生寒窗苦读的故事更是寄托着那些望子成龙的父母和祖父母们对于后代永不满足的期待。我们面前这份中国学生学习行为的调研记录，为这些故事提供了佐证：较高比例的学生能够在课前完成规定的任务，在课堂跟上老师的讲解进度，课后也能认真复习并完成作业。

中国学生虽然在“好学”与“好奇”这两个方面表现尚可，但在“好问”方面显露出了他们的短板。数据显示，70% 以上的学生并不“总是”在课前梳理知识并发现问题，并不“总是”在课上主动提问或参与课堂讨论，而“总是”能够在课后延伸阅读教师推荐的其他相关书目的本科生仅有 22%。

当然，中国学生在“好问”方面的短板并非新闻，很多海内外的专家学者都对此发表过极其尖锐的批评意见。问题是，这种“好问”精神的缺失究竟严重到什么程度？我们听到过海外大学教授对中国学生上课不思考、不提问的抱怨，也会从一些调研数据中找到证据。比如，根据 CCSS2014 到 2017 年的数据，中国大学一年级和大学四年级学生能够在课堂上经常提问或讨论的分别占比 30.73% 和 42.23%；中国大学生经常质疑教师观点 / 提出不同意见的也仅为 23.93%。[①] 当然也有研究表明，

① 张华峰，史静寰．走出“中国学习者悖论”——中国大学生主体性学习解释框架的构建 [J]．中国高教研究，2018（12）：31—38.

中国大学一年级和四年级学生在课堂上经常提问和参加讨论的表现与美国同年级大学生（分别为61%和71%）相当接近。①

关于中国本科生在学习上“好问”精神缺失之原因，值得另立专题加以研究。我们有限的文献和数据指向三种可能性。

一是文化传统。中国学生在处理知识和信息的时候，非常重要的心智特征就是强调“虚心接受”“无声思考”，以及“学思结合”，两者相互促进且不可偏废。②

二是动机缺失。如前所述，中国高校实施的是“以分取人”的考试招生办法。只要分数上到某一个台阶，学生就会选择这个“台阶”上的高校。因此，对于学生学习行为影响最大的自变量也许是学生的高考成绩，而不是他们对于所学专业本身的兴趣或追求。高校管理者也许无法（至少暂时无法）改变学生的学习行为，但他们能够，而且应当做的是提升学生的学习兴趣和求知热情，而不是任由学生在入学后进入“自动驾驶”的状态。换言之，提升学习动机，高校需要大力培养“三好（hào）学生”——在此“好”是好学、好奇和好问之“好”。

三是时间缺失。研究表明，中国高校本科学生需要完成的学分总数高于美国③，他们每周课内外学习总时间也远高于美国学生。④还是引用清华大学罗燕等学者的研究，清华学生课下花在学习上的时间比美国学生多一倍以上。清华学生自我报告每周平均学习时间超过30个小时的比例

① 张华峰，史静寰．走出“中国学习者悖论”——中国大学生主体性学习解释框架的构建[J]．中国高教研究，2018(12)：31—38.

② 同上。

③ 中国和美国的大学本科学分要求因学校和专业而异，难以进行直接比较。在美国，大学本科通常需要完成120至130个学分，其中包括通识教育和专业课程。在中国，本科学制通常为四年，一般情况下本科需要完成约150至180学分的课程，其中包括专业课程、公共基础课程和选修课程。尽管中美学生的学习任务总量难以比较，但中国学生为完成规定课程所需花费的课堂时间确实比美国要多。

④ 张晓玥．本科生学业参与及其影响因素研究[D]．北京大学，2012.

达到 30.7%。也就是说，每三个清华学生中就有一个学生每周七天（没有假日）地学习，在这七天里每天除了上课之外还要自学超过四小时。学生在访谈时说，“我感觉我最美好的时光都是在自习室度过的……我觉得我最巅峰的时光都花费在自习室了……我不认为这对我有很大的意义”，“我每天的时间都用在学习上了，没有时间思考”。而这样学习的学生在美国顶尖研究型大学中只占 6% 左右。①

马莉萍与北大教育研究中心的同事对北大本科生进行持续多年的追踪调查发现，北大本科生（尤其是中低年级学生）平均每天用于学习、睡觉和娱乐的时间约为 3:2:1，即每天的课内外学习时间长达 12 小时，自由支配的闲暇时间约为 4 小时。② 试想，当学生每天的时间大多为学习所占据，他们能够花在非学术课外活动上的时间就可想而知了。没有时间阅读、交友、闲聊、发呆，他们哪来时间思考、发问？

【中国学生为什么不“好问”？见研究手记 5.2 把问题变成动词有多难？】

四

以上对于学生学习行为、学习投入和学习参与的描述，为我们打开学生成长过程的“黑匣子”作了一个铺垫。而高校管理者真正感兴趣的是，学生入学后参与各种教育教学活动，给他们的成长带来了什么正面、积极的影响？或者说，学校在教育教学活动上的投入，对于学生学业或能力提升的净影响何在？对于这种净影响的测量、描述和判断，就是当今国内外高教研究者们常说的增值（value-added）评价。

“增值”是指学生从入校到毕业期间在知识、能力、素质、态度等各方面的进步情况。增值评价就是基于学生入校时的起点，对这些变化

① 罗燕，史静寰，涂冬波．清华大学本科教育学情调查报告 2009——与美国顶尖研究型大学的比较 [J]．清华大学教育研究，2009，30(5)：1—13．

② 2023 年 12 月 2 日与马莉萍教授微信交流。

进行跟踪测量。评价工具包括标准化测试、学生自填问卷、学校已有的行政数据等。大学增值评价的关键在于清楚地界定并准确地测量学生通过参与大学里各项活动（例如选课、师生互动、学术活动等）所取得的学习成果。①

根据高校的不同培养目标，增值评价关注学生的学习成果。由前面的图 5.1，我们可以看到，学生的学习成果以时间点划分，可以分为在校期间与毕业以后两个部分；以层次划分，包括学术与非学术两个层次。简单图示如下：

		时间：在校期间	时间：毕业之后
层次	学术成果		
层次	非学术成果		

上图中的四个空格，每一个都可以成为增值评价的测评维度。对在校期间的学习成果进行测评，可以为教学改革、教师评价或其他正在开展的管理工作提供及时反馈，也可以发现学习遇到困难的学生并提供及时帮助。而且收集在校期间学生数据相对容易，答题率高。对毕业以后的发展情况进行跟踪，收集数据难度会大一些，但可以为人才培养定位、专业设置与调整等决策提供数据支撑，也可以帮助学生了解就业形势与自己的竞争力。

对学术和非学术两个层次的学习成果进行测量，我们可以发现学生在核心知识掌握、基本能力训练等方面的收获，如有效沟通、逻辑推理、批判性思维等。问题是，高校为学生成长所安排的各种教育教学活动是一个综合性项目，而学生的就学体验也无法在学术和非学术的成果之间做出清晰的分割。学院、学系、专业等学术部门与学生事务、宿舍管理、心理咨询等非学术部门都希望看到自己的工作对于学生成长的

① 郭娇．你不可不知的学生增值评价 [J]．麦可思研究，2015(4)：42—43．

贡献，增值评价能够帮助我们测量高校对于学生学业或能力提升的净影响，却无法、也不可能将不同部门的贡献与学生能力的增值作一一对应的描述。

表 5.3 展示的是非双一流高校学生对于自己在通用能力方面增值情况的自我评价。调查要求各年级学生对于本学年自己在各项通用能力方面的增值状况进行评价，分为“提升较多”“有所提升”“提升较少”或“没有变化”。表中所示为学生在各项能力上“提升较多”的百分比。

表 5.3 非双一流高校 2022 年学生学习体验调查：通用能力的增值（%）

通用能力的增值（%）	大一	大二	大三	大四
信息的搜索与处理	33	32	38	45
自我认知	33	32	38	44
团队合作	34	33	37	43
环境适应	32	31	37	43
规划能力	30	29	35	43
批判性思维	30	30	35	42
沟通交流	32	31	36	42
自主学习	30	30	36	42
阅读能力	30	30	36	42
组织领导	30	30	34	41
解决问题	30	30	35	41
设计思维	30	30	35	41

由表中可见，学生在“信息的搜索与处理”与“自我认知”这两项能力上起点较高，至大三、大四表现出一种跳跃性的提升。这两项能力的增值显示了普通高校学生在学术、认知及心理等方面从大一到大四的成长轨迹。此外，近年来高校关注学生在批判性思维、团队合作、沟通交流等方面的成长，而表中数据所显示的学生随年级提高而增长的幅度，足以证明高校在这些方面取得的教育教学成果。

另一方面，一般社会大众对于大学生不读书、解决问题能力欠缺，以及创新思维不足的抱怨可谓不绝于耳。这些抱怨在社交媒体平台上不断发酵，引发社会对于高校人才培养质量的关注和批评。表5.3的数据显示这些抱怨并非空穴来风。学生在阅读能力、组织领导、解决问题和设计思维这四项能力上的确起点相对较低，虽然在大学第三、四年有所提升，但最终成就与其他能力相比，相形见绌。

学生在这四项能力的增值方面出现的短板，其实反映了我们的教育系统中很多深层的问题。比如说，阅读能力缺失的背后其实是阅读习惯未养成，学生从中学阶段就为高考备战，并无读书，特别是读闲书的习惯，而进入高校后除了专业要求的阅读之外，手机上碎片化的阅读几乎构成学生全部的阅读经验。再如，设计思维方面的短板，反映出我们近年来投入资源、大力提倡的创新创业能力培养的成效可疑。设计什么并不重要，重要的是设计背后的思维能力的培养。学生自评这项能力相对较弱，给我们高校的创新能力培养提了一个醒，敦促高校管理者或加大力度，或另辟蹊径。至少，这项增值研究的结果为高校管理者未来的工作划了重点。

【关于学生读书问题的讨论，见研究手记5.3 不读书不是你的错】

五

不难看出，当代高校之所以给学生高校生活的航班装上“黑匣子”，记录学生成长的数据，是希望能够在高校投入的资源与学生的学习成果之间找到某种相关因素，不仅证明高校过去的努力物有所值，而且还能为未来教育教学项目的改进提供线索。

但是，对学生学习成果进行评价，表面看来天经地义，深究之下却不难发现个中的逻辑矛盾。试想，学生学习成果描述学生在学习经历（如课程或项目）结束时应该获得的知识、技能、态度或能力，学习成果评价是对学生个人在完成学习经历后学习结果的总结和展示，问题是，既然学习成果是学生个人层面上的体验及其收获，为什么评估或认证机构要求在学校层面对学习成果进行评价？这样的评价是否可行？

我们在第一章中提到，20 世纪 90 年代席卷美国的高校问责运动，其核心思想就是通过立法要求高校对纳税人投入的巨大资源进行说明，学生学习成果因此顺理成章地成为高校绩效的主要证据。与此同时，成果导向教育（OBE）的理念经过学界多年的介绍和推广，也逐渐在美国、英国、加拿大等国家成为教育改革的主流理念。美国工程教育认证协会全面接受了这个理念，并在设计工程教育认证标准时将其融入认证实践之中。这种以教学成果成效为导向、以教育目标达成为标准的评估理念在当代高等教育领域得到广泛认可，在院校认证或评估（美国称之为 accreditation，英国称之为 quality assurance 或 quality audit，中国称之为“审核评估”）、专业认证及其他评价体系中得到采纳。

可见，同是对“学生学习成果”进行评价，任课教师对于学生作个人层面的评价和认证机构对于高校作学校层面的评价并不等同。即便我们能够将一所高校所有学生的学习成果加在一起，其最后所得也不等于学校层面的学习成果。从统计分析的角度来看，个人层面学习成果的“分析单位”（unit of analysis）是个别学生，而学校层面的分析单位则是高校。具体来说，个人层面的“学习成果”以个别学生为分析单位，其评价对象有以下三个方面：（1）个人成长和成就，即关注和考察学生如何随着教育教学项目的展开，在知识、能力和素养等方面取得进展；（2）个性化反馈和支持，即根据每个学生的需求、优势和弱点提供个性化的反馈和支持；（3）学习趋势的识别，即揭示不同学生群体在课程或项目中的学习成果及其趋势。

在学校层面，“学习成果”以个别高校为分析单位，其评价对象有以下三个方面：（1）课程设置的有效性，即评估学院或专业在学术含量、课程设计、教学方法等方面的高阶性、创新性和挑战度；（2）质量保证和认证，即通过分析学校层面的学习成果数据，证明课程符合认证标准和质保要求，制定改进措施，展示问责；（3）资源分配和规划，即通过识别学生学习成果的优势和劣势，有效分配资源，提高学习体验，为学校的战略规划和决策提供依据。换言之，学校层面的学习成果评价，旨在评估学校在多大程度上实现其教育使命和目标，其手段是在学校层面对学生学习成果进行汇总和分析，旨在对大学教育教学项目的整体质量进行监测和评估。

假如说个别学生的学习目标是完成学业，取得毕业证书，找到理想的工作，等等，那么学校也必须对其办学使命、人才培养目标等做出清晰的陈述，而这些整体目标的达成度就是学校层面学生学习成果评价的标准和依据。

学生学习成果评价，无论是在个人层面还是学校层面，都需要呈现证据，需要有效且可靠的评估工具和方法。个人层面的证据呈现每天都在课堂里发生，在教师和学生之间发生，而且评估的工具和方法也为人们所熟知：老师通过考试、测验了解学生是否掌握基本知识点，设计阶段性的学生作业用来检测学生学习的进程，描述真实的场景或案例，要求学生运用学到的知识来解决问题，或展示学生作品，等等。这些“学习成果”大多以直接证据的方式呈现。与此相比，学校层面“学习成果”的证据就不那么直截了当了：通过问卷调查了解学生反馈，搜集校友成功（或不成功）的案例，等等。间接证据的搜集、整理、分析和呈现有赖于定量或定性研究方法的合理运用、分析人员的专业知识和管理经验，以及高校质量保障机制的正常运行。

近年来，高等教育的数字化转型，为日常教与学的方法创新提供各种有效工具，促使教育评价方式不断进步，实现了高等教育在育人方式、办学模式、管理体制、保障机制等方面的重塑。[①]从这个角度来看，高校在装上记录学生成长数据的“黑匣子”之后，他们面临的最大挑战不再是如何取得学生学习成果的数据，而是如何通过专业的数据分析、精准的院校对标和丰富的行业知识，将学校层面的“学习成果”有效地传达给他们的利益相关方。

在新一轮审核评估的推动下，中国高校开始重视学校层面学生学习成果的评价和呈现，并通过自评报告及其他质量保障文件展示评价结果，成效斐然。而第三方机构的助力（如麦可思数据的利用）使得高校在培养质量上进行同类对标成为可能，也使多维数据、多重来源数据间的互证成为可能。高校同类对标数据的呈现，非高校单打独斗的数据搜集可以完成，贯穿本书章节中的高校分类数据呈现，就是对标的样本。而多重来源数据的互证对于高校学习成果评价所具有的说服力，可以从下面的案例中略窥一二。

所选案例高校为国内一所顶尖大学，在2023年决定选用麦可思质量监测系统，对在校生、应届毕业生和离校五年的毕业生进行全面调查，从人才培养到就业质量作跟踪研究。图5.4、图5.5和图5.6中在校生、应届毕业生和离校五年的毕业生分别对大学四年知识达成度、能力达成度和素养提升程度进行评价。[②]在知识达成度方面（见图5.4），三个背靠背的调查显示三组学生均对自己在专业知识和技能、跨学科视野方面的达成度评价较高，但对自己在计算机与信息素养和外语水平方面的达成度评价相对较低。总的来说，在校生对于知识达成的评价高于应

① 世界慕课与在线教育联盟秘书处. 无限的可能——世界高等教育数字化发展报告[M]. 北京：高等教育出版社，2023.

② 在校生问卷中对知识达成、能力达成和素养提升的评价选项为“提升较多”“有所提升”“提升较少”“没有提升”，图中显示“提升较多”的百分比。应届毕业生和离校五年毕业生问卷中对知识达成、能力达成和素养提升的评价选项为“非常满足”“较为满足”“较不满足”“不满足”，图中显示“非常满足”的百分比。

届毕业生和离校五年的毕业生。也许可以这样理解：尚处于学习过程中的在校生对于知识达成度的评价较高，可能受到个人兴趣爱好影响较多，但毕业进入职场后的达成度评价可能与所学知识的实用性之间关系更加紧密。计算机和外语早已成为当代社会，特别是职场上“有文化”（literacy）的标志或受过高等教育人士（the highly educated）的标配，所以这个调查结果不太出人意料，但这样的“常识”要成为今天高校课程设置及人才培养方案中一个不可或缺的组成部分，可能还需要进一步的推动。质量保障的目的是持续改进，审核评估中“以评促建”的口号，说的大概就是这个意思吧。

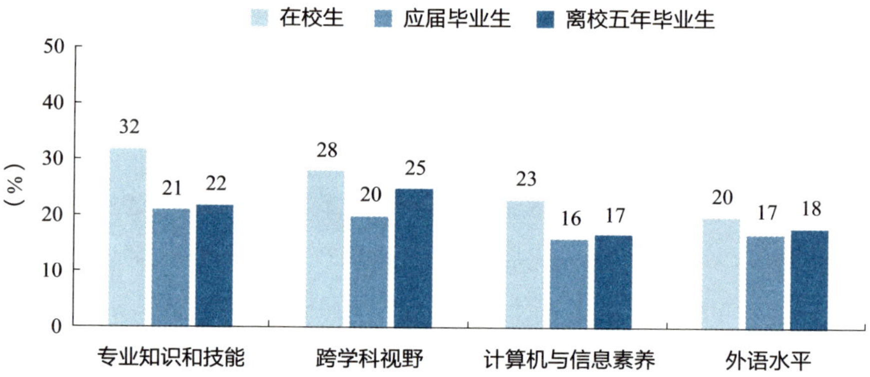

图 5.4 案例高校在校生、应届毕业生和离校五年毕业生对于知识达成的评价

图 5.5 中三组学生不约而同地对“创新能力”达成度打了较低分数，特别是应届毕业生（15%），对于该校人才培养过程中忽视学生创新能力培养是一个警示。这与学生对于解决问题、批判性思维以至终身学习等方面达成度给予的高度评价形成鲜明对照。这种评价不仅来自不同届别，而且包括在校生和毕业生，其间的时间跨度在五年以上，数据分析具有统计显著性（statistically significant）毋庸置疑。

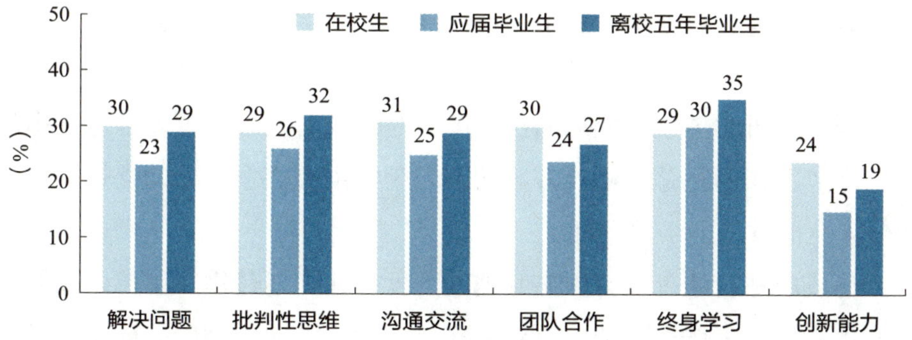

图 5.5 案例高校在校生、应届毕业生和离校五年毕业生对于能力达成的评价

图 5.6 中三组学生对于素养提升所作的评价，呈现出三高三低的局面。很显然，学生对于自我认识、社会责任感及包容心和同理心的培养达成度给予较高评价，特别是应届毕业生和离校五年毕业生对于学校在社会责任感、包容心和同理心方面的培养成效赞誉有加。但是，三组学生对于国际化视野、自信心和运动习惯的培养显然评价不高，其中应届毕业生评价尤低，不知是否与这届学生经历三年“新冠”疫情有关。需要多提一句的是，自信心的培养与学生身体素质的提升、运动习惯的养成有较大关系。该校生源优异，新生高考分数排名在前 3% 以内，身体素质在升学的拼搏中受到忽视，并导致自信心不足，应当不是一个太离谱的解释。正因此，高校更应当在人才培养方案的调整过程中用好学生反馈信息，实现有针对性的持续改进。

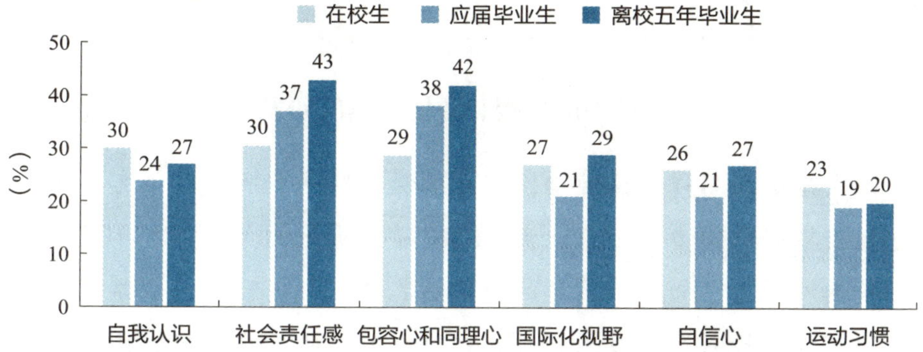

图 5.6 案例高校在校生、应届毕业生和离校五年毕业生对于素养提升的评价

总之，以达成度来衡量学生学习成果，以学生自评作为学生成长的重要依据，以不同群组的学生体验构成多维数据来源，高校唯有通过不断监测和分析学生学习成果的达成度，才能及时发现教育教学过程中的薄弱环节，在调整总体培养方案的同时为学生提供个性化的支持，以达成学生全面发展的培养目标。

达成度评价还可以有很多其他的维度，比如通过用人单位调查了解毕业生实际的工作表现和单位对未来培养专业人才的期望，或是通过教师调查及时了解教学一线教师对高校人才培养体系的意见和建议。

当然，学生成长之所以说是一个“黑匣子”，原因在于高等教育本身所具有的复杂性和不确定性。学生从入学到毕业的四年中，其校园生活、人际交往、家庭支持、职场变化等，所有外在和内在的因素都会对这个过程产生影响。“黑匣子”搜集的数据固然能够透露学生成长的蛛丝马迹，却无法还原学生在校期间在学术与非学术各方面受到的影响和熏陶，以及这些外在因素与学习成果之间的因果关系。在制订人才培养的方案时，高校需要装备“黑匣子”获取人才培养进展数据，却不能坐等“黑匣子”给他们指点迷津。在高等教育研究者们能够完全揭秘“黑匣子”所包含的人才成长之秘密之前，高教的航班还得照常起飞，还得按时将乘客送到目的地。

研究手记 5.1

在校生成长跟踪评价工具的研发

在与中国高校的接触中，麦可思深切感受到高校对于各年级学生在校期间的能力、知识、素养提升及其进程的关注。各年级学生在校期间能力、知识、素养的增值及其进程如何？各年级学生的学习参与度与投入产出效果是否持续改进？各年级学生的社团活动是否产生了培养学生、丰富在校生活的效果？此外，新生的入学教育质量和校园生活适应性问题，大二的学习压力问题，大三的实践参与、毕业去向规划情况，大四的毕业签约、考研进展、毕业设计与论文完成情况，等等，都是高校在人才培养规划过程中不可忽视的问题。

2014年麦可思开发“在校生成长跟踪评价”，旨在回应高校提出的问题，通过对在校生从大一到大四实行全程跟踪，找出现状与培养目标之间的差距，制定干预措施，持续监测改进效果。

麦可思的开发并非首创，而是参考了当时国际上已经成熟的一些高校实践。2000年启动的“全美大学生学习参与调查”（NSSE）最负盛名，反映的是本科生的学习参与度状况。该调查通过分析学生在学习过程中的主观体验，了解学生参与学校提供的教育实践活动的程度，记录反映高等教育质量的关键过程性指标，从学生角度为高等教育质量评估提供证据。仅2013年，就有上千所来自加拿大和美国的高校，逾百万大学生参与了该年度的调查研究，其规模之大、覆盖面之广，对北美高校都产生了巨大影响。2009年清华大学开始了这个问卷汉语版的第一次正式调查。2002年加州大学启动“研究型大学本科生就读经验调查”（SERU Undergraduate Survey），也是学生学习参与度调查。之后南京大学也加入调查，调查对象是大二到大四。此外，英国的NSS、澳大利亚的CEQ、日本的CRUMP，都对在校生学习体验进行了跟踪评价。

我们的“在校生成长跟踪评价”对在校生作全体调查，而不是抽样，答题率高达78%。答题量足够高，可以对一个高校进行专业层面的分析，也可以提供常模值对标判断。至2023年，“在校生成长跟踪评价”已覆盖500万大学在校生，341所高校。

“在校生成长跟踪评价”的指标包括四个方面。其一，学生能力、素养的持续增值。测量不同年级学生的基本能力、个人素养的增值，反映培养的效果是否达成，为下一学年需要重点提高的能力提供参考。高校也可以根据结果及时调整教学内容和方法，帮助学生持续进步。其二，学生学习行为评价。包括学生在各个学年的课前、课堂和课后的学习投入情况，师生交流以及同辈之间的交流频度，以及学习意愿。高校可以及时掌握学生在各个阶段学习情况的变化。其三，课程内容和教师行为评价。通过各年级的课程内容和教师行为的评价，发现教学问题；通过相关分析，发现影响学生能力、知识、素养增值，专业认同度和职业成熟度发展的课程内容和教师行为，为持续改进提供参考。其四，社团活动的培养效果。了解不同年级学生参与社团活动的情况，对社团活动、学生工作、管理服务等方面的满意度，从而了解各项指导和服务对于学生成长成才的支撑效果。

每个年级有特定的跟踪问题。对于大一年级，高校首先需要了解新生入学教育的参与和成效，提高入学教育的有效性，缩短新生的大学过渡期。其次，关注新生进入大学后的适应性问题，以便采取干预措施。同时，高校需要关注学生的专业选择情况以及对未来的期待，从而更好地因材施教。

对于大二年级，高校首先需要在这个时期检验学生的专业认知情况，及时发现大二学生专业认知中的不足。对于大类招生专业学生，通过调查影响学生选择的因素和改进意见，可以完善大类招生专业分流过程。其次需要关注学生在此期间是否存在学习倦怠等表现，高校可以为该类人群提供及时的学业指导等帮扶措施。

大三年级学生通常会参与学术科研相关的活动，高校需要关注学生学术活动、竞赛等方面的参与度。实习实践是大三年级的重要培养环节，高校需要了解大三学生各类实践及学术活动的参与情况，以及对校内校外实践环节和基地建设的评价，作为高校改进实践环节的参考依据。同时，大三年级学生面临毕业后的规划和选择，学校需要了解学生的未来计划，以便对尚无目标或行动的学生有效定位并采取干预措施。

大四期间学生最重要的学业活动是毕业设计，高校需要关注学生在此过程中投入的时间、遇到的困难、对导师的评价等。其次高校需要关注学生毕业落实的情况，了解他们在寻找工作、升学备考过程遇到的困难，为学生提供及时必要的支持。

总之，通过在校生全程跟踪，高校可以全面了解学生发展，进程式地评价结果。一方面，通过对大学生成长的持续观察，高校可以了解学生的能力增值、学习参与度、对学校和专业的认同、对培养环节的反馈，了解学校工作如何影响学生发展，这对高校实现培养质量的持续提高有重要的价值和参考意义。另一方面，通过跟踪观察大学生不同阶段发展，高校可以了解大学生在不同发展阶段面临哪些挑战，他们的应对情况如何，遇到问题高校是否有效解决。

2020年《深化新时代教育评价改革总体方案》(下称《方案》)强调“改进结果评价，强化过程评价，探索增值评价，健全综合评价”，要求学校“探索开展学生各年级学习情况全过程纵向评价、德智体美劳全要素横向评价”。这也为高校开展在校生评价提供了指导意见。同时,《方案》对于结果的应用也提出了要求:“完善评价结果运用，综合发挥导向、鉴定、诊断、调控和改进作用。”普通高校本科教育教学审核评估同样要求高校“探索学生成长增值评价，重视学生学习体验”，并将《在校生学习体验调研报告》纳入专家审查资料。在校生作为高等教育的亲历者，以及质量保障体系中的重要利益相关者，他们对于学校教育教学环节的评价反馈越来越受到教育管理者的重视，是“学生中心”的体现，是质保体系建设的重要一环。在校生的学习动机、行为表现、能力水平直接反映了院校的教育教学质量，同时其对培养环节，如课程、教学、实践、社团活动等方面的反馈也可以为高校管理者提供持续改进的依据。

（王伯庆）

研究手记 5.2

把问题变成动词有多难?

2022年11月30日，ChatGPT横空出世，从此世界不再安宁。2024年春节刚过，OpenAI发布首个视频生成模型Sora，再如风乍起，吹皱一池春水。据说Sora能力非凡，可以根据文字提示生成视频，输出角色、场景和动态画面。人工智能（AI）产品如此快速迭代，引发人们对于未来职业的担忧，AI似乎有可能取代所有工具性的职业，甚至将触角伸到创作领域，如摄影、编导、文学艺术创作等。

我自觉没有资格评判AI精英们的所作所为，也不知道众多冲刺AGI（通用人工智能）的团体之中谁会率先到达目的地。作为AI素人，我和大多数的"吃瓜"群众一样，唯一的担心是万一错过了AI"班车"会有什么后果。而作为高等教育领域中的一员，管他ChatGPT也好，Sora也罢，我关心那些为高教开发的AI产品，究竟能对高校的教育教学产生什么影响。

AI时代，首先要学会提问

按说高校对于AI工具的开发早已开始。据报道，北京大学自主开发的AI助教"Brainiac Buddy"（以下简称BB）已经出现在课堂上。BB是基于GPT-4开发的，以期成为个性化、定制化和互动式的助教。学生可以向BB提问，可以对课程进行预习，也可以建立个性化知识库，老师则可以交给AI助教课程教案，提高教学效率。另据报道，哈佛大学入门级计算机科学课程CS50率先引入AI聊天机器人，受到学生的欢迎。而意大利在线教育集团Multiversity联合全球咨询巨头贝恩公司推出一款AI聊天机器人工具，该工具该采用OpenAI生成式人工智能技术开发，将于2024年9月投入意大利的大学之中。[①]

类似报道在网上可谓铺天盖地，而我能从中得到的信息是，AI 有可能将教师从重复性的教学辅导工作中解放出来，但并无取代教师之意。另外，AI 以其强大的学习能力和信息储存能力，为学生服务能够做到无所不知、无所不能，而且无时不在、随叫随到。但是，**AI 之有用，首先在于学生要有问题，而且知道怎样问问题，而这恰恰是我们高校教学改革多年难以解决的问题。**

2020 年《中国科学报》以“我们的学生为何不提问题”为题，邀请院士专家、研究生导师、教育专家以及研究生代表发表看法。其中不乏真知灼见，恕不重复。我自己近年来经常应邀在国内高校讲演，听众大多是高校领导。会前我必问，能否在最后留一些时间问答互动，主办方的回复一般是肯定的，却也经常提醒我不要留太多时间，以免尴尬。事实证明他们的劝告是正确的，我的互动企图成功的概率并不高。

这样的经验让我开始担心，AI 助教即便“学富五车”，也需要有好学好问的学生才能供其施展才华啊！试想，今天的院长、校长们，多数是刚从课堂里走出来的老师，也就是今天坐在课堂里的学生们的老师。领导们不愿在我的讲演会上提问，情有可原。一是管理问题比较敏感，他们虽是领导，但领导的领导也在场，不便提问，更不便发表意见；二是他们自己在做学生的时候也没有人鼓励他们提问，现在人到中年、身居高位之后让他们改变习惯，确实有点勉为其难了。

讲演会后我试图和听众交流，想知道为什么当堂没人提问。他们说因为我讲得已经非常清楚了，确实没有什么可以质疑的了。我把这样的反馈当成恭维全盘照收，也不时有点小得意。

---

① 徐晶晶．“Brainiac Buddy”来了！北大招了个 AI 助教，GPT-4 加持 [EB/OL].（2024-02-20）[2024-10-11]. http: //www. duozhi com / industry / insight / 2024022015911.shtml.

但是，短暂的虚荣过后，焦虑油然而生。试想，如果我们的高校在AI发展如火如荼的今天，还在一代又一代地培养不会提问的学生，那么姑且不论中国的AI开发能否赶上时代的步伐，光是AI产品的应用就令人担忧。如果学生在课堂上不会提问，AI助教即使全知全能，充其量只是一个百度搜索引擎的升级版；如果学生进入职场后不会提问，再好的AI工具也无法帮助他们完成工作或是开发新产品。毕竟，Sora生成视频需要使用者写出提示词，而ChatGPT只有在不断的追问下才能生成有用的答案。所以，教会学生提问，或许已经成为今天高校课堂教学的首要任务，也是每个教师义不容辞的责任。

让问题成为动词

“问题”二字在词典里只是一个名词，但当今高校的当务之急是在课堂上将它变成动词。学生学习成果评价，关键在于能否帮助学生搭上AI的“班车”，否则他们毕业后有可能在职场上成为弃儿。这样的学习成果谁都无法接受。

从高校领导的反馈中，我发现一个普遍认可的前提，即提问者必须有问题才能、才会提问。其实这是一个误区。我在国外从事高校管理和教学工作多年，发现老外最大的本领就是没有问题也能提问。我在课堂上向学生抛出的问题还悬在半空，就已经有人举手。在此，有机会提问比提什么问题重要得多，因为在他们眼里，没有什么问题是不可以讨论的，即使被证明是正确的结论也需要不断接受挑战。窃以为这才是当今AI能够如此快速迭代、AI工具能够层出不穷的根本原因。

教会学生提问不是一件简单的事。作为通识教育的首倡者，哥伦比亚大学早在100多年前就开始通过“核心课程”来帮助学生学习批判性思维，而坚持至今的不超过20人的小班上课，正是为了让每一个学生都有机会提问。由此还发生过一些让人忍俊不禁的故事。

哥大学生爱提问，究竟能爱到什么程度？20世纪50年代哥大被它的学生告上法庭，狼狈不堪。案情是这样的。1951年雅各布森转学进入哥伦比亚大学继续学业，但因成绩太差未能如期毕业，却拖欠哥大1049.50美元学费。大学将他和母亲告上法庭，追讨一千美元。初审法院拒绝受理此案，原告于是提起上诉。被告的母亲自知理亏，随即交付了欠款，但雅各布森却不依不饶。他不但不愿还钱，反而发起反诉，追讨母亲已经交上的欠款，还要求大学赔偿7016美元的损失费。雅各布森引用大学目录、宣传册、建筑物上的铭文和大学官员的讲话，罗列了50项哥伦比亚大学承诺给学生的教育内容，而将他自己在哥大学业的失败作为大学违约的证据。

根据雅各布森的反诉状，哥大承诺教给学生智慧、真理、性格、启蒙、理解、正义、自由、诚实、勇气、审美以及其他品德与素质，意在培养人格成熟、发展全面、思维客观的“全人”。按照雅各布森的逻辑，因为大学未能成功实现以上教育目标，因而构成虚假陈述，必须赔偿雅各布森的经济损失。

这个案例的搞笑之处是，哥大作为当代大学通识教育的“始作俑者”，向来以培养学生的批判性思维著称。而雅各布森虽然在哥大的学业失败了，却将在哥大所学成功地用于诉讼，对大学能否教给学生那些广为接受的观念和素质提出疑问和挑战，并揭示大学过度承诺引发的内在逻辑上的矛盾。所谓“以子之矛攻子之盾”，是之谓也。

当然，哥大的那些教育理念算不算承诺，我们另当别论。这个案例的看点在于，哥大教育确实教会了学生批判性思维，不仅在有问题时能够提问，而且在面对广为接受、看似没有问题的问题时也能提问，唯一有点犯难的是问题提到自己头上的时候。当然喽，问题本身是否符合逻辑，可以在课堂、法庭及其他合适的场所进行辩论，但**如果连提问的机会都没有，那么所谓真理越辩越明的说法也就不存在了。**

看来将“问题”从名词变成动词并不简单，即便是在ChatGPT的出生地，甚至在以教人提问著称的大学，都不是一件理所当然的事。

（程星）

研究手记 5.3

不读书不是你的错

我们全家从纽约搬到香港的时候，女儿还是中学生，每天放学都会带几个“为什么”回家。这天的问题是：“为什么在纽约地铁里有很多人读书，而香港地铁里大家都在看手机？”我当时没太在意，信口答道：“香港地铁里手机信号好呗。”

后来在校园里待久了才发现，原来我们的学生在大学里也不读书！注意到这个现象，是在与出国交流返校学生的座谈会上。常常听到他们感慨：到了国外才知道，读书原是大学课程的重中之重。有学生这样对我说：“在香港上学，知识是老师教的，而在国外上学，知识是靠自己读书得来的。”

这个观点有点深刻。如果知识可以通过阅读获取，那么我们需要老师做什么呢？换个角度，如果老师该教的不是“书”本身，那究竟是什么？按照古人“授人以鱼不如授人以渔”的说法，老师该教的是如何“读”，是读书的方法。但不是所有人都认同这个说法。其实我就特别理解那些坚持认为教“书”是老师的本职工作的观点。记得当年初为人父母，天天给孩子喂饭，美国邻居见了笑曰，不用喂，她饿了自然会吃。也许香港老师也和我们一样，生怕饿到孩子。曾有一位经济学教授半调侃地告诉我，他教曼昆的经济学教材，每周讲一章，不敢跳过任何章节，不然学生不答应，系主任不答应，连学生家长都不答应。这样看来，学生不读书还真不能全怪他们，我们这些坚持“喂食”的老师们难辞其咎。

那么，国外大学的老师真的不教“书”吗？当然不是。区别在于，国内外大学的老师在上课前对于学生的期待不同，因此他们教“书”的方式也大相径庭。我是在国内完成大学本科教育后去美国接受研究生教育的，之后开始教书，一时难以摆脱“喂食”教学法，以致有了一段“败走麦城”的经历，至今难忘。

那是在哥伦比亚大学师范学院教博士班课程，我诚惶诚恐。按照当时的学费标准，学生光是选我这一门课，学费就是2700美元，还不算其他杂费。让学生在课前自己读书，然后来课堂参加讨论，老觉得问心有愧。于是，我努力备课，恨不得把自己知道的所有知识都教给学生，因此讲授成为主要的教学方式。尽管如此，我还是每次都留下一定的时间让学生讨论，作课堂报告。有一个学期不知什么原因有50多个学生注册，面对这么大的课堂，组织讨论变得十分困难。我作了临时改变，增加了“一言堂”的比例。这下学生就受不了了。课后有位学生来找我，十分委婉地问我有没有在大学教过书。当她得知我在其他大学教过本科，而这是第一次教研究生课程时，对我的缺乏教学方法深表同情。下一次上课时，她给我带来一大摞复印材料，全是关于如何组织课堂教学以及学生“学习风格”（learning style）的论文和例证。她甚至暗示，只要我愿意，她可以给我作一次课堂示范！我半开玩笑地问她：“你们花这么贵的学费，难道就是来听自己说话的？”她居然没有理会我的幽默，认真地答道：“是啊！”

这段经历对我教学生涯的影响可谓铭心刻骨。之前我还关注教学方法问题，之后我的关注点转向了教学方法背后的问题。试想，在我们的文化传统中，“师道”一直被界定为“传道授业解惑”，被我们奉为圭臬。这个定义背后的假设是老师有所知，学生有所不知，所以老师的工作是将知识传递给学生。可是，如果我们假设学生也有所知，那么知识传递的方向还应是单向的吗？“翻转课堂”（Flipped Classroom）尽管是近年来随着互联网技术发展而出现的新名词，但这种教学现象其实早已出现在大学的课堂里。20 世纪初哈佛商学院实行“案例教学法”，在我看来已经几乎具备了“翻转课堂”的主要元素。

那么，老师怎么知道学生是否“有所知”呢？答案是，老师并不知道，但可以要求学生知道。秘密就藏在老师在每一门课开始之前发给学生的那份详细的教学大纲里，其中列出学生在每节课前必须完成的阅读要求。有了这个大纲，老师就可以假定学生对于哪些知识点已经有所了解，而他们在课堂上便可用各种方式确认学生对这些知识点的掌握，而不是从头教起。

朱永新教授为推动全民阅读奔走呼号多年，而青年学生的阅读一直是他关注的焦点。在他眼里，读书并不仅仅关乎个人习惯或修养，而是一件关乎国家与民族命运的大事：“阅读帮助我们更加强大，帮助我们拥有共同的价值、共同的语言，帮助我们拥有凝聚力；阅读能够激发国民的创造性，推进社会公平。因此，全民阅读的确是一条最直接、最有效、最便捷、最廉价的提升国民素质的路径。”① 然而，朱教授苦口婆心，效果如何呢？没有见到这方面的研究，不敢轻易下结论。我的估计是，中小学生，特别是高考之前的低年级学生，通过社会、老师和家长的鼓励和督促，还是可以逐渐养成读书习惯的。但是，大学生如果入学前没有读书习惯，那么要让他们放下手机，捧起书本，可能已经太迟。

这个判断让人难以接受，但掩耳盗铃式的否认并不能给我们带来安慰。作为大学的教育者，我们需要研究的是如何改变这一现状。

回到“翻转课堂”这个新名词，和我们提倡多年的“启发式教学”似乎并无本质区别。某在线百科如此定义“启发式教学”：“指教师在教学过程中根据教学任务和学习的客观规律，从学生的实际出发，采用多种方式，以启发学生的思维为核心，调动学生的学习主动

① 朱永新．阅读与人生 [N]．人民政协报，2020-08-17：11.

性和积极性，促使他们生动活泼地学习的一种教学指导思想。”这个定义有几个问题。其一，它还是假定教学过程是从老师到学生的单向传授，老师的任务是“启发”和“调动”。其二，假如学生课前不读书，那么他们的思维便没有内容。没有内容的思维，老师就是有天大的本领也无法“启发”或“调动”啊！其三，学生的学习主动性和积极性是靠师生间的互动产生的，不读书的学生连提问的可能性都不存在，哪里还有“生动活泼”的互动呢？

上述第三个问题尤其重要。最近看到国际知名数学家丘成桐教授的一段访谈视频，他在其中谈到，科学研究需要质疑，但中国历史上问问题的文章，除了屈原的《天问》之外，几乎没有，到了今天，他教过的哈佛课堂上的中国学生也不问问题。丘教授的抱怨可谓击中要害：对于世界没有好奇，何来问题？可为什么中国学生缺少好奇心呢？因为他们不读书。为什么不读书呢？因为他们不好奇。于是，我们的孩子进入了一个怪圈：不好奇所以不读书；不读书所以不好奇。试问天下谁能打破这个怪圈呢？答案是，非老师莫属！

但是，光靠劝谕并不能帮助学生跳出怪圈，睿智的老师也不会奢望学生通过自律克服习惯的力量。据说当年新加坡就是用罚款的手段彻底改变了人们随地吐痰的坏习惯，而外在的推动——从20世纪30年代的“新生活运动”到20世纪80年代的“五讲四美”运动——似乎从未在根绝恶习上有过太大的作为。既然如此，我们的大学不如在学生读书这个问题上抛弃幻想，鼓励老师合理运用奖惩工具，通过改变教学要求，逼着学生在课前读书，包括与课程相关的教科书、案例和原创作品，把课堂时间留给质疑与讨论。

推行这个方法还有一个非常现实的考虑。随着互联网时代的来临，越来越多的知识点已不再需要通过授课传给学生。人手一部手机，学生随时随地可以获取信息，甚至每分每秒都在课堂上查验老师传递的信息。对于习惯于“喂食”的老师们来说，他们的担心也不再是孩子会饿着，而是他们有可能吃得太多、太杂，甚至吃错东西。因此，如果学生能在课前完成阅读任务，老师在课堂上便能围绕课程的知识点与学生一起核实、反思、探讨、深究，并帮助学生找到合适的表达方式。

话说回来，如此翻转课堂，真正为难的不是学生，而是老师。明知互联网已经改变学习模式，还有那么多老师坚持“喂食”，其中一定有原因。前些年写作《美国大学小史》一书，在对美国高等教育近四百年的历史进行梳理的过程中，我悟出一个道理。原来大学的发展演进并没有一个事前拟定的草稿，更不按照任何假想的逻辑作线性的延伸。相反，很多历史事件的发生，包括那些对于今天大学产生深刻影响的事件，还常常带着一些偶然性。然而，我们的老师自己所接受的教育中有着太多的体系思维。比如说，他们在学校所念的历史大多是编年史，教材的作者将事件发展的历程按照时间顺序收集排列。这样的叙事虽然条理清晰，却也容易给人太多的因果联想。更加糟糕的是，很多史家的叙述是先得知果，然后才去追溯因，这样一来，所有的冲突都已经有了完满的解决方案，所有的悬念早已变得清澈见底。由于预先知道答案，任何细节只要不符合事前设定的逻辑还可以随时删除。

带着这样的思维习惯走上讲台，我们的老师最不放心的是学生在念书时缺少相关的知识背景，不了解书中叙事所谓的前因后果，于是在课上喋喋不休地总结中心思想、历史局限等，却忘了让学生精读、分析作品本身。一部部生动活泼的文史哲经典就这样被拆成一地碎片。这还不够。碎片化了的知识还要进行串联，以适应那个早已设置好了的“前因后果”。证据之一就是我们在大学课程目录上见到太多“XX 概论”“XX 发展史”之类框架性的课程，太少“XX 选读”“XX 研究”之类的专题性课程。前者离不开老师的讲解，后者更需要学生仔细的阅读。哈佛商学院发明的“案例教学法”之所以风靡全球，经百年而不衰，原因在于，老师根本不担心学生因为缺少理论背景而在面对实际案例时会乱了方寸。学生熟读案例如同亲临其境，在处理复杂、偶发，甚至反常的事件中长见识，学办事。

当然，我这里所描述的只是大而化之的现象，不一定符合很多科目或课程的具体情况，也还需要实证研究加以验证。但教学方法事关学生成长，而我们的毕业生在互联网时代比以往任何时代都更加需要独立的思考与判断能力。一味地让学生浮光掠影地上概论课，不如让他们精读一些尘封的，却是原汁原味的思想表述，在读书和其后的讨论中学会思考、分辨、鉴定。

同学，这样看来，不读书还真不是你的错。

（程星）

/ 第六章 /

能力与素养：能教吗？怎么教？

一

2002年伯格（Allan S. Berger）医生在《学术医学》杂志上发表了一篇文章[①]，回忆自己20世纪50年代在纽约布鲁克林一家医院当实习生的经历。当时心血管外科手术刚刚开始进入临床，而乔治敦大学医学院的外科教授、开胸手术的先驱者查尔斯·胡夫纳格尔（Charles A. Hufnagel）医生恰好来到他所在的医院访问。医院著名的心脏病学家威廉·多克医生在伯格的病房查房时检查了病人冈萨雷斯女士。这个27岁的新移民是四个孩子的母亲，说一口蹩脚的英语。她早年就患上了二尖瓣狭窄，导致充血性心力衰竭。

多克医生称她为“冈萨雷斯夫人”，并耐心地解释说，她需要接受一种新设计的开胸手术。他从口袋里掏出手帕，解释她心脏的问题，告诉她如果不做手术，前景会很严峻。新手术能否成功还有不确定性，但他请求冈萨雷斯同意，让一位来访的专家做这个挽救生命的手术。

冈萨雷斯说，在决定之前她想和“她的私人医生”讨论一下这个问题。这是一个很可笑的回答，因为像她这样贫穷的病人是不可能有私人医生的。但多克医生毫不在意，问道：“你的私人医生叫什么名字？”她

① Berger, Allan S. (2002). Arrogance among Physicians. *Academic Medicine*, 77(2): 145–147.

答道："就站在你身后。"作为一个身份低微的医科学生，伯格医生此时站在查房圈的最外围。多克医生眼都不眨地回答说："当然，和伯格医生讨论一下…… 也许他会同意我的建议。"

两天后，胡夫纳格尔医生成功地进行了手术。三周后，冈萨雷斯出院了。伯格在文章中说："将近 50 年过去了，多克医生谦逊、礼貌和尊重病人的榜样依然留在我的心中。"

2010 年科勒汗（J. Coulehan）医生发表在《内科医学年鉴》的文章则记述了一个反例。[①]一名病人急需手术，但不懂英文。主刀医生到场后将西班牙语翻译推到一边。"我没有时间和你聊天，"他咆哮道，"我现在就要做这个手术。"病人本来已经签了同意书，但被医生的态度吓得浑身发抖，因为他不知道发生了什么。

伯格和科勒汗两位医生都认为，谦卑教育在医学教育中并非可有可无，而应成为一个重要组成部分。医生在病人面前表现傲慢，不仅违反"医者仁心"的基本精神（the benevolent spirit），而且严重损害医疗质量。但是，医生傲慢态度的产生有其深刻的社会学和心理学原因。医生及其行业在社会上的崇高地位是"系统傲慢"产生的根源，而医生的专业知识及其凌驾于病人之上的"权力"（还记得"知识就是力量"的说法吗？），让他们误以为自己是万能的。特别是当重病患者将医生视为全能的救世主时，他们在不知不觉中引发了医生的傲慢。科勒汗认为，医疗行业中这种行为除了会对病人造成伤害外，还会导致医院士气低落、压力加大、员工流失等问题。

伯格和科勒汗讨论的是谦卑教育在医学教育中的重要性，而我们关心的是这样的讨论对于高校人才培养是否具有普遍意义。在高等教育领域，关于素质教育、人文素养、人文教育（liberal arts education）等话题的讨论热度持续不减。伯格和科勒汗医生让我们看到，在医学这样一

① Coulehan, J. (2010). On Humility. *Annals of Internal Medicine*, 153(3): 200–201.

个高度职业性的行业里，谦卑教育这个极其“人文”的话题居然如此重要——它对医疗的质量和医院的绩效产生直接影响。事实上，除了医学以外，商科、师范、法律、心理学、社会工作以及工程等许多其他行业也都对职业伦理有相当高的要求。这些领域的职业伦理教育可以帮助从业人员更好地应对复杂的道德和伦理决策，提升专业素养，保障社会的整体福祉。

问题是，谦卑能教吗？进而言之，人文素养能教吗？假如能教，在当代高校专业至上的人才培养方案中，谦卑教育或人文教育位在何处、如何实施？加州一所文理学院——米尔斯学院（Mills College）的教务长格里尔（Sandra Greer）教授提出一个有趣的观点。

格里尔指出，人们经常谈论“什么是人文教育？”“人文教育的结果是什么？”，对此最通常的回答是，人文教育拓展学生的背景知识，培养他们有效沟通、分析判断和逻辑思维的能力，等等。换言之，人文教育应该为学生追求更加实用的职业生涯——如法律、医学或商业——提供知识准备。

但人文教育还有另一个结果，那就是帮助我们认识到自己不知道什么。正是这种对于自己的无知的意识，造就了那些接受过人文教育的人所特有的谦卑态度。养成这样的态度对于年轻学子来说有多重要？格里尔写道：

> 我们知道得越多，我们就必须面对更多我们不知道的东西，我们就越因我们所有人的无知和我们每个人的无知而感到谦卑。这种谦卑的结果实际上是一种可取的状态。这是一种理想的状态，因为这种心态让我们愿意问更多的问题，找到更多的答案。正是对未知事物的高度和广度的认识，引导我们提出最好的问题，并找到通向新知识的最佳途径。[①]

① Greer, S. Education for Humility[EB/OL].（2012-12-17）[2024-10-11]. https://www.huffpost.com/entry/education-for-humility_b_2316238.

作为高校管理者，格里尔关于人文教育的看法为我们打开一条思路。当代社会对于人文教育的质疑一直不绝于耳，高校虽未因此将人文教育拒之门外，却也不得不在巨大的就业压力面前，将课程设置的钟摆向应用课程倾斜。格里尔没有在人文还是职业这两个极端之间纠结，而是将重点放在如何培养学生认识世界的正确态度上。在她看来，只要学生能够放下身段，平视世界，聆听它的声音，他们就能看到自己的无知，就会激发好奇心，就能致力于获取知识。这就是谦卑教育必不可少的原因所在。求知需要谦卑，成为一名好的职业人更需要谦卑——伯格和科勒汗的案例就是佐证。

体现在课程设置上，西方大学的学生往往被要求读著作，动辄一周几百页的阅读，让他们有时变得只见树木，不见森林。下笔写作时，他们往往小处着手，小中见大，看似胸无点墨，却又悲天悯人。反观国内高校，我们的课表上，特别是文科或通识课表中最常见的是“XX 概论”“XX 史”这样概述性质的文学史、哲学史之类的课程，其内容动辄横跨五大洲、纵深几千年。学生写作一下笔就是宏大叙事，与他们在课堂上获取宏观知识的方式完美匹配。假如说谦卑是一种态度，一种看待世界的方式，那么写作就是记录个人对于世界稍纵即逝的看法。这样看来，落笔时倾向于小中见大还是高瞻远瞩，反映的可能是写作者看待世界的视角。如果小中见大是作者对世界的平视，那么高瞻远瞩则更多是作者对世界的俯视。从阅读到写作到行事，中西方大学培养人才方法之差别可见一斑。

二

过去三十年间高校对于学生“人生态度”“协作精神”等人文素养的提升和“批判性思维”“有效沟通”“以逻辑表达思想”等工作能力的培养愈发重视。问题是，这些素养和能力通过什么方式来培养呢？

现行高等教育模式要求学生四年之内在特定学术领域完成所要求的课程，并通过参与社团活动、校外实习、国际交流等培养一些非学术性的技能。学术要求的达成以学分计算，而非学术要求的达成并无定则可循。可见，当高校将毕业生推向社会时，他们至多能够保证其“产品”达到了基本的学术要求，却很难对毕业生的非学术能力做出任何承诺。

不能承诺的后果是什么呢？假设您买了一台空调机，厂商承诺夏天冷气工作正常，但不承诺冬天暖气能够工作，更有甚者，业界对于空调机的质量标准也只提到冷气而不包括暖气，这样的产品您能接受吗？同理，假如高校的“产品”就是他们培养的人才，那么社会和企业能够接受质量标准仅达到百分之五十的高校产品吗？

带着质量观分析高校的“产品”，不难发现，以学分衡量学生的学术成果，虽有简单化之嫌，却客观公正。然而，在非学术能力培养方面，高校投入巨大资源，成效可圈可点，学生却难以从中取得让他们未来雇主一目了然的能力指标，其文凭的能力“信号”当然也无法得到强化。这个问题怎么解决呢？

我们不妨先从数据入手，看看中国高校在学生能力和素养培养方面的成效如何，然后再对人才培养的质量作进一步的分析。

麦可思数据库中包含大量有关学生能力和素养的变量，为高校了解人才培养的现状及其存在的问题提供了丰富的素材。麦可思参考美国 SCANS 标准[①]，将 35 项基本工作能力划归为五大类型，分别是理解与交流能力、科学思维能力、管理能力、应用分析能力和动手能力。毕业生调查问卷要求学生对其所理解的 35 项基本工作能力在其工作岗位中

① 1990 年，美国劳工部长组织了“获取必要技能委员会”（Secretary’s Commission on Achieving Necessary Skills，简称 SCANS）。该委员会经过深入研究，发表关于青年在进入劳动力市场之前应具备技能的报告：SCANS. (1994). Learning a Living: A Blueprint for High Performance. U.S. Government Publishing Office.

的重要程度打分，分为“无法评估”“不重要”“有些重要”“重要”“非常重要”“极其重要”六个层次。数据处理时把重要性处理为百分比，0代表“不重要”，25%代表“有些重要”，50%代表“重要”，75%代表“非常重要”，100%代表“极其重要”。对于毕业生的工作岗位要求，35项基本工作能力从低到高分为一级到七级。一级代表该能力的最低水平，取值1/7；七级代表该能力的最高水平，取值1。对毕业生在刚毕业时实际掌握的能力水平，从低到高分为一级到七级。一级代表该能力的最低水平，取值1/7；七级代表该能力的最高水平，取值1。这些基本能力的满足度以百分比表达，100%为完全满足。满足度计算公式的分子是毕业时掌握的基本工作能力水平，分母是工作要求的水平。

图6.1展示的是对于2022届本科毕业生各项基本能力重要度和满足度的评价。[①] 总的来说，高校对于学生理解交流能力和科学思维能力的培养深得毕业生赞赏（评分均在90%上下）。相比之下，高校对于学生的管理能力和应用分析能力的培养略逊一筹（除个别项目外，一般评分在85%上下）。在应用分析能力和动手能力方面，学生似乎对于偏向操作的能力不仅重要性认知不足（设备维护、操作监控、操作和控制、设备选择等四项能力的重要性均低于60%，而维修机器和系统及安装能力均为61%），而且满足度也较低。此外，学生对于电脑编程的能力极为重视（72%），但学校培养的满足度相对较低（仅77%）。

从毕业生对于35项基本能力的认知来看，出人意料的是语文和数学这两项学界普遍认为最为基本的能力，在我们的毕业生眼中居然叨陪末座：理解性阅读的重要度为59%，针对性写作为60%，数学解法仅为45%。有趣的是，学生对于这些基本能力掌握的满足度却评价甚高：理

① 麦可思研究院．2023年中国本科生就业报告[M]．北京：社会科学文献出版社，2023：140—146.

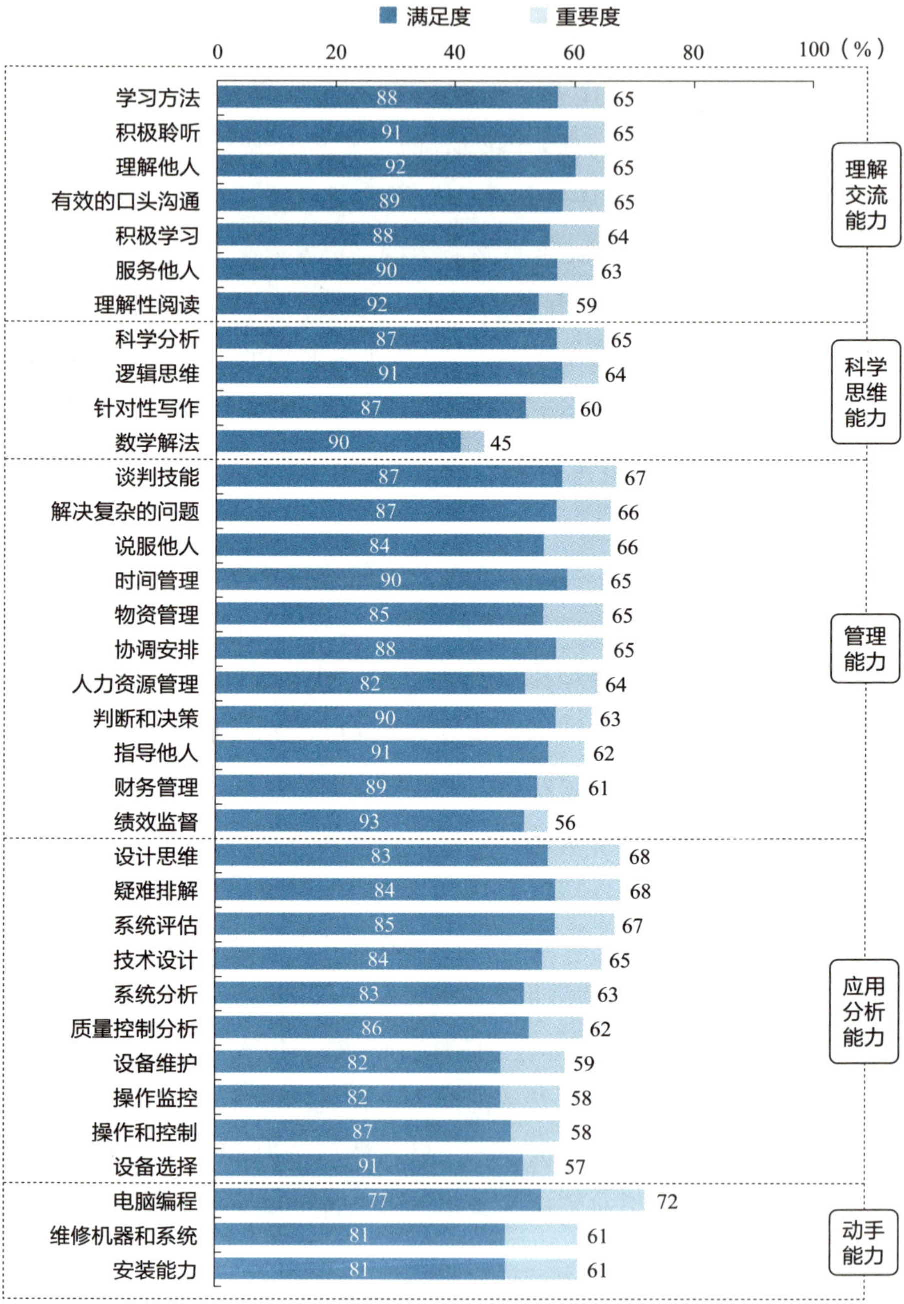

图 6.1 2022 届本科毕业生的各项基本能力的重要度和满足度评价

解性阅读为92%，针对性写作为87%，数学解法为90%，颇有沾沾自喜的意思。

总的看来，尽管学生对于35项能力重要度的认识都在65%左右，他们却给多数能力培养的满足度打了85%左右的高分，其中11项高达90%。不知是因为轻视而易于满足，还是因为无知而自视甚高。我们假设，学生对于学校培养能力的肯定也就是对于自己所获取能力的肯定。有没有这样一种可能：由于学生对于各项通用能力的重要性认识不足，对于自身能力高低的评价也缺乏准确性，而这种缺失造就了他们谦卑态度的缺失。这个结果从另一个侧面证实了格里尔对于人文教育重要性的看法，及其缺失对于教育成效的负面影响。

那么，不同学科专业的学生对于各项能力的重要度及其满足度的评价是否有区别呢？我们从35项能力中选取一些经常受到人们关注的基本能力，看看不同学科专业的学生对于这些能力的重要度认识有何差异（见表6.1）。

表6.1　2022届本科毕业生对于各项基本能力重要度的认识

基本能力重要度	经管	理工	人文艺术	农学	医学
有效的口头沟通（%）	66	67	63	68	64
积极聆听（%）	67	66	64	65	63
针对性写作（%）	61	58	61	—	60
逻辑思维（%）	65	65	64	—	57
解决复杂的问题（%）	64	67	66	68	—
科学分析（%）	60	66	57	63	61

按照伯格和科勒汗两位医生的观点，积极聆听和有效的口头沟通是医科学生必备的非常重要的能力，但表6.1数据显示，医学专业的学生对于这两项能力重要性的认识（分别是63%和64%）基本都低于其他专业领域的学生。理工科学生对科学分析、逻辑思维、积极聆听和解决复杂问题等能力都比较重视，却对针对性写作缺乏兴趣（58%）。农学专业的学生对积极聆听、有效的口头沟通和解决复杂问题等能力重视有

加，而文科学生除了解决复杂问题的能力以外对于其他能力的重视程度均偏低。

表 6.2 2022 届本科毕业生对于学校培养基本能力的满足度

基本能力满足度	经管	理工	人文艺术	农学	医学
有效的口头沟通（%）	89	88	90	88	87
积极聆听（%）	91	90	92	90	85
针对性写作（%）	90	87	87	—	84
逻辑思维（%）	93	90	91	—	91
解决复杂的问题（%）	90	86	86	85	—
科学分析（%）	89	87	93	89	85

文科学生虽然对于上述基本能力的重要度认知不算太高（见表 6.1），却对学校在培养积极聆听、有效的口头沟通、逻辑思维和科学分析等能力上满足度极高（见表 6.2）。经管专业的学生对其能力的自我评价高于其他学科的同学，特别是在逻辑思维方面自信满满。理工科学生的满足度相对稳健，既没有太高的惊喜，也没有太低的担忧。相比而言，医科学生的满足度除逻辑思维能力外全面走低。

【关于学生沟通和表达能力的讨论，见研究手记 6.1 成才道路上的分岔口】

除了能力以外，学生素养的提升也是很多高校关注的焦点。麦可思应届毕业生问卷中，毕业生可以选择在大学期间哪些方面素养得到明显提升。可选择多项，也可选择“没有任何帮助”。工程类、艺术类、医学类、商科类专业在素养培养上有各自的特点，故毕业生的选项亦有所不同。

以工程类专业为例，图 6.2 显示高校在培养学生积极上进和人生的乐观态度方面贡献最大，并在团队合作、遵纪守法、乐于助人、诚实守信、工匠精神等方面表现不俗。但是，作为未来工程专业人才的摇篮，我们的高校在人才培养方案中也许对学生环境意识的强调不够，且将工程安全意识培养的责任托付给职场，其可能产生的后果让人不寒而栗。

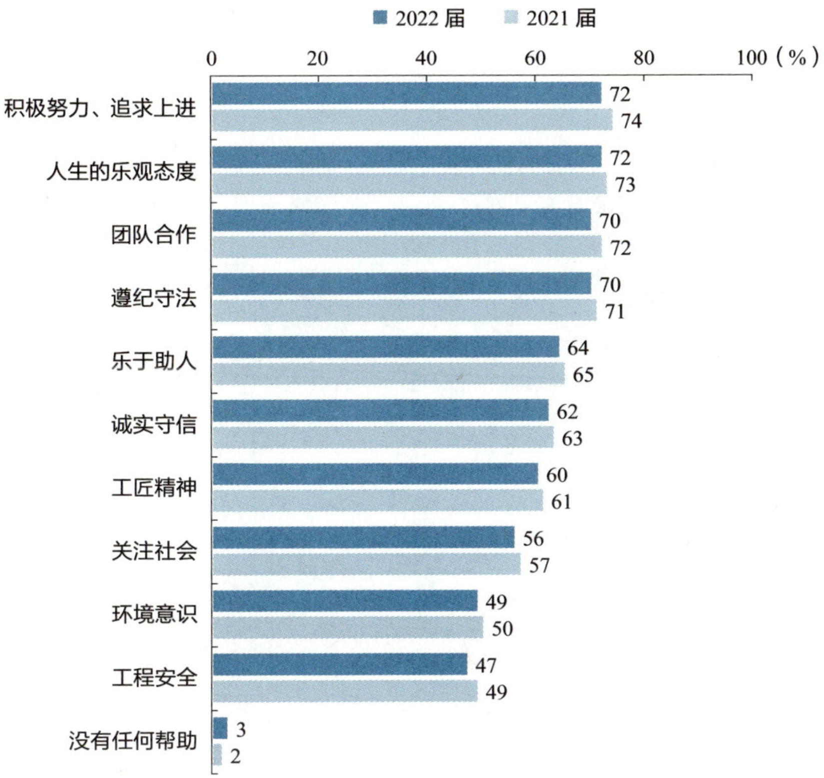

图 6.2 2021、2022 届工程类专业本科毕业生大学期间的素养提升（多选）

以医学类专业为例，图 6.3 显示高校在培养学生积极上进、遵纪守法和人生的乐观态度方面贡献最大，并在乐于助人、包容精神、诚实守信等方面表现不俗。但是，医学专业的学生在职业道德、科学态度和健康卫生等方面素质的提升相对较低。医生的职业道德问题在社会上经常招致诟病，而科勒汗医生文章中的反例在当今可以说是屡见不鲜。图 6.3 的数据不仅从医学教育的角度揭示了这个问题的根源，而且对于我们高校的医学人才培养，特别是学生素质培养更是一个难得的警示。

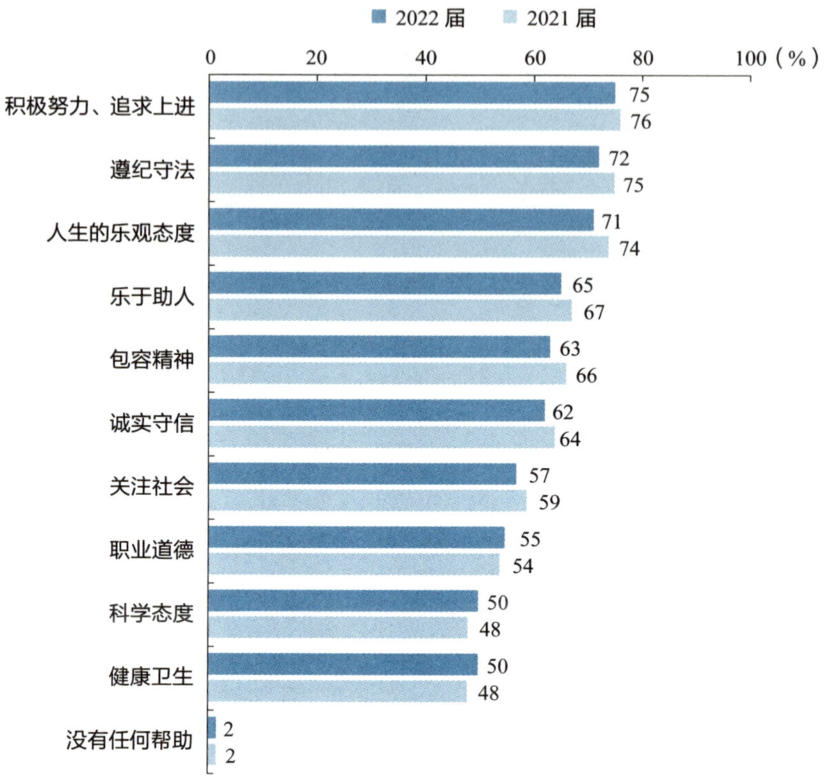

图 6.3 2021、2022 届医学类专业本科毕业生大学期间的素养提升（多选）

三

假如说学生在“学术和认知”方面的收获与成功主要来源于学术项目，那么他们在“心理、态度、价值和道德”方面的养成和收获则常常来源于非学术项目。程星在《大学国际化的历程》一书中对于非学术部门在学生成长过程中所起的作用作过一个演示①，其中“学生事务”泛指学院、学系等“学术事务”部门之外所有与学生相关的非学

① 程星. 大学国际化的历程 [M]. 北京：商务印书馆，2023：235—236.

术部门的事务。图 6.4 展示的是大学学生事务的一个简单流程。左边一列是非学术部门的日常“功课”，右边一列是高校对学生在心理、态度、价值和道德等方面成长的期待，中间一列是大学的各种非学术部门或职能部门，负责组织、管理或操作左边所列的各项活动，来达到右边所列的各种学生成长，特别是非学术能力或素养方面成长的目标。

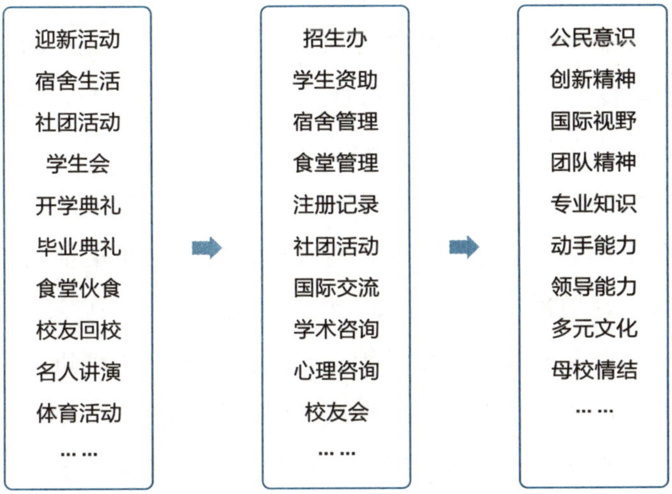

图 6.4 高校非学术部门的工作流程

这个流程图的问题在于，连接左边活动和右边目标的中介——非学术部门，只是两个粗粗的大箭头，而非学术部门的日常“功课”与大学生成长的目标无法一一对应。其结果是，非学术部门为应付左边方框里的活动忙得马不停蹄，却不知这些活动在右边方框中的“意义”何在，而右边方框中学生成长的目标立意高远，却无法与中间部门的职能和日常运作挂钩，其实践意义令人生疑。

解决这个问题的方法之一是将图 6.4 中箭头的指向倒过来。我们先从输出端开始，确认想要达到的目的、得到的结果（outcomes），然后将我们的所想所求在中间一列的非学术部门中一一落实，最后再通过各部门的工作规划来重新检视左边框中那些“习惯成自然”的日常事务，保持有意义的，删除无意义的。可以这么说，学生事务规划的过程就是一个寻求“意义”的过程，从需要什么样的结果，到设置相应的机构，最后考虑在输入端放些什么。有效的学生事务管理就是合理安排时间与资源，把精力集中在想要实现的结果上。

这样一个“倒着向前走”的模式，可以帮助高校诊断其组织管理上存在的问题，帮助管理者更好地帮助学生成长。既然倒着走，我们可以通过搜集学生非学术能力和素养方面的结果数据，以此推断高校人才培养方案的合理性、有效性及其针对性，并找出相应的改进方案。

在此我们不难发现，所谓“倒着向前走”，其实将我们带回第一章第五节中所说的成果导向教育（OBE）。在此，高校关注的焦点是学生专业能力之外非学术能力的培养，旨在全面发展学生的能力、素养和潜力，使他们更好地适应社会需求，并成为有责任感和创新精神的公民。为实现人才的全面发展，高校必须精心设计相应的管理机制、教育活动和支持系统，并对这些能力和素养的达成度进行评估。只是OBE模式中的“成果”在非学术领域应用时较之在学术领域更难界定，教育项目更难设计，教育成效的评估也更难达到精准。

在高校的人才培养体系中，社团活动是提升学生素养的一个重要机制。本着“倒着向前走”的原则，我们可以通过学生对大学期间非学术方面素养提升的自我评价，倒推学校开展社团活动的成效。表6.3显示四个专业大类2022届毕业生大学期间参与社团活动对他们素养提升的影响。表中差额一栏显示参与社团活动学生的自评分数减去未参与社团活动学生的自评分数。四个专业大类学生所有素养选项的差额都为正数，提升幅度最高可达8%，足以显示社团活动对于学生素养提升的正面影响。

表 6.3 2022 届不同专业毕业生大学期间参与社团活动对素养提升的影响

素养提升	工程类			艺术类		
	参与	未参与	差额	参与	未参与	差额
积极努力、追求上进（%）	73	69	4	73	67	6
人生的乐观态度（%）	73	68	5	72	64	8
遵纪守法（%）	70	68	2	70	65	5
包容精神（%）				66	60	6
乐于助人（%）	65	60	5	66	59	7
关注社会（%）	57	52	5	61	56	5
诚实守信（%）	62	59	3	62	55	7
团队合作（%）						
环境意识（%）	50	46	4	57	53	4
素养提升	商科类			医学类		
	参与	未参与	差额	参与	未参与	差额
积极努力、追求上进（%）	73	70	3	76	72	4
人生的乐观态度（%）	71	67	4	72	68	4
遵纪守法（%）	69	68	1	72	72	0
包容精神（%）	63	60	3	64	62	2
乐于助人（%）	63	59	4	66	59	7
关注社会（%）				57	53	4
诚实守信（%）	62	59	3	62	60	2
团队合作（%）	67	64	3			
环境意识（%）	54	51	3			

表 6.3 还显示，社团活动对于学生不同素养提升的效果不尽相同。比如说，遵纪守法这项素养的提升似乎和是否参与社团活动关系不太明显（艺术类除外），而是否参与社团活动对学生乐于助人这项素养的提升影响最大。艺术类专业的学生通过参与社团活动，似乎在诚实守信方面的提升较大，而这个效果在其他专业的学生那里则没有明显的表现。

需要注意的是，表 6.3 所展示的社团活动与学生素养提升的关系，至多只是一种相关关系（correlation），任何关于这两个变量之间因果关系（causation）的推断都不容易成立，原因在于学生成长过程中有太多不可控因素存在。连多元回归分析都难以建立稳定的因果联系，何况在此我们只用了社团活动和学科大类这两项变量。但是，这样的分析对于高校非学术活动的设计和管理还是相当有价值的，高校可以通过学生素养提升的幅度反推他们策划的活动可能产生的影响，从而帮助图 6.4 居于中间的非学术部门提升工作成效，以求将他们所能够发挥的作用最大化。

当然，社团活动只是图 6.4 所示高校非学术部门的诸多功能之一，而学生素养和能力的培养有赖于高校学术与非学术部门的通力合作。以成果为导向，我们可以通过麦可思数据一窥当今中国高校中非学术部门在学生素养和能力培养过程中所起的作用。

【关于学生素养的讨论，见研究手记 6.2 为别人腾出空间】

表 6.4 是 2021—2022 学年学生成长调查结果，显示在校生对于四大类学生活动的满意度。问卷选项包括“很满意”“满意”“不满意”和“很不满意”，表中所列为选择“很满意”的百分比。仅列“很满意”的百分比是基于这样的假定：学生若非当真满意，不会出此高分，相较之下，“满意”一项难免带点敷衍。从这个角度看，两类学校在组织安排四类活动中都有出色表现，而双一流高校的表现优于非双一流高校。前者的资源比后者更加丰富肯定是原因之一，特别是在国际交流之类的活动上（双一流 41%—43%，非双一流 36%—37%），但学校为学生能力和素养的提升所做出的努力亦不容忽视。与双一流高校相比，非双一流高校低年级学生虽然对各项活动满意度较低，但至大四其满意度追平双一流高校，可见其后劲，也不排除非双一流高校的学生在面临毕业时希望通过参与活动提升能力素质的动因。

表 6.4 2021—2022 学年学生成长调查：在校生对于四类活动的满意度

年级	院校类型	创新创业活动（%）	社会实践活动（%）	校园文化活动（%）	国际交流活动（%）
全体	双一流	41	43	43	42
	非双一流	36	37	37	36
大一	双一流	42	42	42	41
	非双一流	36	36	37	36
大二	双一流	38	39	39	38
	非双一流	32	32	33	32
大三	双一流	41	42	41	40
	非双一流	36	37	37	36
大四	双一流	44	46	46	44
	非双一流	43	44	44	43

关于学生成长，英美高校素有“大二低潮”（sophomore slump）之说，泛指大学生在初入大学最初的兴奋过去后，大二时出现的情绪低落现象。高校在新生进校和毕业生离校工作上耗费大量精力，因而容易忽视大二学生的需求。表 6.4 提醒我们，大二以至大三出现低潮现象并非英美大学独有（双一流 38%—39%，非双一流 32%—33%）。中国高校的管理者如果此前没有注意到这个现象的话，那么英美大学为解决这个问题已经做过很多功课，值得我们参考。

表 6.5 是 2021—2022 学年学生成长调查结果，显示在校生对于非学术部门工作的满意度。问卷选项包括“很满意”“满意”“不满意”和“很不满意”，表中所列为选择“很满意”的百分比。在此我们还是无法将各个非学术部门与学生成长的目标一一对应，但从表 6.5 所列数据，我们至少可以看到学生对于他们工作成效的基本评价。双一流高校的辅导员 / 班主任工作（双一流 50%，非双一流 42%）和社团活动（双一流 42%，非双一流 37%）与普通高校相比显然略胜一筹，但这个差距随着年级升高有所减小。双一流高校的职业生涯规划和就业创业指导的满意度尽管在大一时还高于非双一流高校（双一流 41%，非双一流 36%），

但至大四时两类高校之间的差距已经完全消失（双一流 43%，非双一流 43%），显示非双一流高校对于学生就业问题的重视以及他们为此付出的努力。这种迎头赶上的情况同样发生在心理健康教育和咨询领域，学生对于这个部门工作的满意度在“大二低潮”之后逐渐上升，到毕业时两类高校基本持平。对于贫困家庭的资助工作，双一流高校获得的满意评分亦高于普通高校（双一流 46%，非双一流 39%）。

表 6.5　2021—2022 学年学生成长调查：在校生对于不同职能部门的满意度

年级	院校类型	本专业辅导员、班主任工作（%）	家庭经济困难学生的资助工作（%）	心理健康教育 / 咨询（%）	职业生涯规划和就业创业指导（%）	社团活动（%）
全体	双一流	50	46	43	41	42
	非双一流	42	39	38	37	37
大一	双一流	50	45	43	41	42
	非双一流	43	38	38	36	37
大二	双一流	46	42	40	37	39
	非双一流	38	34	33	32	33
大三	双一流	48	45	42	40	41
	非双一流	42	38	38	37	37
大四	双一流	53	49	45	43	45
	非双一流	50	46	44	43	43

表 6.6 是 2021—2022 学年学生成长调查结果，显示在校生对于校园生活服务的满意度。问卷选项包括“很满意”“满意”“不满意”和“很不满意”，表中所列为选择“很满意”的百分比。有趣的是，“大二低潮”现象在生活服务方面表现得尤为突出，两类高校的生活服务满意度在学生大二期间全面走低（双一流 25%—28%，非双一流 25%—26%），不知这种差评反映的是现实还是情绪。生活服务虽然不能直接影响学生素养或能力的发展，却也从另一个侧面反映出高校对于学生校园生活质量的重视程度。而校园生活服务的质量对于未来毕业生与母校关系的影响，也许比我们想象的要大得多。

表 6.6 2021—2022 学年学生成长调查：在校生对于生活服务的满意度

年级	院校类型	学校的医疗服务（%）	食堂服务与饭菜质量（%）	洗浴条件与管理（%）	住宿条件与管理（%）
全体	双一流	33	29	30	31
	非双一流	30	29	29	29
大一	双一流	32	28	28	29
	非双一流	29	28	27	27
大二	双一流	28	25	26	27
	非双一流	26	25	26	26
大三	双一流	30	26	30	31
	非双一流	29	28	29	29
大四	双一流	34	32	33	34
	非双一流	36	36	36	36

最后我们在 2021—2022 学年学生成长调查中，要求在校生对于本校学生工作在多大程度上符合“以学生为中心”的理念做出评价。问卷选项包括“非常符合”“比较符合”“比较不符合”和“非常不符合”，表中所列为选择“非常符合”的百分比。表 6.7 显示的结果与表 6.4、表 6.5 和表 6.6 中的学生对于各类活动、各个职能部门及各种生活服务的满意度大致吻合。中国高校不仅在为学生提供“一站式”服务方面收获的满意度极高（“符合”与“非常符合”两项相加的比例超过 90%），而且任课老师积极参与学生活动的比例也超出我们的预想。特别是双一流高校教师经常因为重科研、轻教学广受诟病，但表 6.7 的数据似乎并不支持这样的成见，或者说情况至少没有我们想象的那么严重。

表 6.7 2021—2022 学年学生成长调查：在校生评价学生工作“以学生为中心”的符合程度

年级	院校类型	“一站式”学生服务（%）	任课教师积极参与学生活动（%）
全体	双一流	38	40
	非双一流	35	36

（续表）

年级	院校类型	“一站式”学生服务（%）	任课教师积极参与学生活动（%）
大一	双一流	37	40
	非双一流	33	35
大二	双一流	35	38
	非双一流	31	33
大三	双一流	39	41
	非双一流	35	37
大四	双一流	42	45
	非双一流	41	43

本章中我们用麦可思数据展示了近年来中国大学生能力素养的提升状况及其背后中国高校，特别是他们的非学术部门为之付出的努力。我们在此呈现的数据及其分析与这个领域里海量的学术文献之间最大的区别在于：总体数据为当今中国高校学生的能力和素养画像，并从学生的视角对高校非学术部门的贡献进行评价；而学者的研究偏重于通过假设检验寻求不同变量之间的因果关系，为此多元线性回归之类的统计分析手段必不可少。问题是，在高教研究中，通过问卷调查得来的数据常常由于人为的因素难以满足统计分析方法对于数据的严格要求，导致有些学术研究文章为分析而分析，却忘了数据背后隐藏的意义。在以上的分析中，探究因果关系不是研究的目的，而客观展示调研数据的原貌却能让高校管理者得以根据其经验及校情，分析学生答卷的动机、能力素养发展的成因，以及高校付出努力的成效。我们的希望是，这些数据所呈现的学生画像能够为高校管理者策划或调整人才培养方案提供线索、支撑或灵感。

四

以第五章中图 5.1 学生成长的路径为概念框架，我们在本章中对高校为培养学生能力和素养做出的多方努力进行数字画像，将学生在“心理、态度、价值和道德”层面上的收获主要归功于高校非学术部门的精心设计与安排。的确，大学精英时代以培养人格和提高素养为目标的纯“自由教育”模式，在高等教育普及化的今天已经一去不返。当代大学体制中，学术事务的管理千头万绪，各个学科自成一体，由行业专家自主管理，而提升学生个人素养，包括培养团队精神、开拓国际视野、提高沟通能力等任务则大多落到非学术部门。

【关于培养学生素养的讨论，见研究手记 6.3 软实力，大学如何教给学生？】

然而，非学术部门虽然承担了提升学生能力和素养的重要任务，却未能，也不应当包揽。20 世纪末随着通识课程进入中国高校，学术部门也担当起学生非学术能力培养的任务，构成全方位教书育人的阵势。庞海芍认为，自 1995 年开始在中国高校实施的素质教育，与从西方传入的通识教育交织在一起，引发了中国高等教育的巨大变革：

> 因为通识教育之所以日渐升温，一是借助于改革开放以来大力倡导素质教育才很快得到高校的认同。二是众多高校普遍把通识教育课程作为实施素质教育的重要路径。三是素质教育、文化素质教育、通识教育等概念同时在很多大学使用，一起改变着中国高校的教育理念、课程体系乃至人才培养模式。①

这次变革对于中国高校意义非凡，其根本原因在于，改革者们将“通识教育”这个源自西方的课程模式拿来，为我所用，以此破解在中国高等教育占据主导地位多年的“苏［联］式专才教育模式”，克服教育过分功利化、专业化带来的种种弊端，实现中国高等教育在改革开放新形势下的快速发展。与此同时，以北大和复旦为代表的诸多高校为开发

① 庞海芍．素质教育 / 通识教育在中国的实践历程与未来发展 [J]．教学研究，2022，45（2）：1—9.

通识课程，筚路蓝缕，做出有益尝试，也得到国内其他高校的认可甚至追捧。

关于通识教育的理念、使命、目的和模式，学界已经有过很多讨论，在此不再赘述。中国高校在探索通识课程设置时，大多追溯到通识教育源头的美国高校，借鉴其课程内容和教学方式。但是，美国大学，特别是私立精英大学前两年不分专业、只上通识的模式，与传统上奉行专业至上的东亚地区的高校系统并不兼容。近三四十年来，随着东亚国家和地区经济与高等教育事业的崛起，很多高校一方面学习美国一流大学的先进经验，一方面根据自己的国情和校情对于通识教育加以改造，一时间各种通识教育版本百花齐放、争奇斗艳。

2012 年，中国香港高校的本科学制由原来的英式三年改为美式四年，成为高校探索符合“校情”的港式通识教育的一个重要契机。徐慧璇分析中国香港八大院校通识教育的特点，指出其“从智性发展向能力、态度的培养靠拢”的特点。而通识课程在香港高校的实施，具有明确的能力培养、素养提升功能。徐慧璇进而对香港高校通识教育的目标进行总结：令学生具备广阔视野，对人类社会重要问题能够进行深入思考；发展学生的学习、生活态度以及共通能力，如学习热情、创造力、沟通、合作、计算机素养及自主学习能力等；培养学生的公民意识与态度；令学生具备跨文化理解能力，思考文化价值观对个人、地区、全球议题的影响；培养学生的健康生活态度和方式等。[①]在实践方面，香港中文大学书院模式的通识教育受到很多高校的青睐，有很多效仿者。

廖婧通过对中国高校通识教育实践的考察，总结出现行的四种通识教育基本模式：学分制管理的全校通选课模式，以学生管理制度为特色的书院模式，面向部分学生的实验班模式，以及以课程构建为特色的核

① 徐慧璇．香港高校通识教育课程变革 [J]．高教发展与评估，2018，34（1）：50—59+121—122.

心课程模式。[①]李广平和陈武元将通识教育在中国高校的演进归纳为三个发展阶段：改革开放初期的“专业基础课＋专业课”阶段，20世纪90年代中后期的“公共基础课＋专业基础课＋专业课”阶段，21世纪以来的“通识教育课程＋学科基础课程＋专业课”阶段。“中国高校教育从‘专业至上’走向‘通专融合’，既是应对时代变化的应然之举，也是育人价值的理性回归。当今时代，科学技术发展日新月异，使得学科界限变得日益模糊，当代人或是未来人不仅要具备精深的专业知识，还要有宽厚扎实的人文、社会和自然科学等基础知识，才能以广博的知识基础适应社会发展和产业结构升级。”[②]

那么，中国高校的通识教育经过三十年的发展演进，无论采用何种模式，或是处在什么阶段，其实施效果究竟如何呢？是否如学者们所期望的那样，顺应了时代的变化，实现了“育人价值的理性回归”呢？麦可思数据库中所包含的在校生、应届生和毕业生对于通识课程的评价，是当今中国高校通识教育现状较为完整的呈现。

我们先看在校生对于任课教师在通识课上教学行为的评价。评价选项为“总是”“经常”“偶尔”“从不”，图6.5为双一流和非双一流高校学生选择“总是”的百分比。图中可见，双一流高校学生对于通识课程任课教师的评价，从教学内容到教学效果，都远胜于非双一流高校。国内一流高校在通识教育的推行上起步较早，通识课程任课教师素质相对较高，可能是这两类学校之间差异明显的原因之一。特别是图6.5显示非双一流高校在“明确传达课程目标和要求”“有计划地组织课堂教学”这两个选项上与双一流高校存在显著差距，反映前者通识课程的任课教师本身对于通识教育目的的认识不够清晰，对学生学习成果没有明确要求或期待，在组织课堂教学时也缺乏计划与条理。很多普通高校，包括

① 廖婧．中国大学通识教育模式再分类[J]．通识教育研究，2015(00)：107—111.

② 李广平，陈武元．从设置现状到实施效果：对我国高校通识课程质量的反思[J]．中国高教研究，2023(7)：82—88.

民办高校师资力量薄弱，通识课程的开设在老师自报选题的基础上进行筛选。基于教师个人兴趣或才艺的通识课程设置往往随意性有余，严谨性不足。

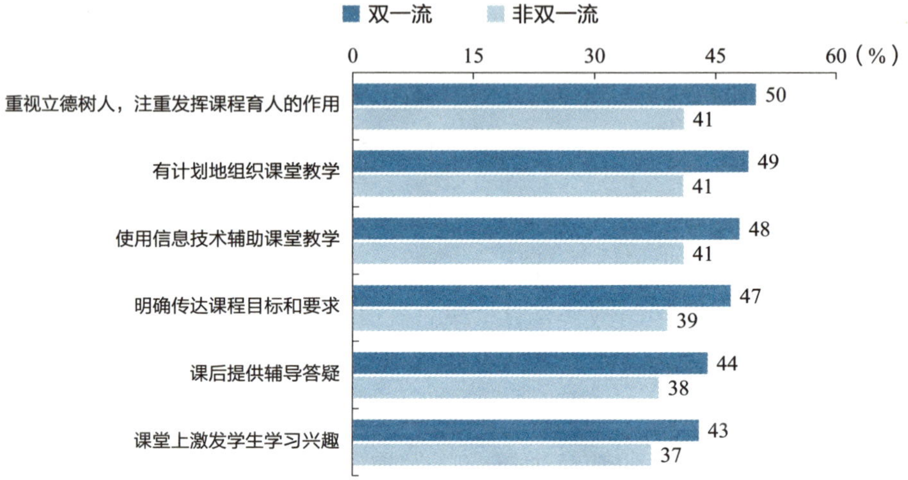

图 6.5 2021—2022 学年在校生对通识课任课教师教学行为的评价（%“总是”）

其次我们看在校生对于任课教师在通识课上使用教学方法的评价。评价选项为“总是”“经常”“偶尔”“从不”，图 6.6 为双一流和非双一流高校学生选择“总是”的百分比。假如说开设通识课程的初衷是提升学生的综合能力与素养，培养其批判性思维、沟通能力和跨学科的理解力，那么讨论式、互动式的教学方法无疑更能鼓励学生提出问题、质疑观点、展开争论，而案例方法的使用则能有效培养学生解决现实问题的能力。由图 6.6 可见双一流高校和非双一流高校通识课程教师在教学方法的使用方面差距不小，被动式学习、灌输式教学的传统方法在非双一流高校中仍占上风。

正如庞海芍指出的那样，近年来越来越多的地方大学、职业院校乃至民办高校校长们开始重视通识教育，原因在于他们认识到自己“培养的学生专业的深度和难度拼不过一流大学，毕业生必须要靠优秀的综合素质获得优势”。[①] 图 6.6 对于非双一流高校是一个提醒：通识课程教什么固然重要，但怎么教可能更加关键。今天活跃在课堂上的高校教师们，自己其实并不是在师生互动的教学环境下接受高等教育的，他们中的绝大多数在上大学时并未受过案例研究、课堂讨论、小组作业这些教学方法的训练。因此，双一流高校中近 50% 的教师能够“总是”将这些方法运用到通识课程的教学上，可能与这些高校在教师培训，特别是教师海外访学方面投入巨大资源是分不开的。从这个角度看，非双一流高校学生对于通识课程教学方法的评价不失公允，也为这类高校未来在通识教育方面的改进与提升指出了方向。

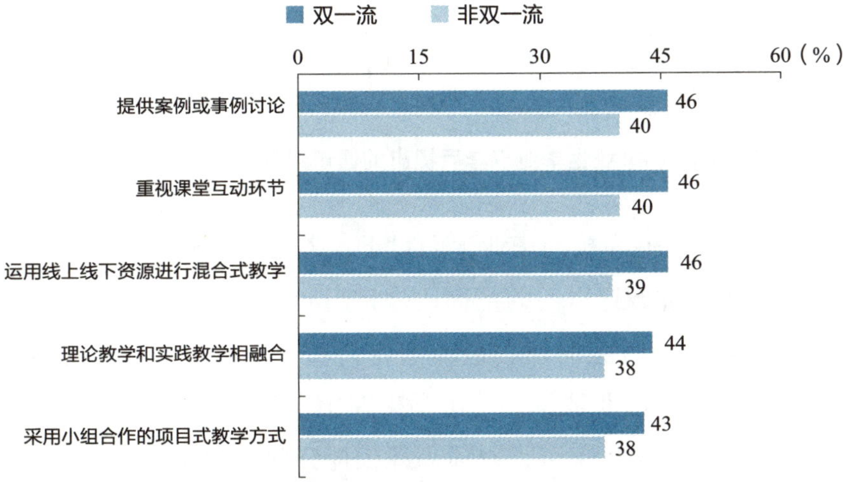

图 6.6 2021—2022 学年在校生对通识课任课教师教学方法使用的评价（%“总是”）

毕业五年后回顾通识课程，兴味索然是多数毕业生对其母校通识课程的共同感受（见图 6.7），而这个问题在非双一流高校尤为突出（73%）。双一流高校除了在教学目标的清晰度和调动学生兴趣方面比非双一流略有优势外，在大班教学偏多、课程种类不够

① 庞海芍．素质教育 / 通识教育在中国的实践历程与未来发展 [J]．教学研究，2022，45（2）：1—9.

丰富等问题上反而处于劣势，而这是近三分之一的毕业生给出的反馈。

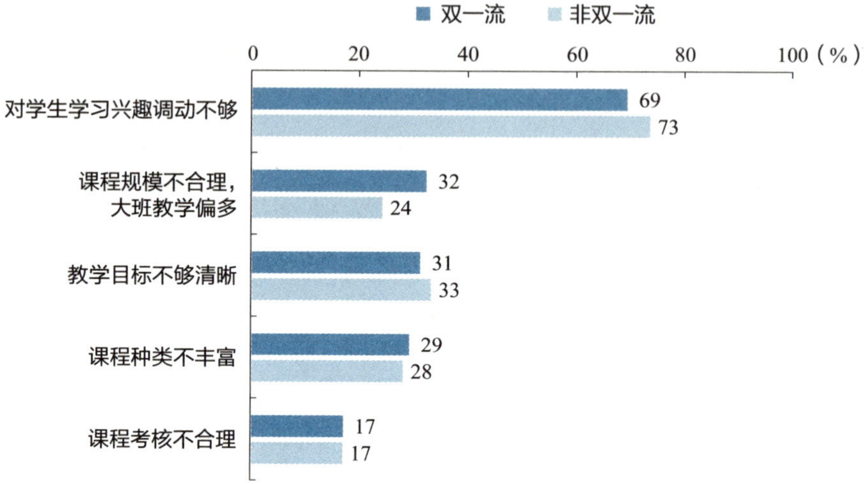

图 6.7 2017 届毕业生毕业五年后提出的通识课需要改进的方面（%）

图 6.8 是双一流高校的毕业生们对于各类通识课程的评价。不难发现，学生对于通识教育目的的把握还是相当准确的：提高人文修养是首要任务，因此文史哲类的课程最为重要，而工程技术、数学与自然科学、体育则居于最次要地位。中国学生在中学阶段就早早地文理分科，因此，对于理工科学生来说，以通识课程提升理工素养既无此必要，也非通识教育的目的所在，双一流高校学生对此认知清晰。

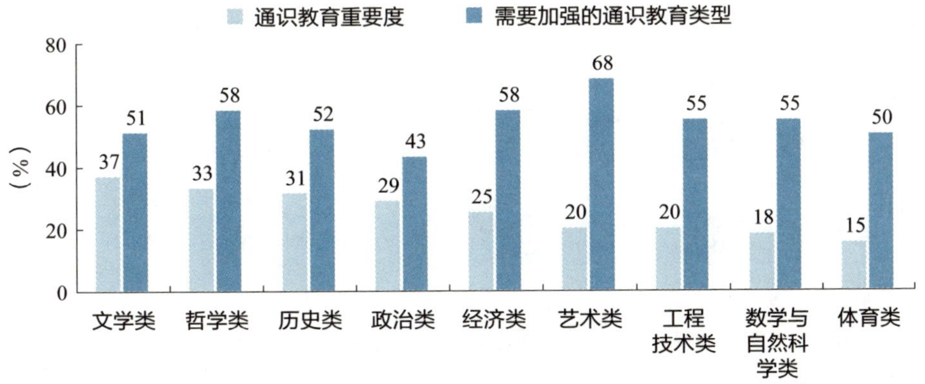

图 6.8 2017 届双一流高校毕业生评价不同类型通识课程的重要度及需要加强的类型（%）

然而，关于需要加强的通识教育类型，图 6.8 中学生的回答反映了当前国内高校通识课程的现状。文学、历史和政治类的课程显然是目前通识课程的主要内容，在学生眼中非常重要，也能满足一半左右学生的需求。与此相对，艺术类课程虽然重要度排序不高，但现有通识教育中艺术类课程的缺失让 68% 的毕业生感觉有加强的必要。此外，哲学类（58%）、经济类（58%）以及理工类课程（55%）也被多数毕业生列入需求清单。

非双一流高校毕业生对于不同类型通识课程重要性及需求度的评价与双一流高校相似，不再重复。

最后我们假设，毕业五年后的学生经历了研究生学习和 / 或职场锤炼，关于通识教育对他们的学业和职业发展有什么帮助，感受应当比在校生更加深刻、全面。图 6.9 中 2017 届毕业生就通识课程对职业发展 / 深造学习的帮助度进行评价，选项为“帮助非常大”“有较大帮助”“有一些帮助”和“没有帮助”。由图中可见，双一流高校毕业生对通识课程在深造或就业上的帮助度评价（帮助非常大 + 有较大帮助：54%）较之非双一流高校（帮助非常大 + 有较大帮助：49%）高出五个百分点。

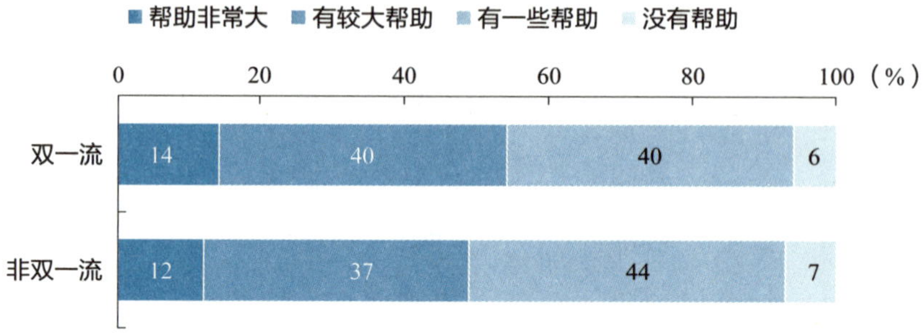

图 6.9 2017 届高校毕业生评价通识课程对职业发展 / 深造学习的帮助度

那么，毕业五年后学生对通识教育总体上的满意度有多高呢？选项为“很满意”“满意”“不满意”和“很不满意”。图 6.10 显示，两类高校毕业生对于通识教育“很满意”的比例都很低（17% 和 15%），超过十分之一的毕业生对于通识教育表示“不满意”或“很不满意”。双一流高校虽然在师资质量、教学资源等方面优于非双一流高校，但要满足学生对于通识课程的期待，显然还有很长的路要走。

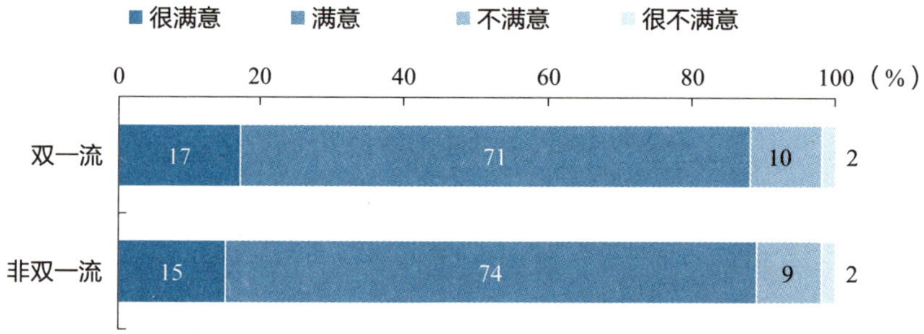

图 6.10 2017 届高校毕业生对通识教育的满意度

五

回到本章题目：“能力与素养：能教吗？怎么教？”

是的，能教。但怎么教？学生非学术能力与素质的培养，有赖于高校的精心设计、巧妙安排。近年来国外很多大学为鼓励学生参与校园生活设立各种积分制度，例如学校投入巨大资源设立名人讲坛，无奈听者寥寥，于是设立积分制，要求学生刷卡进入，累计得到若干分数才算达到参与课外活动的要求。此类做法初衷不错，但效果不佳。

那么，高校怎样帮助毕业生将其非学术能力与素养，以类似他们展示学术能力的方式展示给未来的雇主呢？通识课程的学分和成绩虽然能够反映学生的某些能力与素养，但毕竟不够全面，也难以反映学生非学术活动的收获。学界在“构建服务全民终身学习的现代教育体系”的框架下，对于“学分银行”制度的建立作了多方探索。[①]“学分银行”的想法也许能给高校在学生非学术能力培养方面一些启发。高校在人才培养方案中对于学生毕业时需要掌握的能力提出明确要求，并建立非学术能力学分银行，给学生四年时间通过若干个自选项目完成通用能力的考核并取得学分。这样，毕业生在求职时向雇主呈现的成绩单上，不仅包括传统的学术课程成绩，还有非学术能力的指标或是分数。

其实，大学专业和未来职业之间并无一一对应的关系。特别是随着高等教育的普及化，把物理学本科生当成物理学家来用的时代已经一去不复返了。从雇主的角度看，毕业生的专业只是“可雇性”（employability）的底线，而应聘者的实际工作能力与个人素养才是考察的重点。这就是为什么很多毕业生求职时强调自己曾担任学生干部的原因。问题是，当过学生干部并不等于具有雇主所需要的能力与素养，这一点雇主比应聘者清楚得多。

通用能力的考核项目如何设计？近年来高校举办各种以才艺或创新为主题的大赛，积累了丰富的经验。可以考虑将主题扩展至诸如灾难应急的策划与管理、市政项目改进、国际学术会议流程优化等公共管理领

① 崔新有，韩民，别敦荣，等．我国学分银行建设的问题审视和未来进路 [J]．终身教育研究，2022，33（4）：9—23.

域，邀请行业专家与高校教师共同组成评估团队，对学生在项目完成过程中展示的综合能力进行评定打分。同时，在现实生活中，发现问题有时比解决问题价值更高。高校应当借机鼓励学生在校园内外寻找研究课题，设计解决方案。所谓批判性思维，其实就是训练善于发现问题的眼睛和能够找到答案的大脑。

高校在设计非学术学分银行时可以预设一些基本参数。一是突出本校毕业生必须具备的、独特的某些能力。这样既强化了高校的培养特色，又给毕业生增加一些与众不同的能力“信号”。二是尽可能要求学生以小组为单位完成项目。面对当今充满竞争的就业市场，团队合作的能力怎么强调都不会过分。三是不管什么项目，计分权重应向举证思维、程序意识、公关能力、团队精神、执行力等关键能力倾斜。

总之，高校通过专业课程、通识课程和课外活动培养学生的能力与素养，如果还能通过非学术学分银行制度，帮助学生取得能力与素养学分、资格甚至证书，对于就业市场上人才与岗位的匹配好处多多。更重要的是，如果高校能以“学分银行”作为激励机制，鼓励学生参与公益活动，还能衍生出副产品，那就是管理更加精细、制度更加合理、服务更加人性化的社会大环境。

研究手记 6.1

成才道路上的分岔口

新学年开始，麻省理工学院（MIT）的教授注意到班上有位印度学生，便打趣地问道：“你们不是有 IIT（印度理工学院）吗？为什么来 MIT？”学生答道，他没能考取 IIT，所以才来了 MIT。[①]

① 桑迪潘·德布．印度理工学院的精英们 [M]．黄永明，译．北京：北京大学出版社，2010：1.

这是一个流传甚广的段子。好笑吗？假如你对IIT有所了解的话，那么这个段子不仅不够幽默，反而是过于写实了。每年大约有60多万学生参加印度理工学院联合考试，争夺全国23个校区一万三千多个名额，平均录取率为百分之二。作为对照，MIT在2021年的录取率为百分之七。前几年宝莱坞大片《三傻大闹宝莱坞》（*3 Idiots*）更是以令人难忘的艺术手段坐实了这个不甚幽默的幽默。

其实，要是以录取率作为优秀大学的标志，我们的清华大学和北京大学比IIT还要低，更不用说和MIT比了。据网易推算，清北每年在全国的录取率大约在千分之0.72左右。当然，由于考试制度不同，清北的录取率与IIT或MIT并无可比之处，但就考生的质量而言，我相信，清、北、MIT和IIT四校之间应当差别不大。问题是，在成果导向的人才培养评价体系中，值得夸耀的不是录取率而是毕业生的成就。正是在这一点上，印度人创造了当代高等教育的一个神话。据统计，百分之三十的“世界500强”公司的首席执行官（CEO）是或曾是印度人，其中包括谷歌、微软、百事、万事达卡、德意志银行等世界上最著名的企业。另据统计数据，美国硅谷工程师总数的三分之一是印度人，而且世界高科技企业CEO中的百分之十是印度人。其他领域里印度人的成就也令人刮目相看：从哈佛商学院院长，到CNN名主持人，到名作家、名医师，不一而足。

印度成功人士中很多人是在本国完成本科教育后赴美深造的。这是一个让我们非常尴尬的事实：留美的中国学人大多也是研究生。就人数而言，中国留学生一直在印度之上；从大学排名来看，中国大学在各种排名榜上的表现远比印度要亮丽得多。然而，印度留美学生凭什么在事业上比中国留学生更加成功？

坊间有不少关于印度留学生为何成功的解释，虽说经得起推敲的不多，却不妨姑妄听之。

耐力决定论：印度人口众多、语言芜杂、基础设施极差。在这样的环境中长大，每天起床后甚至不知道刷牙时水龙头里是否会冒出水来，这既培养了他们对无法控制的力量的接受，也培养了他们坚持下去的耐性。这种对于生活中不确定因素的耐心和耐力是他们日后成为领袖的基本训练。①

竞争决定论：在一个十亿多人口的国家长大，一切都归结为概率，升学的概率、出身家庭的经济与社会地位、就业的概率、考取公务员的概率、海外留学得到签证的概率等等。②既然机遇只垂青有准备的头脑，那么从概率中刨去运气后，剩下的就是竞争了。

语言决定论：要说中国留学生对他们的印度同学最不服气的，大概就是英文了。印度口音极其难懂，但印度学生在课堂上从不怯场，从不放过任何一个说话的机会。在大学里与老师和同学、在职场上与同事交流顺畅，自然加分不少。

诸如此类的理论还有很多，往往攻其一点，不及其余。问题是，耐力决定论和竞争决定论，在中国学生身上也基本适用，尽管外在条件有所不同。假如环境决定成败的话，那么“世界500强”的CEO中应该有更多来自第三世界的新移民。事实并非如此。

语言决定论值得我们驻足深思。由于工作关系，多年来有幸结识很多印度教授，大、中学学生及其家长，也交了不少朋友。印度人的英文总的来说比我们好是事实，但也没有好太多。据统计，百分之八十的印度人母语是印度语，英语只是第二语言，而真正把英语当成第一语言的仅占百分之二。我们之所以觉得他们的英文比我们顺溜，结论只有一个：他们比我们善于沟通。

难道印度人天生善于沟通？不至于吧。企业家汪涛的观察很有意

① S. Mitra Kalita. 9 Reasons the Indian CEO Keeps Coming to the Rescue[EB/OL].（2020-02-04）[2024-10-11]. https://www.cnn.com/2020/02/02/perspectives/indian-ceo-perspectives.

② 同上。

思。他在一篇文章中提到自己担任中兴印度公司 CEO 期间的有趣发现，即印度员工无论技术专业背景是什么，都同时还有一个 MBA 学历。[①] 汪涛对此现象作了不少未经证实的猜测和解释，我不尽认同也不太关心。我关心的是教育与成才这两者之间的关系。

前几天在网上看到一段视频。父亲辅导上小学的孩子念书，一脸恨铁不成钢的恼怒："就你这样，将来只能去考文科！"有趣的是，我走访过印度的很多名牌中学，那里的尖子们居然也认"学好数理化，走遍天下都不怕"这个理，因此，印度最优秀学生上本科一定会选择 STEM（科学、技术、工程和数学的英文简称）专业。

但是，不知从什么时候开始，印度理工男（近年来有越来越多的理工女）们开始向"文"倾斜。有人注意到，全美数学奥赛队的主力军近几年来一直是华裔孩子，但印裔孩子却蝉联了全美青少年英语拼字比赛 13 届冠军。后者是一项极其考验英语功底的比赛，能从数万美国本土中小学生中脱颖而出，印裔家庭对于孩子语言能力的重视不言而喻。

从这个角度来看，汪涛发现的 MBA 现象就不难解释了。中印学生及其家庭虽然都非常重视 STEM 教育，但印度人似乎更早、更清楚地认识到了纯理工背景的短板。因此，MBA 成为他们补苴罅漏的最佳选择。社会上有一种误解，以为 MBA 只是教人当老板、做管理，其实不尽然。MBA 教育的精髓是通过案例法逼着学生面对应用场景、分析现实问题，并通过没完没了的课堂报告（presentations）教学生如何有效沟通。

沟通能力不是简单的爱说话。其实有很多爱说话的人，并不一定善于沟通。沟通有赖于两种能力的支撑：首先是表达能力，其次是思维能力。前者是沟通的形式，包括口头表达和书面表达；后者则是沟

① 汪涛：印度对中国真正的威胁是什么.（2017-09-24）[2024-10-11]. https://mp.weixin.qq.com/s/Z_9zMAtpnmARwbIXoH8X0w?.

通的内容，与一个人的逻辑思维密切相关。一次有位来中国香港地区任教的美国教授对我抱怨说，他几十年的教学生涯中从未面对过一片沉默的课堂，让他完全不知所措。幸亏有的班上有印度学生救场，才不至于让他太过难堪。他给我的问题是，印度与中国香港地区的学校同样受到西方，特别是英国教育的影响，为什么印度学生课堂发言从不甘落人后，而中国学生却恰恰相反呢？

答案我在香港的职场里找到了。平时大大小小的会议上，我发现，大家似乎恪守着一个不成文的规矩：只要主管在场，随员基本不发言，至少不会在主管开口之前抢先发言。加上在日常生活中亲历香港社会积淀深厚的传统文化，我理解，单纯质朴、不善辞令仍被视为一种美德。“子曰：刚毅、木讷，近仁。”（《论语·子路》）也许，学生的表达能力本来不输于他人，只是敢为人先并不为这个社会所接受，更遑论赞赏。

行文至此，一幅人才成功路线图开始呈现。从本科教育到出国留学，中印两国的莘莘学子重理轻文的求学之路颇为相似，但他们在毕业后的成才之路上分道扬镳了。分手点在哪里大家可以见仁见智，而大学的责任则是发现其人才培养上存在的问题并给出解决方案。印度学生的成就为我们提供了一面镜子。在我看来，我们的大学在教学过程中不鼓励学生表达还是小事，因为表达毕竟不是很多职业生涯之必需。但一个人的表达或沟通能力背后是他的思维能力。如果我们的大学未能为学生提供思维逻辑的训练，那么这样的本科教育便是残缺不全的。

近年来高教界同仁已经注意到这个问题，关于通识教育的讨论持续升温便是明证。有一种流行的观点是将通识教育的目的界定为拓宽学生知识的广度，与此相应的措施便是开设文、史、哲、科学等各个领域的概论课程。然而，开阔知识面虽然有助于提升思维能力，但没有任何证据表明知识广博和思维敏锐之间有必然的联系。换言之，随着搜索引擎的普及，我们周围的“知道分子”远远多于真正的“知识分子”。与此相关的另一个热门话题是如何培养学生的批判性思维。问题是，假如学生连基本的思维能力都存在问题，也无法有效地沟通与交流，哪来什么批判性思维呢？

可见，大学采用何种通识模式或传授哪些通识知识，其实并不重要，重要的是，通识课程一定要为学生提供思维逻辑的训练，帮助他们学会有效沟通。具体课程的内容可以根据大学人才培养目标有所不同，但写作、讲演、逻辑推理、问题分析等方面的基本能力训练应是通识课程设计的核心，也是当今教学改革的当务之急。面对日趋全球化的职场，通识课程也许是我们的学生在进入社会前的最后一次机会，他们的综合能力需要在一个模拟的现实世界里作一次演练。

（程星）

研究手记 6.2

为别人腾出空间

北京大学教授钱理群对于当今大学人才培养的批评颇有鲁迅遗风：“我们的一些大学，包括北京大学，正在培养一些‘精致的利己主义者’，他们高智商、世俗、老道、善于表演、懂得配合，更善于利用体制达到自己的目的。”钱老此言一出，立即得到广泛回应。

可大学教育有时就像马克·吐温口中的天气，每个人都在谈论，但没有人对此做任何事情。这还算好的。更绝妙的回应是：“造成‘利己主义者’的原因可以追溯到孩子出生之始，经幼儿园、小学、中学不断强化，大学阶段不过使其越加‘精致’而已。”[①] 看来在大学工作

① 吴敏文．“精致利己主义者”是多方合谋的产物[N]．中国青年报，2015-07-16：2.

真好：上游的水从小学流到中学流到大学，身处下游，学生成功可以归于大学，不那么成功时则可推诿给上游。

然而，大学教育事关家国兴衰，让幼儿园和小学老师背锅，个中荒唐不值一驳。但“精致利己主义”确是学生从社会带进校园的一种顽疾，大学有可能在这个问题上为社会疗伤吗？我的答案是，不仅可能，而且大学本科教育的设计上早有为此预留的板块，只是我们至今未能充分利用。

可以先参考一流大学是如何利用这个板块的。哈佛大学校长劳伦斯·巴科（Lawrence Bacow）的一段讲演曾冲上热搜。2022年的毕业典礼是几年来的首次线下毕业典礼，来者如潮，现场一“椅”难求。面对这群找不到座位的精英们，巴科校长借题发挥，告诉毕业生：你们手持一个名扬世界的学位，日后总会有座位，因为别人会为你们腾出空间；你们会收到各种邀请去分享高见，担任领导；与绝大多数人相比，你们有更多机会改变世界。但是，巴科校长给毕业生的忠告却是：在今后的人生道路上要“为别人留位置，为别人腾出空间，确保你所接受的教育机会不只是丰盈了你的人生”。

为别人腾出空间？这对于一个尚未找到自己空间的新晋毕业生来说，是否言之过早，或是有点苛求？特别是让这些完全有可能改变世界的精英们，给不那么“精英”的别人让座，是否构成人才的浪费？这样的观念在我们大学的人才培养计划中，似乎暂付阙如。

我在藤校工作期间，经常收到来自朋友的朋友的朋友的“骚扰”电话。这是一群在四年前为他们的孩子“爬藤”成功而骄傲不已的父母，在付出不菲的学费之后，发现他们的孩子毕业后居然选择去“为美国而教”①这类非营利性组织支教或当志愿者。我问他们，要是能够

① 为美国而教（Teach for America，简称TFA）是一个非营利性组织。该组织的目标是招募和选择美国各地顶尖大学的大学毕业生担任教师。参加者承诺在低收入社区中小学任教至少两年。

重新开始，是否还会将孩子送进藤校？他们对此没有丝毫犹豫，却对孩子在四年大学学习中取得的价值观感到陌生，更为与孩子沟通吃了闭门羹而懊恼不已。

有意思的是，我的这些"朋友的朋友的朋友"中很多人是我的同路人：他们在国内大学完成本科教育，去海外念完研究生后留在当地发展。他们对于国外的本科教育有太多的迷思与不解，以致在含辛茹苦将孩子送进藤校之后，给自己留下的却是无尽的代际隔阂与价值冲突。

为什么国外的本科教育会把我们的孩子们教得面目全非了呢？其实，与美国土生土长的孩子相比，新移民的孩子在毕业后选择当志愿者的还算少数，多数进了投资银行、IT 等收入丰厚的行业。可以理解：新移民家庭，哪一个不是胼手胝足、省吃俭用，希望孩子能够通过教育改变命运？孩子在毕业后能够实现财务自立，甚至回报父母，这是他们应尽的义务，无可厚非。

然而，包括藤校在内的一批顶尖大学，在本科教育的理念上有着自己执着的追求，虽秘而不宣，却为主流社会，特别是他们的上流社会所默认。比如格罗顿学校（Groton School），美国东部最负盛名的私立贵族高中，自 1884 年创办至今一直被当成哈佛大学的生源基地。创办人皮博迪（Endicott Peabody）为学校选取的校训就是："服务便是统治（*cui servire est regnare*）。"皮博迪认为，格罗顿以至哈佛这样学校的毕业生，首先必须树立为社会服务的思想，而为社会服务本身就是学习在将来如何领导社会的过程。

记得我在哥大上学时，老师请来一位演讲嘉宾。那是一个炎热的夏天，嘉宾告诉我们，他已经好多年没有享受过如此凉爽的室内空调了。原来他在哥大完成本科后考上哈佛法学院，毕业后在华尔街一家投行担任法律顾问，不久就离职加入联合国难民署，成为驻非洲的代表。十多年来，他风餐露宿，远离奢华，跑遍非洲每一个贫困的角落，为那些不如自己幸运的人提供帮助。

近年来有更多的藤校学生选择在入校前或毕业后休学一年（gap year），从事志愿服务或去发展中国家旅行。很多人就像那位哥大学长，从此在服务社会的道路上义无反顾地走了下去。他们的选择从经济上、从个人职业发展上看都是一种付出，但如此资历却是这个社会未来领袖的简历上不可或缺的环节。

问题来了：这样的毕业生，这样的职业生涯，究竟是藤校教育的一部分，还是纯属个人行为？这是我那些新移民朋友们的知识盲点。也难怪，国内大学四年，他们虽然在课外活动上花了大把时间，但因为是“课外”，不计学分，也没人为此较过真。

近年来在“双一流”建设驱动下，国内大学对于本科教育的关注日渐深入，围绕美国藤校的研究几乎成为高教领域里的显学。然而，在这类文献里，有太多未加筛选的“拿来”、未经考究的理念、未加测试的方法，给研究者带来无限遐想的空间，但给管理者带来的却是迷思与陷阱。学者们在描述本科教育的性质时，引进了许多类似的概念，如自由教育、人文教育、通识教育、素质教育、精英教育、大众教育、创新教育、专业教育、生涯教育等，却在操作层面上留下不少空白。

通识教育和素质教育就经常被当成可以互换的概念出现在文献中。事实上，本科教育由学术与非学术两个板块构成，其中学术项目包括专业课程、通识课程和选修课程三部分。从这个意义上看，通识课程只是学生在专业课程之外必修的一组课程，目的是思维训练和知识拓展，并未承载所谓素质提升、道德熏陶、兴趣培养等功能。至少，这些不是通识教育的主要目的。

另一方面，非学术项目，诸如社团活动、社会服务、国际交流等，其重要性不亚于学术板块。非学术项目的组织与实施因校而异，包括近年来在国内高校大火的书院建设，以学生素质的提升为目的，因而成为藤校教育格局与声誉的体现。假如说学术项目的目的是学术训练与专业认知，非学术项目关注的重点则是心理、态度、价值和道德的养成，而后者是一流人才在未来的职场与社会取得成功的必要前提。至少，藤校本科教育的设计者们是这样认为的。

这就解释了我那些新移民朋友们对于藤校教育的误读。他们认为藤校之所以“牛”，是因为聚集了很多学术“大牛”，但这无法解释为什么顶尖小型文理学院能与藤校比肩而立。不错，高盛、麦肯锡等大牌公司每年专去藤校招聘，但藤校最引以为傲的是那些进入公共服务（public service）的校友，因为这些人才是这个国家未来的栋梁。

以我多年游走在藤校内外的观察，藤校对于非学术项目的设计，在很大程度上围绕服务社会展开。他们将课外活动当成未来社会的实验室，通过社团、书院、讲座、文体等活动，帮助学生找到自己的兴趣和位置，建立自信。比如书院的设置模拟现实社会中的社区，为学生提供参与“社区建设”（community building）的机会，营造院友之间的“战友”情谊。很多新移民朋友认为藤校的这些活动占用学习时间，因此不鼓励孩子参与。殊不知，政、商、军，甚至学界，成功人士的关系网络都是靠名校情结、（书）院友情结得以维系的。

更重要的是，学生通过参与非学术项目能够学到在未来职场上安身立命的规矩和方法。小到主持日常会议，中到协调多方利益，大到化解社会危机，让学生在模拟的世界里经历各种挫败与磨难，为的是让他们将来在职场上不再为之感到沮丧、绝望，不会轻言放弃。

宋朝诗人陆游在《示子遹》中告诫其子：“汝果欲学诗，工夫在诗外。”一流本科教育的设计，应是同一个道理。

（程星）

研究手记 6.3

软实力，大学如何教给学生？

德国一家公司的经理去日本出差，经常来往于东京和大阪之间，火车票由合作公司负责购买。不久这位经理发现，每次去大阪时他的座位总在右窗口，而返回时又总在左窗边。经理忍不住好奇，便询问为他购票的女士个中缘故。后者笑答："车去大阪时，富士山在您右边；返回东京时，富士山已到了您的左边。我想外国人都喜欢富士山的壮丽景色，所以替您买了不同的车票。"德国经理深受感动，决定大大提高与合作公司的贸易额。

购票的女士是否懂得现代管理我们不得而知，但她注意到富士山与列车的相对位置，这是专注细节；她的举动直接导致公司贸易额的提升，这是成果导向。当年一本企业管理书籍《细节决定成败》居然卖到洛阳纸贵，就是因为它如风铃报春，预告了一个精细化管理时代的来临。

果然，过去二十年间我们见证了越来越干净的公共厕所、越来越优雅的酒店服务、越来越贴心的购物体验。精细化管理无须翻天覆地的革命，却是处处细节，如"随风潜入夜，润物细无声"。

但是，细节真能决定成败吗？不得不说，书名的确精彩，不仅牢牢抓住大众的眼球，而且把一片树叶打扮成了森林。但在现实生活中，每一个产品、每一项服务都涉及成千上万个细节，有的细节与成败相关，有的则不然。如果管理者事无巨细，什么都抓，那么结果必然是缘木求鱼，工作越辛苦，距离成功越遥远。而购票女士的成功，注重细节只是原因之一，更重要的是她具有全局观念，再加上一点心理学知识，于是就在繁杂无序的细节乱麻中找到了重要的头绪。

由此看来，《细节决定成败》中的这句话值得推敲："每个人每天所做的都是一些重复的琐碎的平凡的小事，能称得上大事的没有多少件。但是能够把小事、平凡事做好就是一个不平凡的人。”

的确，一个人如果不能够把小事、平凡事做好，当然不可能成就一番事业；但能够把小事、平凡事做好，不一定就能成为不平凡的人。购票女士聪明过人之处在于：她抓细节，但不是任何细节，而是关键细节。精细化管理的要求是，只有服务于目标的细节才是关键细节，才值得关注。

那么，精细化管理适用于大学吗？同是成果导向，购票女士的成果是客户满意，企业的成果是利润丰厚，而大学的成果是学生成才。无疑，大学的成果较之其他行业要复杂得多：如果承认毕业生还不等于人才，那么大学的成果有时要在他们的学生离校多年后才能揭晓。为此，大学管理者对企业管理方法颇多抵触并不奇怪，因为要在人才培养的众多细节中找出那些决定性、关键性的细节，实属不易。

我在之前的岗位上主持过不少招聘面试。有一次在面试中突发奇想：既然招聘的岗位要求大学毕业，那么，还有什么过程比招聘面试更能检阅大学的成果——毕业生的质量呢？作如是想，我发现，一个人的大学教育其实分成两部分：专业知识和个人素质。雇主是在应聘者的简历中确认专业对口、技能相符之后才发出面试邀请的。这时应聘者的学术背景已退居次要。换言之，应聘者的专业能力为他挣得面试机会，而学术之外的其他素质则成为最后能否成功的关键。

我开始有点豁然开朗的感觉。古典学院以培养人格和提高素养为目标的纯“自由教育”模式已经一去不复返。当代大学体制中，学术事务的管理虽然千头万绪，但各个学科自成一体，由行业专家自主管理。而提升学生个人素质、培养团队精神、开拓国际视野、提供就业咨询等则大多是非学术事务部门的任务。这里有太多的细节需要关注，其结果直接影响到大学的成果：短期——毕业生成功就业；长期——他们职业的发展、事业的成功和一生的幸福。

以人才培养为目标的大学管理，怎样才能抓住关键细节？我们不妨从一般招聘面试程序中反推。有三个问题我在招聘面试时场场必问。其一，请应聘者描述他对所申请工作的了解。其二，请应聘者就一个实际工作场景给出应对方案。其三，给应聘者一个机会向面试官提问。

这三个问题背后其实是对应聘者几个关键素质的考核。首先是工作态度。假如应聘者在面试前对所申请工作的性质都不做功课的话，雇主怎能指望他将来在岗位上有认真负责的态度？其次是解决问题的能力。优秀的雇员面对实际案例必须能够独立思考与判断，在呈现的解决方案中包含自己的责任与担当。最后是主动精神。只有积极主动的人才能向面试官提出有意义的问题。以上这些个人素质，与专业能力无关，却是应聘者能否成功上岗的“最后一公里”，包含大学管理的许多关键细节。

有一次参加国际研讨会，会后同行一起吃饭，几杯啤酒下肚后，谈天说地变成吐槽大会。吐槽主题之一是大学为开阔学生视野而举办的各种讲座。此事费时费力又烧钱，组织者并无抱怨，但听者寥寥，却让主宾双方都十分尴尬。有人骂学生不求上进，有人怪讲者不接地气。直到其中一位慢条斯理地站起来，问道：你们自己没把活动办好，怎能骂学生、怪讲者呢？

他的解决方案是将学生能从讲座中学到什么暂时搁置，而将办讲座这件事当成学生能力培养的一个机会。即便是由大学出资，也让学生团体出面主持，从宣传到接待，从控场到经费，每一个环节都由学生自己安排。一场活动下来，学生学会了筹划、组织、发动、预算、报销等许多在未来职场上不可或缺的技能。而这一切的背后，是这所大学对人才培养关键细节的设计。

这个故事给我们的另一个启发是：人才培养的细节并不只存在着、等着我们去发现；相反，很多细节有赖于我们精心设计、巧妙安排。理论上说，互联网时代的招聘，只要岗位含有足够的国际元素，应聘者就必须做好与全球竞争者对决的心理准备。当然，大多数岗位，包括涉外岗位，因语言、体制等限制，国外的竞争者暂时被挡在外面了。但大学管理者应当明白，今天的在校生在未来漫长的职业生涯中，不可能永远享受这种人为的竞争屏蔽。即使只是未雨绸缪，大学也须开始考虑如何帮助毕业生增强国际竞争力。

提到国际竞争力，很多人的第一反应是外语能力。以我在境外与国内大学生的接触来看，他们的语言能力在其他国家的很多留学生之上。倒是一些看似细微的软能力的缺失，对他们伤害不小。比如说，有的雇主会在面试之后邀请应聘者共进午餐。受邀者往往欣喜若狂，以为这是大功告成的信号。谬也。一顿午餐，代价不高，雇主却可将应聘者的个人素质尽收眼底。应聘者的举止谈吐是他与上级、同事相处之道的反映；和餐厅服务员的交流是他对待下级态度的某种折射；而餐桌上的话题则是他性格、爱好、习惯的延伸。雇主对个人素质的关注不便在面试时提出，而午餐是他们考察应聘者最好，也是最后的机会。

难道说，所谓国际竞争力，居然是如此琐碎，甚至无聊的个人细节？我是否大题小做了？我们不妨设想这样一个场景。应聘者和他的面试官，也可能是未来的老板一起去餐厅。当应聘者走在前面，他进门后有没有为后面的老板或其他人拉门？或者，应聘者在后，前面的老板为他拉门，他进入后有没有向拉门人致谢？拉门这个细节不会是雇主事前设计的，但应聘者没有做对的话雇主是会注意到的。

我在香港和几位朋友有个不定期的饭局，参与者有来自国外的教授和原籍内地的海归教授。一次聚会上我作了个小小的调查：你们来香港的大学工作，最不习惯的一件事是什么？拉门！这些老外或半老外们居然异口同声。

原来，在国外为后面的人拉门，或在有人为你拉门时道谢，习惯成自然，没有人会注意到。但是，就像空气，只有在缺失的时候才能感觉到存在。这些人对此事反应如此强烈，说明在相对国际化的环境中，我们学生的行为中确有一些重要细节缺失。我的推理是，拉门这个细节可能并不琐碎，相反还很关键。

与拉门类似的细节还有很多，各种文化环境里人们注重的细节也不一样。当然，国际竞争力这个题目太大，也不好教，但学生起码需要对不同文化有一定的敏感性。大学的任务不是事无巨细地将各种知识灌输给学生，而是创造机会，走出去或请进来，让学生接触不同的人群及其习惯，从而学会观察、判断、揆情度理。

记得曾和一位年轻同事一起去巴基斯坦出差。那天晚上我邀请了卡拉奇几所名牌中学的校长共进晚餐。当我来到餐厅时，着实被“惊艳”了：我的同事身穿巴基斯坦传统的男式正装（sherwani suit），站在门口恭候。很显然，我们的客人都被他的文化“恭维”感动了。

事后我问他怎么想到穿sherwani的，他答道，第一次去一个陌生的国家，做了不少功课，买这套服装只是想表示一下对当地文化的尊重。你把这叫作个人素质、国际竞争力或是关键细节？其实，叫什么已经不重要，用美国大法官斯图亚特（Potter Stewart）的话说：“当我看到它时，我就知道它是什么（I know it when I see it）。”换装，一个不起眼的细节，不仅尽显个人素质，运用得当还能产生神奇效果。这种软知识、软能力，我们怎样才能有效地教给学生呢？

这是摆在大学管理者面前的一个难题。

（程星）

第七章

从就业率到就业力

一

克林顿时代的美国联邦教育部长理查德·赖利（Richard W. Riley）曾经说过这样一段绕口令："我们（的大学）正在培养的学生必须能够进入那些目前尚不存在的职业，运用目前尚未发明的技术手段去解决那些我们至今尚不认为是问题的问题"。[①] 根据世界经济论坛（World Economic Forum）2016 年发布的报告《工作的未来》估计，当时进入小学的孩子中，有 65% 最终将从事一种全新的、目前还不存在的工作。[②]

的确，2016 年进入小学的孩子如今已经开始展望、规划他们的大学生涯。学什么？怎样学？学后能否致用？这些问题挥之不去，不仅学生及其家长们为之寝食难安，大学管理者们更是不堪重负，因为后者需要为学生在毕业后胜任那些目前尚不存在的工作做准备。还不仅如此：不管工作是否已经存在，也不管毕业生能否胜任，就业服务早已成为当代高校不可或缺的重要功能，而就业率便顺理成章地成为高校管理者的 KPI。

曾几何时，社会赋予大学的使命只是实现知识的传播与生产：知识在研究活动中得以产生，在教学活动中得以传播，两者互助互补，研究

① Delbanco, A. (2012). *College: What It Was, Is, and Should Be* (2nd ed.). Princeton: Princeton University Press, 25.

② World Economic Forum. (2016). The Future of Jobs: Employment, Skills and Workforce Strategy for the Fourth Industrial Revolution (Global Challenge Insight Report), 3.

可以帮助知识的传播，教学也可以帮助知识的生产。[①] 然而，随着高等教育走向普及化，特别是随着所谓“知识社会”的降临，大学的使命似乎在一夜之间扩大。管理学大师彼得·德鲁克（Peter Drucker）将知识视为一种关键的经济资源，并于1969年创造了“知识型员工”一词。[②] 在知识社会中，知识是一种可以用来换取个人经济利益的商品和实现社会繁荣的原动力，而在今天这个知识密集型的环境中，知识产生知识，并激发对于各种能力的需求，其结果便是创新。[③] 以此审视高校，其最终目标已超越简单地产生与传播知识，而是通过培养学生，帮助他们获得知识和新的能力，成为未来社会的“知识型员工”，从而惠及学生及其家庭以至整个社会。可见，帮助学生成功进入职场并成为知识社会的工作者和贡献者，是大学核心功能——知识的生产与传播——的延伸，也是其社会价值的终极体现。

据官方统计，2022年中国毕业生人数首次突破1000万大关，达到1076万人；2023年达到1158万人；2024年中国高校毕业生规模预计1179万人，比上一年增加21万人。高校毕业生规模的不断扩大，也使就业市场的人才竞争变得更加激烈，并对传统的择业就业观念产生巨大冲击。[④] 有学者认为，全球大背景下，在技术革新、人口变化、地区冲突、环境和气候变化等因素的影响下，全球劳动力市场正发生着前所未有的剧烈变革，对其性质和未来，以及劳动力的工作地位和尊严都将产

---

① Toutkoushian, R. K. & Paulsen, M. B. (2016). *Economics of Higher Education: Background, Concepts, and Applications*. Springer, 281.

② Drucker, P. F. (1969). *The Age of Discontinuity: Guidelines to Our Changing Society*. New York, NY: Harper & Row.

③ Paavola, S. & Hakkarainen, K. (2005). The Knowledge Creation Metaphor: An Emergent Epistemological Approach to Learning. *Science & Education*, 14, 535−557.

④ 王鹏. 从高校毕业生人数增长曲线看我国等教育普及化[EB/OL].（2023-12-07）[2024-10-11]. https://www.news.cn/2023-12/07/c-1130013717.htm.

生深远的影响。[①]

2024年2月16日凌晨，美国开放人工智能研究中心OpenAI发布首个视频生成模型Sora，引发行业内外广泛关注。据有关专家估计，“人工智能的未来，必将会取代所有以工具为目的的人类职业，包括翻译、程序员、演员、设计师、驾驶员等等，人类的生命意义将聚焦到健康生活、挑战极限、创造世界的方向上去”。[②]虽然全面评价人工智能行业的高速发展对全球劳动力市场的冲击目前还为时过早，但从当下高端人才市场的供给方——高校的人才培养来看，很多毕业生拥有的技能与工作需求已经出现错配现象，而他们仅凭大学四年所获得的知识和技能，在人工智能驱动的就业市场上，可能比我们预想的更快被淘汰。近年来中国高校毕业生中出现的“考研热”“考证热”“考编热”“慢就业”等现象，似乎反映了毕业生对未来就业未雨绸缪式的反应，也可以看作是对高校是否做好充足准备的一种质疑。

那么，当代中国高校在履行帮助毕业生就业这一使命中表现如何呢?

麦可思自2007年开始进行大学毕业生跟踪评价，并从2009年开始根据评价结果每年发布“就业蓝皮书”。蓝皮书基于应届毕业生、毕业三年后、毕业五年后的跟踪评价数据，分析本科毕业生的就业发展趋势与就业质量，为高校人才培养的持续改进提供参考意见。以下我们尝试从三个方面来观察中国高校毕业生的就业现状：(1)高校毕业生的就业落实及其整体就业趋势；(2)高校毕业生的短期和中长期就业质量；(3)高校对于毕业生就业能力培养的现状。

【关于毕业生跟踪调查的内容与方法，见研究手记7.1 毕业生跟踪调

---

① 岳昌君．高校毕业生就业观念：特点、变化与差异研究[J]．中国青年研究，2023(5)：5—13.

② 倪闽景．Sora只是开始，教育真正的挑战来了[EB/OL].(2024-02-20)[2024-10-11]. https://news. qq. com/rain/a/20240220A0654700.

查与评价】

二

一个无法改变的现实是，近年来高校毕业生人数持续攀升，导致应届本科毕业生就业落实难度增加。因此，就业数据中值得我们关注的不单是就业率或就业落实率，还有毕业生对于就业去向的选择，包括就业还是不就业的选择、就业还是读研的选择，以及不同行业、不同地区毕业生流入和流出的变化趋势。

就毕业去向分布而言，我们将中国本科毕业生的毕业状况分为七类，即受雇工作、自由职业、自主创业、入伍、国内外读研、准备考研、待就业。其中，受雇工作包含受雇全职工作、受雇半职工作，受雇全职工作指平均每周工作 32 小时或以上，受雇半职工作指平均每周工作 20 至 31 小时。国内外读研包含正在中国境内读研、正在中国港澳台地区及国外读研、正在读第二学士学位。准备考研包含“无工作，准备境内读研”和“无工作，准备到中国港澳台地区及国外读研”。待就业包含“无工作，继续寻找工作”和“无工作，其他”。[①]

表 7.1 显示，在过去五年中，国内外读研、准备考研、待就业的比例均持续上升，2022 届（分别为 20.1%、7.1%、6.9%）相比 2018 届（分别为 16.8%、3.3%、4.2%）分别上升了 3.3、3.8、2.7 个百分点；受雇工作的比例则持续下降，从 2018 届的 73.6% 降至 2022 届的 62.2%。同时，准备考研的百分比在五年间翻了一倍以上，从 2018 届的 3.3% 升至 2022 届的 7.1%，可见随着考研的竞争加剧，第一次冲刺失败后再战的比例上升。

① 麦可思研究院. 2023 年中国本科生就业报告 [M]. 北京：社会科学文献出版社，2023.

表 7.1 2018 至 2022 届本科院校毕业生半年后的去向分布变化

本科院校毕业生毕业去向分布	2018 届	2019 届	2020 届	2021 届	2022 届	五年变化
受雇工作（%）	73.6	71.9	67.7	65.3	62.2	-11.4
自由职业（%）	-	-	1.7	1.7	2	-
自主创业（%）	1.8	1.6	1.3	1.2	1.2	-0.6
入伍（%）	0.3	0.2	0.3	0.4	0.5	0.2
国内外读研（%）	16.8	17.4	18	19.2	20.1	3.3
准备考研（%）	3.3	4.5	5.8	6.5	7.1	3.8
待就业（%）	4.2	4.4	5.2	5.7	6.9	2.7

数据来源：麦可思“中国 2018—2022 届大学毕业生培养质量跟踪评价”

在此，我们需要对于“考研热”进行一些深入的考察。考研升温有两种原因：一是就业市场疲软，应届毕业生因就业可能不达预期转向考研，希望推迟就业大考；二是本科文凭所具有的能力信号减弱，毕业生希望通过考研发出更高能力的信号，以求增加就业的机会，并获得更高的收入。这两种原因在竞争日趋白热化的就业市场上同时存在，但不同类型高校的毕业生所面临的挑战却不尽相同。

图 7.1 显示双一流高校毕业生 2018—2022 届受雇工作与国内外读研的百分比变化。作为对比，图 7.2 显示的是非双一流高校毕业生同期受雇工作与国内外读研的百分比变化。双一流高校毕业生国内外读研比例更高，且在高位上实现了更大幅度的增长，这和双一流高校培养拔尖创新人才定位相符。2022 届双一流高校毕业生升学比例超四成（41.0%），近五年上升了 7.0 个百分点（见图 7.1）。而非双一流高校毕业生近五年升学比例也从 2018 届的 13.3% 上升到 2022 届的 15.9%，上升了 2.6 个百分点（见图 7.2）。

与此同时，双一流和非双一流高校毕业生受雇工作比例的跌幅都比较大，双双超过 10%，尤以非双一流高校为甚。双一流高校将办学使命定位于拔尖创新人才培养，因此读研比例较高顺理成章。但是，非双一流高校的读研比例涨幅堪比双一流，这个现象值得研究。除了因为就业市场疲软导致毕业生希望“延迟就业”以外，高校需要认真检视其办学使命，看看深造与就业之间什么样的比例才是合适的，才符合高校的使命定位。

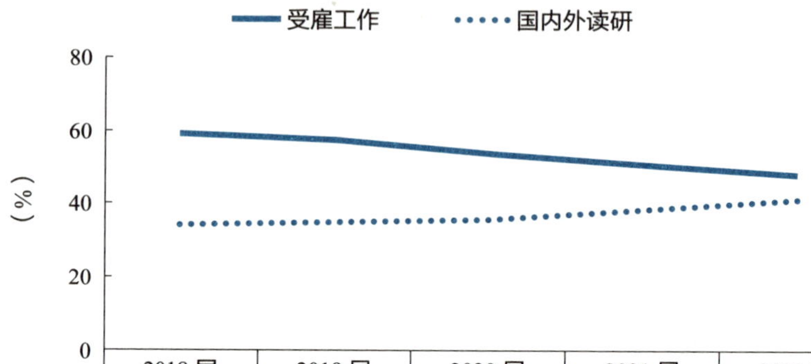

	2018 届	2019 届	2020 届	2021 届	2022 届
受雇工作	58.9	57.3	53.9	50.8	48.1
国内外读研	34.0	34.8	35.6	39.3	41.0

图 7.1 2018 至 2022 届双一流高校毕业生就业与读研的百分比变化

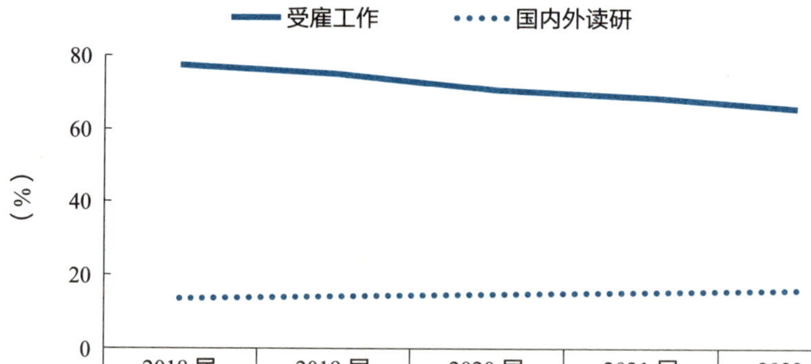

	2018 届	2019 届	2020 届	2021 届	2022 届
受雇工作	76.7	74.8	70.4	68.2	65.1
国内外读研	13.3	13.9	14.5	15.2	15.9

图 7.2 2018 至 2022 届非双一流高校毕业生就业与读研的百分比变化

麦可思在2023年的就业蓝皮书中指出：非双一流高校“2022届待就业的毕业生除了正在找工作外，近半数都在准备公务员、事业单位招录考试，在毕业生总人数中的占比相较于2018届翻了一番。毕业生‘延迟就业’的情况增多，高校管理者需重视考研‘高考化’的现象，进一步关注在校学生的读研、择业意愿，指导和帮助学生合理规划学业以及后续的职业发展，尽可能地避免‘逃避式’考研、考公的情况”。①

此外，麦可思数据还从就业地区、学科门类、未就业毕业生状况等方面对高校毕业生的就业趋势进行展示与分析。基于国家统计局东、中、西部和东北地区划分标准，2022届东部地区本科院校毕业生半年后的毕业去向落实率（88.0%）最高，其次是西部地区（85.9%），其中西南地区的毕业去向落实率（86.3%）略高于西北地区（85.5%）。从经济区域来看，珠三角地区本科院校毕业生毕业半年后的毕业去向落实率最高（90.7%），其次是长三角地区（88.9%），而京津冀地区则为86.0%。

从不同学科门类来看，2022届工学、教育学、农学本科生的毕业去向落实率（分别为89.5%、87.0%、86.6%）位列前三位；法学、文学、艺术学、经济学的毕业去向落实率（分别为78.2%、82.7%、83.1%、83.3%）相对较低。②

麦可思数据还显示，2022届本科待就业的毕业生中，有近五成（49%）正在找工作，其中有55%收到过用人单位录用通知，拒绝录用的主要原因是薪资福利、个人发展空间等方面与个人预期不匹配。③

① 麦可思研究院. 2023年中国本科生就业报告[M]. 北京：社会科学文献出版社，2023：11.

② 麦可思研究院. 2023年中国本科生就业报告[M]. 北京：社会科学文献出版社，2023：12—15.

③ 麦可思研究院. 2023年中国本科生就业报告[M]. 北京：社会科学文献出版社，2023：22—23.

三

本科毕业生在毕业半年内找不到工作，这本身并不让人惊讶，毕竟那个大学毕业生由学校包分配的时代已经一去不复返了。但待就业的毕业生中居然有超过一半的人，收到过用人单位录用通知而不愿意上岗，这耐人寻味。其实，对许多求职者来说，毕业后拿到的“offer”也许和他们苦读四年所期待的职业生涯相距甚远，遑论能否确保基本的生活水平。随着经济全球化和自由化的进程，在各国的劳动力市场上，工资、工作稳定性和职业前景等就业条件发生巨大变化，引发对于“就业质量”的关注。经济学家对于这个概念作了很多研究，其重点在过去二三十年间已经从简单的工作满意度研究演变为更全面的工作和就业质量标准研究。[①]1999 年国际劳工组织（ILO）提出“体面工作”（Decent Work）的概念，得到欧盟和欧洲一些国家政府的认同：

> 国际劳工组织关注的是体面的工作。我们的目标不仅仅是创造就业机会，而且是创造质量可以接受的就业机会。就业的数量和质量是分不开的。所有社会都有体面工作的概念，但就业质量可能意味着许多事情。它可能与不同形式的工作有关，也可能与不同的工作条件有关，以及对价值和满足感的感受。今天的需要是设计社会和经济制度，确保基本安全和就业，同时保持能够适应竞争激烈的全球市场中的迅速变化的环境。[②]

近年来国内就业市场对于中高层次人才的需求发生深刻变化，中国学者也开始关注就业质量的问题。高校向劳动力市场输出的是有着较强

① Burchell, B., Sehnbruch, K., Piasna, A. & Agloni, N. (2014). The Quality of Employment and Decent Work: Definitions, Methodologies, and Ongoing Debates. *Cambridge Journal of Economics*, 38(2), 459–477.

② ILO. (1999). Report of the Director-General: Decent Work. International Labour Conference, 87th session, Geneva. https://webapps.ilo.org/public/english/standards/relm/ilc/ilc87/rep-i.htm.

专业性的人力资源，而这种资源并不因为大学毕业生所持有的文凭而自然保值。求职者一旦降低层次进入中初等教育水平的劳动力市场，其专业性的人力资源就处于闲置状态，并最终逐渐贬值。因此，毕业生就业质量不仅直接关系到他们的职业生涯发展，而且也将反过来影响大学的教学质量及其未来人才培养的走向。

那么，究竟有哪些因素构成大学毕业生的“体面工作”呢？有学者认为，就业质量“是指毕业生就业状况的优劣程度，包括大学生初次就业的薪酬水平、满意程度、发展空间等内容。具体表现为大学毕业生就业的层次高低、专业是否对口、是否有利于人才潜力的发挥、是否愿意到国家最需要的地方就业等方面”。①

麦可思在过去 19 年中通过对应届毕业生、毕业三年后、毕业五年后的跟踪调查，积累了大量数据，为研究并最终提升就业质量提供了坚实的数据基础。以国内外学者对于“就业质量”的研究成果为依据，在此我们基于五年的数据，从毕业生收入、就业满意度、工作与专业相关度以及职业的稳定和发展等四个方面，为中国高校毕业生的就业质量画像。

（一）毕业生收入

首先从近五年应届本科毕业生的薪资水平来看，逐步上升是基本趋势。由图 7.3 可见，2018 届毕业生平均月薪为 5135 元，至 2022 届升至 5990 元，涨幅达到 16.7%，剔除通货膨胀因素影响后的涨幅为 7.5%。从院校类型看，双一流高校毕业生的月薪比非双一流平均高出 1400 元左右，而且这个差额在 2022 届达到 1600 元以上，似有扩大趋势。

① 廖志成．提高大学毕业生就业质量的探讨 [J]．教育评论，2005（3）：31—34.

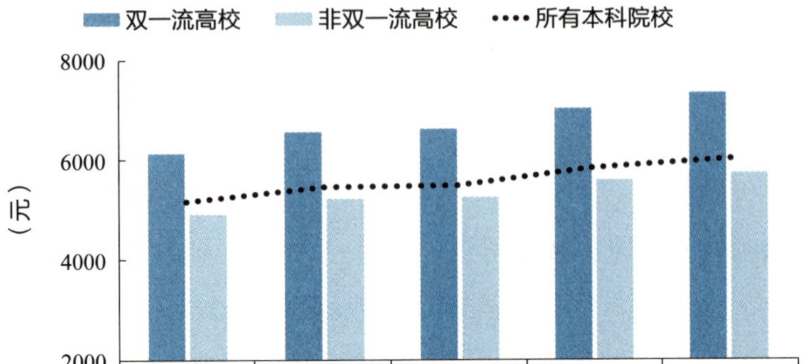

	2018 届	2019 届	2020 届	2021 届	2022 届
双一流高校	6145	6560	6620	7025	7336
非双一流高校	4933	5216	5241	5594	5721
所有本科院校	5135	5440	5471	5833	5990

图 7.3 2018 至 2022 届本科院校毕业生毕业半年后月收入变化趋势

经济学家将接受高等教育看作一项投资，学生在毕业后会在劳动力市场上得到相应回报，因此教育投资于国于民都具有重要的经济价值。教育回报率一直是劳动经济学家关注的重要问题，这不仅仅是出于他们的学术好奇，更是因为教育的投资者——学生、他们的父母，甚至普通公众——更希望知道这种投资的回报的大小或幅度。[①]

麦可思调研数据表明，高等教育回报在学生毕业三到五年时间段得以充分显现。以 2017 届毕业生为例，本科毕业生毕业五年后月收入为 10709 元，较之毕业半年后的收入 4774 元增长幅度为 124%。双一流高校毕业生毕业五年后月薪较之刚毕业时涨幅为 140%，而非双一流高校毕业生月薪涨幅也达到 121%（见图 7.4）。

① Toutkoushian, R. K. & Paulsen, M. B. (2016). *Economics of Higher Education: Background, Concepts, and Applications*. Springer, 93.

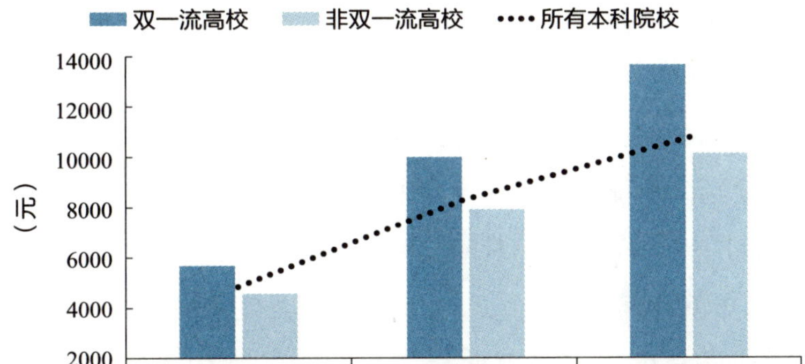

	2017 届毕业半年后	2017 届毕业三年后	2017 届毕业五年后
双一流高校	5691	9973	13635
非双一流高校	4590	7940	10124
所有本科院校	4774	8279	10709

图 7.4 2017 届本科毕业生毕业半年后、三年后、五年后月收入变化趋势

图 7.5 是某双一流高校的案例。由图中可见，影响毕业生毕业后短期与中期收入的还包括学科专业、市场需求、行业特点等许多因素。理学院毕业生毕业当下的月薪与各学院相比几乎叨陪末座，却在毕业六年后跃居各学院排行榜首。而物理学院却在毕业六年后从高薪位置上跌落下来，成为垫底的学科专业。这些戏剧性的变化背后究竟发生了什么，最有发言权的只能是相关学院的管理者和教授们。

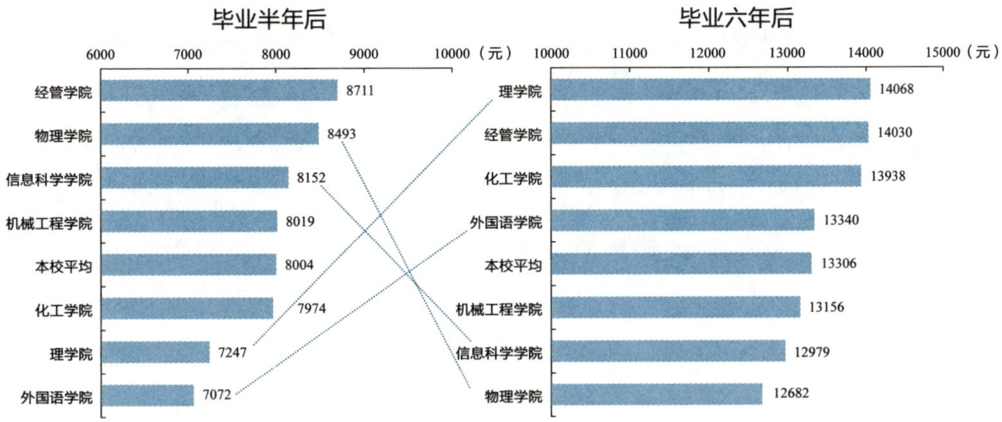

图 7.5 案例院校本科毕业生毕业半年后与六年后月收入变化对比

这个案例提醒我们，高校管理者和管理高校的政府行政部门在评估高校毕业生就业成果时，千万不能急功近利。当就业率和回报率成为高校管理者的KPI，管理部门在检视相关数据时必须有一种全局的考量、长远的眼光，不能因为某一个指标一时的得失而对高校实现人才培养使命和目标的成效做出简单判断。

（二）就业满意度

就业满意度也许是就业质量研究中最常用的一个指标。“工作满意度衡量的是员工当前工作的质量与员工对工作的合理期望之间的关系”[①]，它反映的是员工对其工作的感受和评价，包括工作内容、工作环境、薪酬福利、职业发展、公司文化等多个方面。通常来说了解就业满意度对于企业管理来说非常重要，因为通过了解这个指标，企业可以及时发现和解决员工的不满，提高员工的工作积极性和效率，从而保持企业的稳定和发展。

毕业生的就业满意度对于高校同样重要。毕业生对于就业的满意度，在控制了薪金条件、专业对口、工作环境等变量之后，反映的是高校所培养的人才对于社会和职场的适应程度，也是毕业生工作积极性和效率能否得到充分发挥的重要标志。

图7.6显示2017届本科生毕业半年后和五年后就业满意度的比较。图中可见，不同类型学校之间在就业满意度方面并无太大差别，但随着就业时间的延长，毕业生就业满意程度显著提升。从就业半年后毕业生的满意度看，68%实在是一个令人难堪的结果，它意味着三名毕业生中就有一名对新的工作岗位并不满意。毕业生刚进入职场时满意度不高，究竟是因为工作性质或环境真不如人意，还是因为他们的期待不尽合理呢？

① Spitze, G. D., Agassi, J. B., & Crosby, F. J. (1983). Comparing the Work Attitudes of Women and Men. *Contemporary Sociology*, 12, 717.

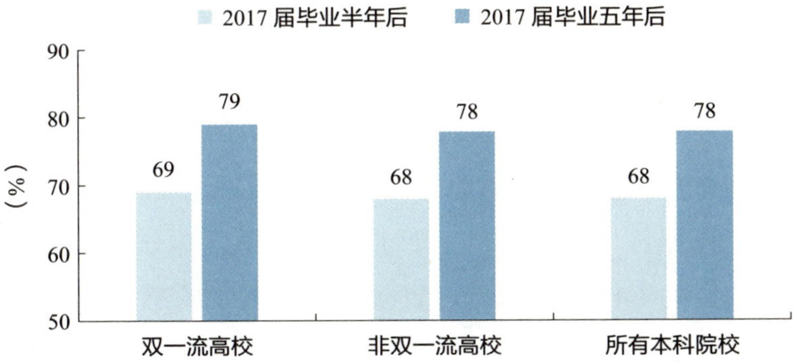

图 7.6　2017 届本科生毕业半年后与五年后就业满意度比较

由图 7.7 可见，2021、2022 两届本科毕业生对于就业现状不满意，最重要的原因是收入偏低。这一点不难理解。纵观麦可思过去十多年的毕业生调研数据，对于收入的抱怨永远位居榜首，而年轻人感到发展空间不够，也再正常不过了。然而，令人不解的是，有近四分之一的毕业生对于就职单位的工作环境、工作压力和工作氛围表达不满。难道是毕业生

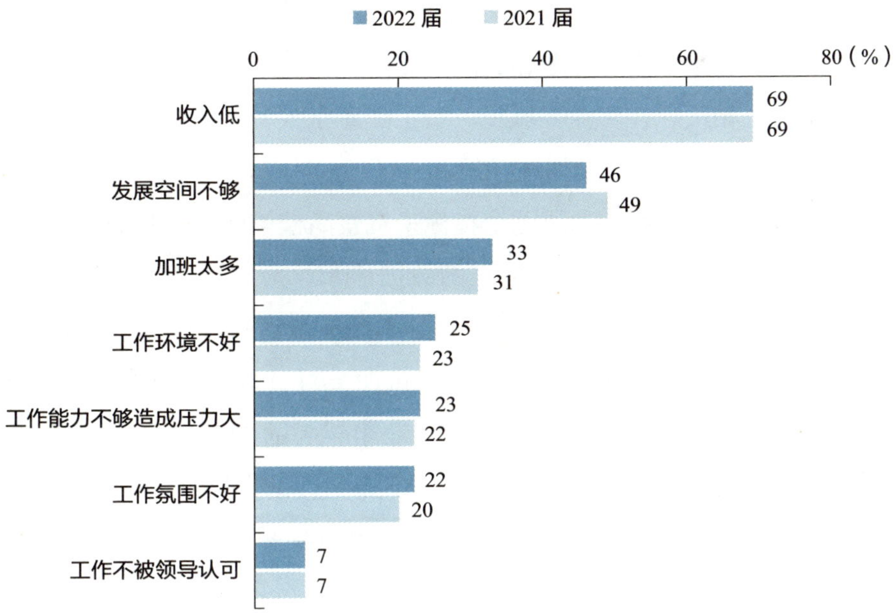

图 7.7　2021 和 2022 届本科生毕业半年后对就业现状不满意的原因

被职场环境之恶劣惊到了？他们在进入职场之前没有做过功课？高校从专业教师到就业指导部门，从未给学生提供过了解未来职场状况的机会？

中国香港一所高校的解决方案是，为了帮助学生了解职场的真实状况，每周邀请在各行各业就职的普通校友（注意：不是校庆活动时坐在主席台上的著名 / 成功校友！）回校，与学弟学妹分享职场经验与感受。一个单位的工作环境如何，更多是一种主观的感受而非客观的存在，取决于员工在其中的地位、工作性质和直接主管的态度以至个性。没有人比这些初入职场的学长学姐的感受更加真实。因此，“管理期待”（manage expectation）或“降低期待”（lower expectation）应当成为高校就业指导活动的一个相当重要的组成部分。

（三）工作与专业相关度

学术背景在塑造一个人的职业生涯中起着至关重要的作用，它为个人打开工作机会的大门，是他们在自己选择的领域取得成功的钥匙。因此，高校毕业生学术背景是否强大，能否以此敲开相应职场的大门并取得合适岗位，是高校人才培养成效的一个重要标志。

当然，毕业生工作与专业相关度的高低，不一定是他们最终事业是否成功的标志。相反，在专业领域里，员工随着个人资历的积累和专业贡献的增加，进入管理岗位的概率也在不断提升，工作与专业相关度可能不升反降。但这并不影响我们通过这个指标来观察高校毕业生的就业质量。

麦可思 2018 年至 2022 年五年的数据显示，应届毕业生从事本专业相关工作的比例变化不大，始终保持在 71%—74% 这个区间，而且双一流和非双一流高校之间的差别也没有超过两个百分点。再以 2017 届本科毕业生为例，其工作与专业相关度从毕业半年后的 71% 降至毕业五年后的 65%，为前述资历加深后相关度不升反降的假设提供了佐证。①

其实，以工作与专业相关度衡量毕业生的就业质量，最需要关注的

① 麦可思研究院．2023 年中国本科生就业报告 [M]．北京：社会科学文献出版社，2023：96—98.

是不同学科专业与就业市场所能够提供岗位的相关程度。唯有控制这个关键变量，工作与专业相关度对于就业质量的衡量才有实际意义。

表 7.2 2020 至 2022 届本科各学科门类毕业生半年后的工作与专业相关度（%）

本科学科门类名称	2020 届	2021 届	2022 届
医学	92	93	94
教育学	85	84	83
工学	71	74	76
文学	74	74	73
理学	69	71	73
法学	65	68	71
历史学	69	70	71
艺术学	67	70	68
管理学	64	66	67
经济学	61	62	62
农学	57	59	61
全国本科	71	73	74

数据来源：麦可思“中国 2018—2022 届大学毕业生培养质量跟踪评价”

由表 7.2 可见，医学和教育学毕业生专业与工作相关度最高，显示出专业培养与岗位需求之间衔接状况相对稳定。理学与法学的专业相关度处于中高位，且略呈上涨趋势。管理学与经济学虽处于低位，但其学科性质决定了他们在职场上较为广泛的应用空间。与农学相关的岗位虽然具有较强的专业要求，但从本科毕业生毕业半年后的就业状况来看，全国同类高校毕业生的专业与工作相关度三年来一直在 60% 上下徘徊，反映农学专业领域的毕业生从事相关工作意愿低下。

面对毕业生专业与工作相关度不高的问题，高校该如何应对？中国农业大学的举措为同类高校提供了绝佳案例。

作为农学领域的领军高校，中国农业大学通过“培养厚植三农情怀的一流本科人才”，服务国家重大涉农战略。为了提升毕业生知农爱农意识和学农从农意愿，他们从情怀、能力和行动三个方面采取了一系列措施。

在情怀层面，中国农业大学做法如下：（1）率先将课程“教学大纲”转变为“育人大纲”，覆盖2000余门本科课程，将课程育人使命、教学内容与教学方法有机融合；（2）率先在全国高校中开启“专业课发挥思政教育功能”专项教改；（3）率先打造全国首门“大国三农”在线开放课程；（4）率先实施耕读教育与劳动教育相融合的、具有中国农业大学特色的劳动教育。

在能力层面，中国农业大学做法如下：（1）引领了课程体系的结构性改革；（2）引领了传统农科专业的升级改造；（3）引领了农林高校的专业布局调整。

在行动层面，中国农业大学做法如下：（1）对接脱贫攻坚战；（2）对接乡村振兴重大战略；（3）对接国家重大科技创新需求。①

2023年中国农业大学参加新一轮审核评估，这些举措得到评估专家的高度认同。经评估专家组考察、推荐，教育部评估专家委员会审议通过，中国农业大学新农科建设改革实践获评“普通高等学校本科教育教学示范案例”。

（四）职业的稳定和发展

皮尤研究中心（Pew Research Center）的研究表明，美国职场上有约30%的员工在2022年至少换了一次工作，与2021年的流转率大致相当。②在中国，据职场社交平台发布的《中国职场流动趋势年度报告2021》，2021年45.5%的职场人希望加薪，而想换工作的比例仅为16.3%。在2020年真正换工作的职场人比例是34.5%，与美国大致相同。③

中美两国的职场完全不同，但职业人的行为方式却颇为相似：希望

① 来源：中国农业大学审核评估工作组办公室。

② Lin, L., Horowitz, J. & Fry, R. (2024). Most Americans Feel Good About Their Job Security but Not Their Pay. Pew Research Center. (2024-12-10)[2024-12-22]. https://www.pewresearch.org/wp-content/uploads/sites/20/2024/12/PST_2024.12.10_americans-jobs_report.pdf?utm_source=chatgpt.com.

③ 陈晓珍. 中国职场流动趋势年度报告：2021年“计划换工作”的比例仅为16.3%[EB/OL].（2021-01-29）[2024-10-11]. https://www.jiemian.com/article/5614564.html.

加薪；希望通过换工作提升职业发展状况；但若经济形势不佳的话以求稳自保为策略。职业稳定通常指在职业生涯中保持一定的职位和工作稳定性，避免频繁更换职位或工作。职业的稳定性是职业发展的基本前提，可以给人带来一定的经济和心理安全感，使个人能够在工作中积累经验和技能，建立稳定的人际关系，从而在工作中取得更好的成绩和晋升机会。

职业发展则指个人在职业生涯中通过不断学习和进步，能力和技能得以提升，在职业领域中创造向上走的机会，从而实现个人职业价值的最大化。职业发展有可能通过内部升迁，也可能通过更换单位或岗位，即所谓的“跳槽”。

为了更好地分析中国高校本科毕业生的职业发展情况，麦可思在毕业生问卷调查中设计了三个指标点：应届本科毕业生毕业半年内的离职率，本科生毕业五年内的平均雇主数，毕业生的职位晋升情况。前两个指标衡量的是毕业生的职业稳定性或职场忠诚度，第三个指标衡量的是毕业生的职业发展状况。

图 7.8 显示本科生毕业半年内大约有五分之一曾经离职。2018 年至 2022 年间毕业生的离职率有略微下降的趋势，反映在疫情影响和就业困难中毕业生更加求稳。从学校类型看，双一流高校毕业生半年内离职率远低于非双一流高校，仅为后者的一半。

麦可思数据还显示，不同学科的毕业生在职场忠诚度方面差异明显。医学、历史学 2020 届到 2022 届三届毕业生在毕业半年内的离职率为 13%—15%，而艺术学、农学毕业生在同期的离职率是前者的一倍以上。①

第二个指标是本科生毕业五年内的平均雇主数。麦可思调研数据表明，全国 2017 届本科生毕业五年内的雇主数平均为 2.2 个，双一流和地方本科院校之间并无明显差别。②图 7.9 显示，双一流高校毕业生中 37%

① 麦可思研究院．2023 年中国本科生就业报告 [M]．北京：社会科学文献出版社，2023：116.

② 同上，第 114—115 页．

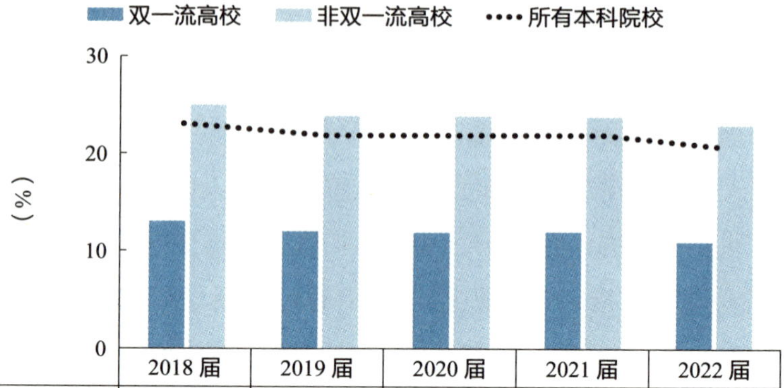

	2018届	2019届	2020届	2021届	2022届
双一流高校	13	12	12	12	11
非双一流高校	25	24	24	24	23
所有本科院校	23	22	22	22	21

图7.8 2018—2022届本科生毕业半年内的离职变化趋势

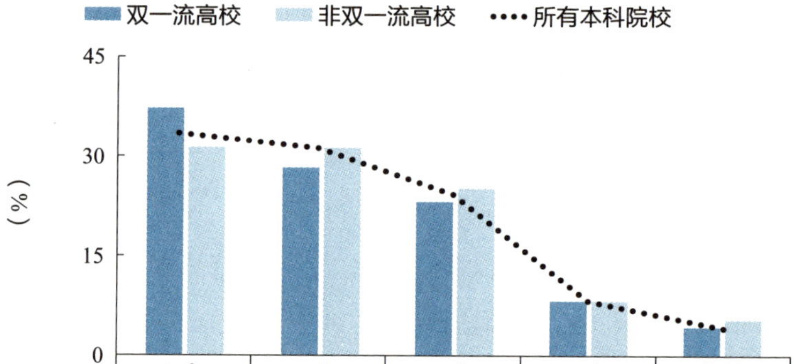

	1个	2个	3个	4个	5个以下
双一流高校	37	28	23	8	4
非双一流高校	31	31	25	8	5
所有本科院校	33	31	24	8	4

图7.9 2017届本科生毕业五年内的雇主数

五年内没有换工作，非双一流高校毕业生在这个指标上低6个百分点（31%）；有过2—3个雇主的双一流高校毕业生占51%，而非双一流高校毕业生则占56%。双一流高校毕业生的工作稳定性或职场忠诚度显然高于其他本科院校的毕业生。

在以成果为导向的评价体系中，学生的事业成功已经成为高校教育教学评价的一个重要组成部分。但是，毕业生职业生涯发展千变万化，每个人就业的岗位各不相同，高校如何能够确定其教育教学对于学生成长、成功的影响呢？假如说，收入标志着毕业生在其职业生涯中物质上的收获，就业满意度标志着他们对所从事的职业或岗位精神上的满足，稳定性是他们实现个人职业价值的一个基本条件，那么职位晋升则是一个成功的职业生涯拼图上非常重要的一块。

有趣的是，在高等教育实现普及化的今天，按理说之前“千军万马过独木桥”的现象应该减少，甚至绝迹了，可事实恰恰相反，近年来高考压力有增无减。原因何在？压力无疑来自教育资源的稀缺，但普及化之前的稀缺和今天的稀缺不是一回事。之前稀缺的是上大学的机会，而现在稀缺的是上“好”大学的机会。当大学分为三六九等，大学“金字塔”变得更加陡峭，进入所谓“双一流”或之前的“985”“211”便成为考生们孜孜以求的目标。但是，如果人们在高考和择校上也能以“成果”——而且是相对较为长期的“成果”——为导向的话，那么麦可思数据也许能够给我们指引一条新的思路。

由图 7.10 可见，2017 届双一流高校的毕业生在毕业三年内获得职位晋升的比例（55%）与非双一流高校毕业生没有任何差别，毕业五年内也仅比后者高了三个百分点（69% 对 66%）。

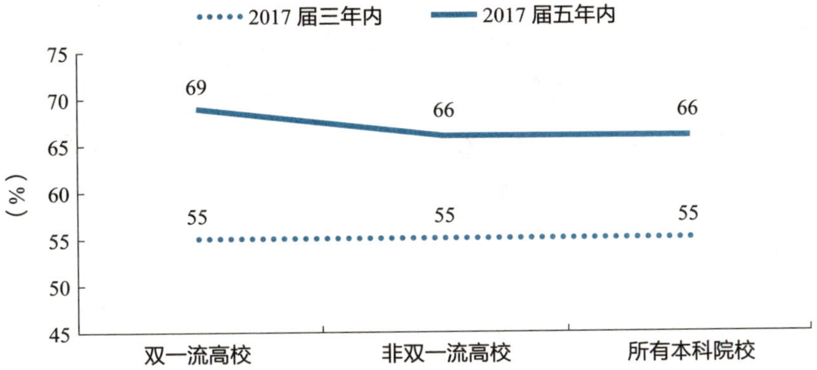

图 7.10 2017 届本科生毕业三年和五年内获得职位晋升的比例

再看毕业五年内的晋升次数。图 7.11 显示，两类高校的毕业生在毕业三年内获得晋升的次数上再次打了一个平手，而双一流高校毕业生在五年内晋升的次数仅比其他本科院校平均高出 0.1 次。①

图 7.11 2017 届本科生毕业三年和五年内平均获得职位晋升次数

数据给那些为了上“好”大学不惜一切代价的学生及其家长们两点提示，希望他们能从一个更加理性的角度来决定在高考上的投入。

第一，按照图 5.1 显示的学生成长途径，双一流高校以其较为丰富的资源，能够帮助学生在第一时间点（即毕业当下）获得较多优势，从而帮助他们更加顺利地进入职场，但是，一旦进入职场，毕业文凭附带的名校效应开始消失，员工之间在新的起点上开始一场知识、能力、素养和态度的综合性较量。高校毕业生在职场上的成败背后有许多极为复杂的因素，如果毕业生的母校是其中之一的话，那么这个因素对学生成功的贡献只能是学校的教育而非校名带来的虚荣。

第二，名校和非名校之间在教育教学的水平上还是有相当差异的，因此学生在高考上如此之“卷”并非无事烦恼，追求优质教育资源天经地义。问题是，名校能为学生准备优秀的师资、领先的学科专业、一

① 麦可思研究院．2023 年中国本科生就业报告 [M]．北京：社会科学文献出版社，2023：104—106.

流的教学设施等，却无法左右学生的求学态度。换言之，高校知道怎么教，却不一定能够决定学生怎么学，而后者才是终极的学习“成果”，也是毕业生在未来职场上崭露头角的关键因素。

也许，这才是高等教育需要以成果为导向的原因所在。对于高校来说，追踪学生成长，只追到学生毕业是远远不够的，图 5.1 中毕业生在第二个时间点上的成功，其重要性较之第一个时间点有过之而无不及。

四

有些经济学家就是让学术耽误了的魔术师。他们能够点石成金，将我们身边那些稀松平常的事情变成百试不爽的经济学定理。乔治·阿克洛夫（George A. Akerlof）就是这样一位经济学家。民间将劣质二手车称为“柠檬”，阿克洛夫借此描述在二手车市场交易中存在的买卖双方信息不对称问题，提出买方因为无法得知商品的确切质量，最终导致劣质商品在市场中交易而优质商品退出的结果，即所谓的逆向选择问题。[①] 阿克洛夫后来因“柠檬理论”与其他两位经济学家分享了诺贝尔经济学奖。

将信息不对称的定理应用到就业市场，求职者的教育程度成为其能力的“信号”。求职者对自身才能的了解多于雇主，处于信息优势的一方。为了显示自己的能力，他需要通过提高教育程度等手段进行信号发送。而雇主则通过观察教育程度，对具有不同才能的求职者进行甄别，从而解决劳动力市场的逆向选择问题。

大学文凭作为求职者向雇主发出的能力信号，引发了“千军万马过独木桥”的高考奇观。但是，随着高等教育的大众化与普及化，大学本

① Akerlof, G. A. (1970). The Market for “Lemons”: Quality Uncertainty and the Market Mechanism. *Quart J Econ*, 84(3): 488−500; Spence, M. (1973). Job Market Signaling. *Quart J Econ*, 87(3), 355−374.

科教育开始失去其曾经具有的甄别或筛选作用。据官方统计，2021 年全国高考报名人数 1078 万（含中职学生），而招生名额为 1001 万，录取率达到 90% 以上。假如说能上大学在 30 年前还叫“圆梦”，那么放在今天叫作“梦断”也不为过。对于那些遍尝人间艰辛终于挤进大学校门的寒门子弟来说，成为 2022 年 1076 万高校毕业生中的一分子实在有点让人啼笑皆非。他们手中那一纸文凭所承载的能力“信号”已经开始衰减，甚至可能已不复存在。

其实，大学作为“信号”开始失灵，早在 20 世纪 80 年代就被敏锐的新闻记者们捕捉到了。美新杂志从 1983 年开始推出美国大学排名，从此一发不可收，并在此后几十年掀起一场全球性的大学排名热潮。尽管大学排名这件事受到社会上，包括顶尖大学在内很多人的诟病，但新的排名仍然层出不穷，而且每年四大排名的发布仍能毫无悬念地登上各大报纸的头条。原因很简单，大学作为“信号”虽已弱化，但社会，特别是雇主仍然需要甄别信号，因此，“好”大学便成为新的信号，而大学排名成为新的甄别机制。

用大学排名作为能力信号，好处是简单易懂，连引车卖浆者流都能将“清北复交”“牛津剑桥”“哈佛耶鲁”倒背如流。然而，近年来由于排名指标的指挥棒效应，当代大学在铺天盖地的排名压力下，从学科设置到教学安排上都出现了趋同化倾向。这对于毕业生不是一个好消息。试想，如果求职者不能以某种方式将自己的学术训练或个人素养与其他竞争者区分开来，那么雇主便只能根据大学排名按图索骥，作极其粗略的类型甄别。结果是，非公认名牌大学的毕业生损失惨重，其学历信号弱化的严重程度远超名牌大学。换言之，排名对于公认名牌之外的所有其他大学来说，只是一场零和游戏：塔尖上的空间有限，一个挤上去，必然要有一个被踢下来。

至于毕业生，如果母校的排名指望不上，那只能靠自己了。于是乎，考研成为增强能力信号的最佳选项。据报道，2022 年考研报名人数达到了 457 万，净增长人数 80 万。作为对比，2001 年高考报名人数是 454 万，还不及 2022 年考研报名人数，而 2003 年全国考研报名人数不到 80 万，也不及 2022 年考研的净增长人数。有人惊呼，考研“高考化”现象不期而至！换言之，“千军万马过独木桥”的奇观再次在中华大地出现，只是这次的独木桥从“高考”升级为“考研”。有了高考的前车之鉴，我们不难预测，研究生学历作为能力信号走向衰减，也只是时间问题。

考研能够推迟，但不能跳过就业。而初出校门，大学生面临的就业之难，最难的不是胜任工作，而是证明自己胜任。对于每一个毕业生来说，跨入职场的大门都是人生中的一次大考。在高等教育的精英时代，只要有一张大学文凭便能免考；后来涨价了，要有一张研究生文凭才能免考；再后来，免考的待遇取消了——雇主要求能力证明。当代社会因此陷入两难之境：一方面就业市场需要能力信号，另一方面可选的能力信号本已稀罕，且衰减严重。为了破解困境，大学能做什么呢？于是乎，提升高校毕业生的“就业力”（Employability）成为摆在当代高校管理者面前最大的挑战之一。

就业力的概念最早可追溯到 1909 年英国学者威廉·贝弗里奇（William Beveridge）的著作《失业：一个工业问题》。[①]1998 年两位英国学者希拉吉（J. Hillage）和波拉德（E. Pollard）重新定义这个概念，为学界广泛接受：就业力是指“个人获得初次就业、维持就业、在同一组织内不同角色之间转换、在需要时获得新工作以及（在理想情况下）获得合适且足够充实的工作的能力”。[②]他们认为，求职人——在此我们关注的是高校毕业生——能否成功就业，取决于四个基本的条件。一是他们本身拥有的知识、技能和态度等方面的品质；二是这些品质得以发挥

① Beveridge, W. (1909). *Unemployment: A Problem of Industry*. London: Longmans.

② Hillage, J., Pollard, E. (1998). *Employability: Developing a Framework for Policy Analysis*. Research Brief 85, Department for Education and Employment, London.

和展示；三是他们向雇主发挥和展示这些品质的方式；四是在就业市场的大背景下，个人从中找到属于自己的那份工作。

关于毕业生必备的品质，我们在上一章中已经以数字画像的方式对中国大学生的现状作了描述，而我们所描述的求职人从简历到面试走过的过程印证了希拉吉和波拉德的观点，即毕业生光有能力和素养还不够，他们还需要懂得如何发挥与展示。特别是在求职过程中的发挥，既包含个人素质养成后的自然流露，又有在面对雇主时经过培训才能取得的面试技巧。这就用到希拉吉和波拉德列出的第四个条件——个人与环境的关系，与中国古人所说的“天时、地利、人和”有异曲同工之处。但当今社会及其就业市场风云变幻，雇主手中庞大的求职后备军让他们变得百般挑剔，这时高校就业指导中心的作用开始显现。

就业力体现的是能力本位理念，由学生的知识、能力、素养三者综合构成。就业力作为高校教育教学的成效，体现的不是单个学生孤独完成求职之旅的能力，而是他们在就读高校的培养、指引和帮助下，实现接受高等教育的价值，完成成果导向教育，最终形成闭环的过程。换言之，对于就业力的衡量不应仅仅聚焦学生能力，高校的人才培养，特别是其就业指导应当是就业力这个指标中不可或缺的元素。

【高校如何提升学生的就业力？见研究手记 7.2 英国视角：如何提升就业力？】

近年来社会上关于高校就业力的排行榜层出不穷。有的只是简单地将毕业生就业或继续深造的人数除以毕业生总数，并以百分比表示。① 其他排行榜则往往通过问卷调查和公开数据，将雇主的视角和高校的贡献作为重要考量。在广泛吸收文献中关于就业力的研究成果的基础上，结

① Mosse, t., Top Universities for Employability 2024[EB/OL].（2024-01-10）[2024-10-11]. https://www.thecompleteuniversityguide.co.uk/student-advice/where-to-study/top-universities-for-employability.

合麦可思多年来为发布《就业蓝皮书》所作的数据搜集和分析，我们提出就业力的三维概念框架，如图 7.12，中间三圆重叠部分即一所高校毕业生的就业力。

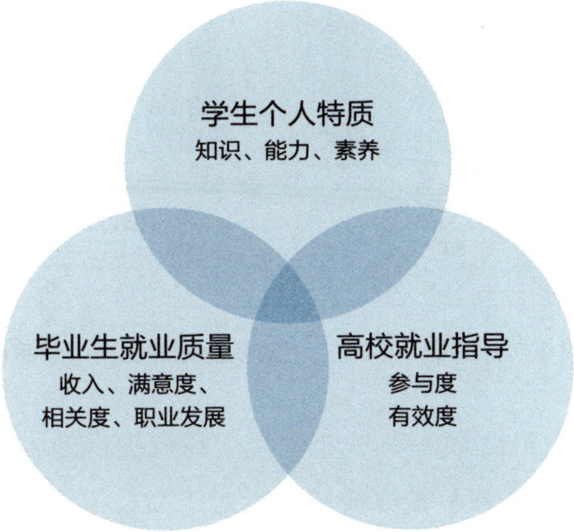

图 7.12 就业力三维概念框架

我们在第六章中已经通过麦可思数据展示了中国高校学生在能力和素养方面的收获，也从本章中看到收入、就业满意度、工作与专业相关度以及职业的稳定与发展等四个方面所体现的毕业生就业质量。至于高校通过教学对于学生就业力所作的贡献，我们在下一章“教学评价”中作专门分析。在此我们先根据麦可思调研数据，对中国高校就业指导的现状进行描述。

图 7.13 显示 2018—2022 届本科毕业生对就业指导服务满意度的变化趋势。调查的选项包括“很满意”“满意”“不满意”或“很不满意”，图中显示的是“很满意”和“满意”相加的百分比。总的来说，这五年高校就业指导工作成效显著，毕业生满意度持续上升。双一流高校就业指导的满意度虽高于非双一流，但从满意度上升的幅度来看，后者则更胜一筹。

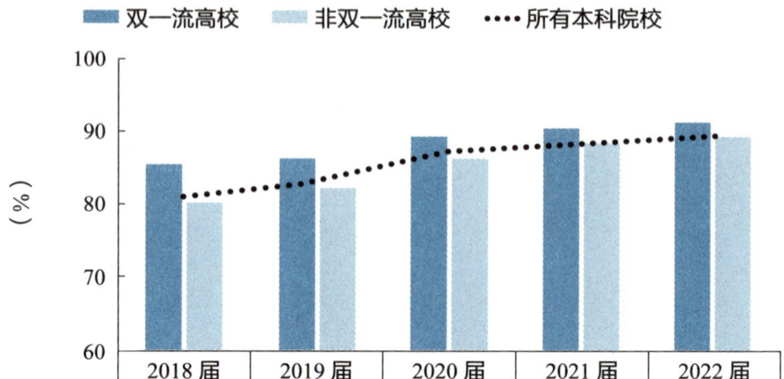

	2018 届	2019 届	2020 届	2021 届	2022 届
双一流高校	85	86	89	90	91
非双一流高校	80	82	86	88	89
所有本科院校	81	83	87	88	89

图 7.13 2018—2022 届本科毕业生对就业指导服务满意度的变化趋势

图 7.14 显示 2022 届本科毕业生接受高校提供的各类求职服务的比例。由图中可见，非双一流高校毕业生对于高校组织的线上或线下招聘会的参与程度较之双一流高校要高得多，而且他们也更加积极地寻求就业指导部门为其提供职业发展规划。而双一流高校的毕业生在求职问题上表现出更多的自主性和独立性，具体表现在他们对于高校发布的招聘及其相关信息接受程度略高（36% 比 34%），而且他们中间没有接受任何求职辅导服务的比例也相对较高（18% 比 15%），可能是因为他们中考研深造的比例相对较高，求职的需求也就没有那么迫切了。

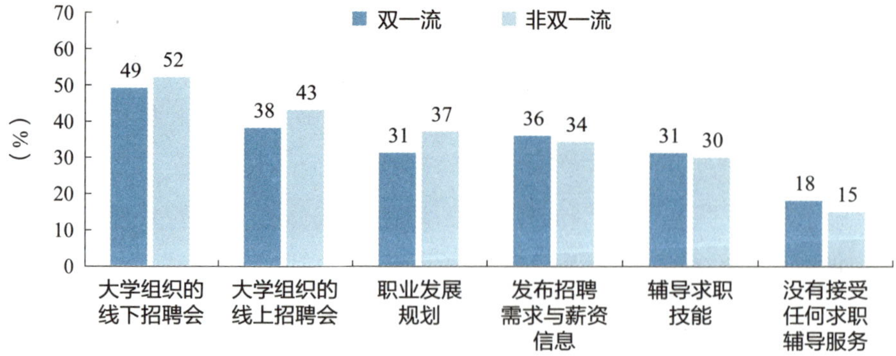

图 7.14 2022 届本科毕业生对于高校提供的各类求职服务的参与度

那么，高校为毕业生提供的就业指导服务是否达到了预期效果呢？图 7.15 是 2022 届毕业生对于他们母校的就业指导服务有效性的评价。由图中可见，九成以上的学生对于学校提供的求职技能辅导和招聘信息发布的有效性表示满意，大学招聘会不管是线上还是线下都得到学生的称赞。其中求职技能辅导和职业发展规划似乎在非双一流高校的有效性更高一些，而双一流高校的学生感觉招聘信息和招聘会对于他们帮助更大。

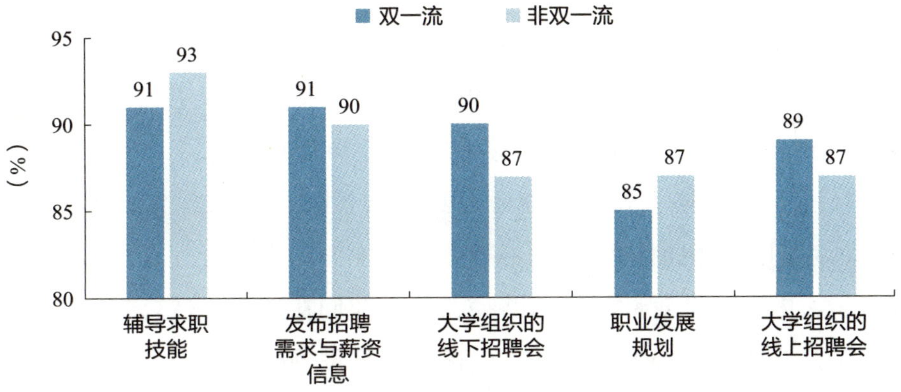

图 7.15 2022 届本科毕业生对于高校提供的各类求职服务的有效性评价

当然，各个高校为学生所提供的就业指导服务各不相同，大多倾向于培训，学生学到的更多是求职的技巧，包括简历的编写和应对面试的方法。技巧能起的作用对于学生而言应当是有限的、短期的，能够帮助学生提高获得工作的概率，但不一定能帮助他们保持工作并在此后的职业生涯中得到晋升。保持工作和在工作中进步更多取决于毕业生的就业力，而后者是学生在高校的培养、指引和帮助下个人能力与素养得到充分发挥的综合结果。

近年来学界有很多关于高校毕业生就业力的讨论和研究①，排名机构如 THE 和 QS 也顺势推出大学就业力的排行榜，在社会上引起广泛关注。这些研究和排名最大的好处是，将高等教育的成果导向用一种非常具体、可测量的方式呈现在大众面前。其实，就业力研究还有一个更加重要的意义，那就是在大学文凭作为毕业生的“能力信号”已经严重弱化的今天，就业力有可能取而代之成为对社会，特别是雇主极其有用的甄别信号。当然，要将就业力打造成像大学文凭那样的“能力信号”，我们还有很长的路要走，数字化和个性化是两个关键节点。前者需要高校搜集更多、更准确的关于学生能力的综合信息，而后者则需要高校根据就业市场需求，将自己毕业生的能力与雇主或潜在雇主的要求作进一步的匹配，努力提升学校人才培养的针对性和专业性。

目前，大数据、人工智能等已经给高校的教育教学方式带来重大改变。它们能够根据学生的学习特点，为他们提供符合其自身需求的个性化学习内容和针对性的学习路径，并为他们找到真正适合自己的学习方式，最终达到积极发展个性、促进潜能开发的目标。而高校的就业指导部门则需要根据本校学科专业的特点，为学生在就业市场上找到符合他们个性和能力的就业机会或岗位，从而实现高校人才培养效率的最大化。

① 如：Mahajan, R., Gupta, P. & Misra, R. (2022). Employability Skills Framework: A Tripartite Approach. *Educ. Train*, 64 (3), 360−379; Cassidy, S. (2006). Developing Employability Skills: Peer Assessment in Higher Education. *Educ. Train*, 48 (7), 508−517; Qenani, E., MacDougall, N. & Sexton, C., (2014). An Empirical Study of Self-perceived Employability: Improving the Prospects for Student Employment Success in an Uncertain Environment. *Act. Learn. High. Educ.*, 15 (3), 199−213.

研究手记 7.1

毕业生跟踪调查与评价

麦可思做毕业生跟踪调查的起因是1999年大学扩招后逐渐出现了大学毕业生就业难的问题，需要了解毕业生的就业情况。对于高校，了解毕业生就业状况的目的有两个，就业和培养质量。第一个是大家常说的就业率和就业流向。高校毕业生的流向包括就业、参军、升学、在家备考、继续求职和不就业不升学。就业又分成全职受雇、半职受雇、自己创业。更进一步，还要了解学生求职申请过程，如求职的渠道、学校的求职服务等。

一个大学了解就业，只了解到学校层面没有多大用处，要发现问题就要获得二级学院和专业层面的就业数据。麦可思多年的数据分析发现，不同专业和二级学院的就业问题的原因不一样，专业的市场需求各不相同。这就带来了两个技术问题，答题率问题和选择性偏差问题。

答题率问题影响数据回收量，一个大学有多个二级学院，一个二级学院有多个专业，没有足够的答题样本就无法保证能分析到专业层次的数据量。答题率高，在细分的层次和指标上就有数据量保障，否则没有统计意义。最大的难点是调查回收率。离开学校的毕业生一般不愿意答题，用物质奖励不能保证答题质量，因为答题人可以选择每个问题的第一个选项快速完成问卷以获取物质奖励。最好的办法是，他们既想来答卷，也想真实回答。我们也经常被问到是如何做到这点的。

这个调查中最难的问题被轻易地解决了。线上答卷有一个优势，可以即时提供个人分析报告。我们在毕业生答题结束后自动呈现其个人分析报告，把他关注的指标与同类群体的均值作对比，形成个人就业情况小体检。譬如薪资和能力与同届毕业生、同地区和同岗位的均值对比，让他知道自己是高能低薪还是低能高薪。这样，毕业生想看自己的体检，就愿意答题，而且想答真实的。一下子答题率就提高到20%以上，答题质量也有保障了。这恐怕是我在这个调查工作中想到的最好的主意。但这还不够，我们对未答题者会再次发送答题邀请，这样多次发送，敦促未答题者参与，逐渐提高答题率。在中国大学我们能实现全体毕业生的答题率达到50%，在非洲答题率达到46%，而且没有任何物质奖励的成本。

高答题率帮助我们赢得了世界银行的中国和非洲项目，以及亚洲发展银行项目。我记得2010年我们投标世行广东职教项目，世行中国业务官员梁晓燕博士和肖丽萍博士都觉得难以置信，这么低的价格实现这么高的答题率。当我们完成了世行广东职教项目后，她们相信了，并邀请我们参与世行非洲卓越大学建设项目评价的投标，其内容是撒哈拉沙漠以南各国47所卓越大学建设的跟踪评价。我们赢得了这个项目，目前还在帮助这些大学做本科和研究生毕业生的跟踪调查。

第二个技术问题是，答题群体是否有选择性偏差？这也是后来高校反复质询的问题。调查的选择性偏差，源于参加调查者是自愿参加并非随机抽样，不愿意参加的群体可能有倾向性特征，导致答题样本没有总体代表性。举例说，若是未就业者不想参与答题，就业者更愿意参与答题，则调查的就业率就偏高；反之，若是就业者工作忙不想参与答题，未就业者有时间参加调查，则调查的就业率就偏低。选择性偏差也是劳动经济学的一个经典问题，赫克曼（James Heckman）因为解决此类问题的模型而著名，但他也认为，能从数据源上控制好选择性偏差才是最好的方式。

回到我们这个案例，我们只知道答题者的就业比例，不知道毕业生总体的真实就业比例，因此没法判断答题群体是否有自我选择性偏差。答题样本是否具有总体代表性这个问题必须回答，不然调查数据不可信。碰巧我的博士研究领域是选择性偏差的矫正模型，我们的调查方式恰好可以做一种事后检验来发现调查样本的代表性。譬如，我们的答题者有第一次邀请就答题的，也有第二次邀请敦促才答题的，也有第三次邀请敦促才答题的，通常后两次答题者可能是比第一次答题者的参与积极性低的人，若是三次答题样本分别计算的就业率或薪资指标没有显著性偏差，答题者样本的就业率就可能没有选择性偏差。我们经过19年的就业跟踪数据的检测，没有发现证据显示调查数据有选择性偏差。

除了两个数据质量的技术问题，还有一个分析对比问题。判断专业的各项指标好坏不能在本校作跨专业对比，每个专业有自己的劳动力市场特点，而这一特点决定了不同专业毕业生的就业流向和薪资高低不同。所以，要判断一个专业就业是否出了问题，需要把该专业与同类院校的同专业进行对比，才有可比性。同类院校不仅是同层次，如双一流、普通本科、高职院校，还要细化到学校特征，如同类工科、师范以及行业院校。高职院校的所在地也要区分，因为各地区的产业结构和劳动力市场不一样。不只是就业数据，学校的培养指标也需要同类对比，越是细化精准，其可比性越高，才不会误导判断。这样做就要求一个高校有同类院校和同类专业的常模值，但高校没有。麦可思服务的高校足够多，有稳定的常模值可供高校对比使用。

毕业生跟踪评价的目的不只是了解就业服务，更重要的是了解培养质量。譬如毕业生是否去了专业相关的工作，没去专业相关工作的原因是什么？毕业生的通用工作能力与岗位要求是否匹配？从而了解培养方案中的学习成果达成，即毕业要求达成。此外，还可以了解毕业生对教育教学过程的反馈，包括对核心课程的重要度及教学培养的满足度的评价、对于实践教学的评价，以及对教师指导的满足度的评价，了解毕业生对在校期间的教学满意度、学生工作满意度、后勤服务满意度、就业服务满意度、母校满意度等指标的评价。在此基础上，可以帮助学校发现问题，全面改进工作。

对毕业生工作五年后的调查，可以了解其就业地区流动情况、在职业行业上发生的转换情况，从而评价其发展是否达到培养方案中的培养目标，包括能力与知识的达成情况，以及在专业职称上的发展是否符合培养目标。毕业生由此从中期发展的角度对培养过程进行反馈，特别是那些作用于毕业生中长期发展的培养环节，比如跨学科学习经历、通识教育等方面。

针对毕业生的跟踪调查，近几年越来越受到高校重视。高校在面临外部考核时，无论是全校层面的审核评估，还是专业层面的认证工作，评价标准无一例外地包括持续的毕业生跟踪调查，体现了毕业生跟踪调查在质保体系建设中的重要作用。同时，在高校进行专业设置优化调整的过程中，毕业生跟踪调查能够给出人才培养与市场需求是否匹配这一重要信息，帮助学校洞察外部需求趋势。其中，毕业去向落实率、专业相关度等关键数据，能够反馈人才培养结果，显示外部需求变化；核心课程重要度、课程设置合理性等也可以为后续的优化调整及专业持续改进提供重要依据。培养方案的制订和修订是高校专业建设过程中的常态工作。在人才培养方案中，培养目标包含服务领域、能力素养达成、职业成就等方面，这些方面可以通过毕业生跟踪调查获得有效的测量，检验达成效果，同时了解培养目标和课程体系设置的合理性，用于培养方案的制订和修订过程。

（王伯庆）

研究手记 7.2

英国视角：如何提升就业力？

近年来，受“新冠”疫情冲击，经济下行，全世界大学生就业均面临严峻挑战。麦可思《2021 年中国大学生就业报告》（就业蓝皮书）

数据显示，超半数（54%）2020届本科毕业生表示疫情对自己的求职造成了影响，这种影响主要体现在求职进程（实习、面试等环节）受阻（75%），以及招聘岗位减少、求职难度加大（72%）等方面，另有一成以上（15%）本科毕业生表示疫情影响了自己求学。

在毕业生就业市场变化及与以往提供的就读环境不同的情况下，高等教育机构比以往任何时候都更需要证明它们的课程给予了学习者事业成功所需的工具。2021年9月，英国特许管理公会（Chartered Management Institute，简称“CMI”）发布了《准备工作的毕业生：构建混合世界的就业技能》①，旨在阐明当前英国在校大学生和毕业生掌握的就业技能现状。它汇集了来自高等教育机构的学者、英国企业的人力资源决策者以及本科生的反馈。

该研究是在2020年12月至2021年8月期间进行的，探讨了“新冠”疫情暴发背景下就业技能的变化、雇主如何协助高等院校制订就业能力计划，以及高等院校未来应该提供的就业能力培养计划的最佳形式。在疫情暴发后，雇主的期望发生了变化，学生们面临着就业市场的日益严峻。该研究的组织者希望通过这项研究，让高等院校的课程培养和教学更有价值和意义。该报告具体包括哪些发现呢？

“许多人离开大学时没有获得雇主所需技能”

尽管劳动力市场出现复苏迹象，但就业市场形势依然严峻。毕业生发现很难找到真正有前景、可以提升自我的工作。报告指出，大量的本科生（2018—2019年的毕业生数据为31%）在离开大学后仍然从事中低技能工作。

掌握了就业技能的学生不仅能够较为顺利地获得第一份工作，而且能够走上自己选择的职业道路，成为未来的管理者和领导者。但报

① Chartered Management Institute (CMI). WORK READY GRADUATES: Building Employability Skills for a Hybrid World[EB/OL]. (2021-09) [2024-10-11]. https://www.managers.org.uk/wp-content/uploads/2021/09/employability-skills-research_work-ready-graduates.pdf.

告显示，在2019—2020年接受过英国高等教育的170万本科毕业生中，许多人离开大学时没有获得雇主所需技能。该研究指出，近80%的雇主认为现在的毕业生没有完全具备工作所需的技能。只有22%的雇主认为毕业生具备关键的就业技能。雇主认为需要进一步培训的五大核心就业技能分别为：

- 团队合作（58%）；
- 批判性思维和解决问题能力（54%）；
- 沟通（52%）；
- 自我管理（47%）；
- 灵活性和适应性（47%）。

根据雇主反馈，学生最需要掌握的是团队合作、批判性思维和解决问题、沟通等方面的能力。这与CMI 2018年开展的21世纪领导者研究结果相似。

提高毕业生就业力，需要学生在各方面脱颖而出。雇主们越来越多地寻找能够在复杂工作环境中发挥作用的各项技能。不幸的是，许多学生似乎并不知道如何在数字世界中展示他们的就业技能。另外，根据CMI的研究①，许多学生觉得，虽然他们掌握了雇主需要的技能，但并不总是清楚哪些技能会让他们在工作场所脱颖而出，或如何证明拥有这些技能。

“就业技能培养一开始就应该融入课程教学中”

该研究指出，就业技能培养一开始就应该融入课程教学中。同时，高校还需跟踪评价学生的表现，这样学生才能充分意识到这些技能的重要性，并向未来的雇主充分展现相关技能。2021年研究的一个

① Chartered Management Institute (2018). 21ST CENTURY LEADERS: Building Employability Through Higher Education. [2024-12-22]. https://www.managers.org.uk/~/media/Files/Reports/insights/research/21st_Century_Leaders_CMI_Feb2018.pdf?utm_source=chatgpt.com.

重要发现是，许多学生往往没有意识到雇主参与了课程设计——只有43%的学生意识到这一点。结果是他们不太可能意识到自己确实拥有雇主所需技能。因此，无论就业技能培养是融入课程中还是通过直接的工作或实习进行的，都有一个关键点：大学必须跟踪这些技能的培养情况，以便让学生意识到他们实际上已经获得了这些技能。目前高等院校相信融入就业能力培养是确保所有学生获得就业技能的良好机制，但只有四分之一（27%）的学生完全有信心展示这些技能。

而仅仅展示就业技能是不够的，大学生就业还需要得到高校的常规职业管理和指导支持。因为研究数据显示，只有28%的学生对如何找工作自信满满，25%的人对求职充满信心，18%的人对如何写简历充满信心。研究还指出，29%的学生不相信他们的大学在职业发展及管理技能方面提供了支持。其余71%的学生表示他们的学校确实提供了这种支持，但其中大多数（54%）学生认为这种支持主要集中在简历写作方面。

高等教育机构了解帮助学生获得就业技能的重要作用。除了将这些技能培养嵌入课程内容外，一些高校还为学生构建了具体的就业能力模块，提供参与现实生活中的咨询项目的机会及相关职位、积累工作经验的机会等。工作经验是学生提升就业能力的好方法，但不是所有学生都会把获得工作经验作为大学学习的一部分。CMI的研究显示，51%的学生希望他们的高校能提供更多的实习机会，45%的学生希望有更多机会接触本地雇主。

由此看来，要将学生与雇主联系起来还需要做更多工作。因为许多高校与雇主的联系并不那么紧密。数据显示，虽然57%的雇主称，自2019年7月以来一直积极参与大学生就业技能的培养，但只有37%的雇主称，与他们选择的高校合作非常容易。言下之意是与高校的合作并不十分顺畅。

这种脱节阻碍了许多雇主与高等教育机构的接触。尽管有机构

（如本地企业伙伴关系）负责建立这些联系，但大多数（92%）雇主认为，如果有一个组织能将雇主与高等院校联系起来，合力提升大学生的就业能力，将大有裨益。

大学能够也确实促进了学生与雇主的联系，但学生们往往不了解这些机会及其价值。招聘会仍然是大学生进入就业市场的常见途径，68%的学生反馈他们的大学提供此类服务。但学生们同时表示，疫情对招聘会的开展产生了负面影响，使其与雇主建立直接联系变得更具挑战性。与此类似，在疫情期间参加网络招聘会的雇主中，有40%认为自己“不是很成功”。

“推行新的培训计划十分有效”

在上述举措之外，95%的雇主认为，推行新的培训计划以确保毕业生在就业时已具备这些就业技能也十分有效。89%的学生认为参加“就业能力训练营”有用，或者希望了解更多。

正如前文所述，高校需要通过评估的方式了解学生就业技能的掌握情况，同时也让学生了解自身情况，以此向学生强调掌握相关就业技能的重要性。对于雇主而言，他们也有自己专门的评价方法。研究显示，雇主使用多种方法评估应届毕业生的就业技能。前三名分别是：

- 完成认可的培训课程或资格认证（55%的雇主使用）；
- 完成实习、实践或基于工作的学习（55%）；
- 完成短期、小型的就业技能培训课程（51%）。

中小企业和大型企业所使用的评价方法大致相同，不过大型企业更倾向于那些参加过获得认可的、能培养大学生就业技能的、授予电子徽章的课外活动项目的学生。

（谌超）

下篇

质量监控

第八章

教学评价：学生中心还是管理中心？

一

1971年德里克·博克（Derek C. Bok）走马上任，成为哈佛大学第25任校长。新校长上任伊始便成立"本科教育委员会"（Committee on Undergraduate Education，简称CUE），启动一系列教学改革项目，而课程评价便是这场教学改革存留至今、对全球高等教育产生深远影响的项目之一。

哈佛的教学评价可以追溯到1925年开始每年出版的《大学课程机密指南》（*Confidential Guide of College Courses*），也被昵称为《机密指南》（*Confi Guide*），其始作俑者并非校方，而是学生报纸《哈佛深红报》（*Harvard Crimson*）。早期的《机密指南》召集本科生对学校规模最大的一些课程进行评价，并给学生"止步、关注或继续"的建议。在其后的近半个世纪里，《机密指南》日益发展壮大，广受欢迎。[①]

1972年，博克校长建议CUE发布课程评价应当基于"统计数据而非人云亦云"（statistics rather than common knowledge），并由CUE围绕现有教学评价搭建正式的课程评价平台，1975年推出了首部经校方认可

① 哈佛评教的故事采自：Anderson, C. E. (1997). Undergraduate Use of Consumer Course Guides Expands[EB/OL].（1997-06-05）[2024-10-11]. https://www.thecrimson.com/article/1997/6/5/undergraduate-use-of-consumer-course-guides/?page=2；王可．选课宝书是怎么炼成的[J]．麦可思研究，2013（8）：18—22.

的指南，即其后声名鹊起的《CUE 指南》。厚厚的纸质指南在 2005 年转为在线反馈系统，加之翌年哈佛文理研究生院（Graduate School of Arts and Sciences，简称 GSAS）的加入，原名“CUE 指南”中的 CUE 变得名不副实，聪明的哈佛人耍了一个小小的谐音梗，于是同音不同名的“Q 指南”应运而生。如今，“Q 指南”由哈佛文理学院的注册办公室和研究分析办公室负责管理。

哈佛学生是怎样用“Q 指南”的呢？麦可思公司的一位高管是哈佛本科和研究生院的双料毕业生，她从学生的角度对哈佛这本选课宝书作了极为生动的描述：

我在使用“Q 指南”时，看的第一项便是对授课教师的评价。小班课程通常由教授或高水平的非终身教职老师担纲，因此看授课教师是否获得学生们的青睐特别重要。对老师的评价主要从讲授是否条理清楚、是否‘亲切’，以及课程的知识性等方面来进行。

接下来，我看的就是课程内容和参考资料。需要阅读的材料紧扣主题吗？有趣吗？阅读量对这样水平的课程而言合适吗？我总会找那些得分在 4 或者以上的课程，孜孜不倦地读着“Q 指南”上引用的学生评价。

最后，我会考察一下课程的学生推荐度。对我来说，推荐度低于 75% 就相当于亮起了红灯，小班课程尤其如此。①

如此看来，“Q 指南”对于学生有百利而无一害，而且这样的学生视角在高等教育普及化的今天也符合“市场”需求。但评教评课对于教师来说意味着什么呢？得到差评一片的课程和教授会有什么下场？

其实从 20 世纪七八十年代开始，美国很多大学开始设计自己的评教系统。他们并未抄袭哈佛的作业，而是将这个制度当成管理教授的

① 王可．哈佛选课红宝书 [J]．麦可思研究，2013（6）：90—93.

“杀手锏”。也有学校未对评教者作匿名保护，使得有学生因不了解制度设计而坦诚反馈，遭到教授报复。[①]经过多年实验，目前美国高校一般的制度设计是，教授在每一门课结束前把教学评定表发给学生，由学生对教授从教学内容、方法到态度等各方面打分，并写评语。各校对这些学生评定的处理略有不同。较通常的做法是教授给学生打完学期成绩并交上去之后，系里才把学生的评定发给教授看。除了教授本人外，一般还有另外一个人可以看到学生对教授的评定，此人便是掌有提级涨薪大权的系主任。

尽管哈佛和其他许多美国高校一样，在“分数通胀”变得十分普遍的今天少有课程得分在3分或以下（5分为满分），教授也不至于因“Q指南”得分太低而“下课”，但高校对教师和课程内容毕竟设有一定的标准，如何设计并用好教学评价系统，个中麻烦不少、讲究太多。

随着高校规模在20世纪末开始急剧扩张，中国大学也面临教学质量管控的挑战。当教师的教学能力受到学生诟病，很多高校将目光投向国外，学习各种教学管理的经验和方法，学生评教因此在中国高校全面铺开。与哈佛的教学评价系统相比，中国高校的迟到了，但没有缺席。

中国高校评教系统的设计是否也像哈佛的“Q指南”那样是为学生选课而设的呢？答案显然是否定的。赵立莹对于学生评教的界定点出了中国高校现行评课评教机制的功利主义性质及其作为管理工具的作用：

学生评教指学生对教学过程、教学效果、教师的教学态度和水平的价值判断。其主要目的在于为领导决策提供依据，促进教师教学质量持续提高。学生是课堂教学最直接的利益相关者，参与课堂学习，对教师课堂教学质量最有发言权。教师课堂教学质量是影响学生学术绩效最重要的因素。作为教学质量主要参考指标的学生评教也随之成为学校质量

① 程星．细读美国大学 [M]．3 版．北京：商务印书馆，2015：268—272.

监控的重要手段。[1]

问题来了：哈佛的评课是学生启动的，服务于学生选课；中国高校的教评则由校方发起，评价结果成为校、院或系教学主管考量教师业绩的工具，他们至多会将结果发给教师，帮助他们提升教学质量，却坚持不给学生看。学生看不到结果，无法如哈佛那样利用评教结果帮助选课，便也失去了参与教评的动力。于是乎，学校便采取强制措施，学生不参加评教不让看成绩，或者下学期不许选课。强制的结果是学生胡乱答题，导致评教结果趋同化。话说回来，也许学校怕的就是让学生知道评教结果，这样有的老师的课便无人问津了，影响“和谐”。

二

每学期临近期末，北京某大学学生柯田都会去学校的校园网登录自己的账户，在一张电子问卷表上给这一学期的任课老师打分。2015年《麦可思研究》对柯田进行访谈，她告诉我们：“教师评价这事儿，真让我们挺无奈的！不填表就不能查自己的成绩，而且还是实名登录，所以我们一般都不给老师差评。”填完表后，学生的期末成绩就可以查到，但如此操作，学生给老师的评价并非自愿。对于学生每学期登录打分、评价的结果，老师并不给学生及时反馈。“我们总觉得这是一个形式，老师在下一年是否因评分而改进教学，我们也不了解，我觉得学校不太重视这个问题。”柯田觉得教评结果并不真实，对今后选课的学弟学妹不公平。[2]

江苏某大学心理学专业的学生路青感觉教评不应仅是学生在网站上

① 赵立莹．高校学生评教：功能、批判、效力[J]．西安电子科技大学学报（社会科学版），2014，24（4）：116—119.

② 刘诚城．好的教评长啥样？[J]．麦可思研究，2015（1）：32—34.

给老师打分那么简单。“我觉得如果能够在网站上面设立老师的个人邮箱，同学们可以匿名留言的话，这样会更好，也更有针对性。如果有一个能把自己的想法或意见匿名说出来的地方，比如电子意见箱或者某种App，有相同想法的同学可以看到，甚至可以去点个赞，让老师明白自己的问题或者优势在哪里。这样的平台，一定会受到学生的喜欢，我们的积极性也会更高。”平时打分，路青和其他同学一样基本都会给任课老师85分以上，“因为大家并不知道每个分数的区间有怎样的评判标准，就都本着中立的原则了”。在路青看来，分数只是客观的数字，学生对于教师教课的心声无法通过数字呈现，学生希望老师改变的地方也无法通过数字表达。①

柯田和路青从学生的角度，表达了他们对于现行教评机制的期待和无奈。他们期待通过教评加强与老师的沟通，其评价结果得到老师的反馈，并能帮助学弟学妹取得更好的学习体验。然而，由于校方采取实名登录、绑架式评教等方法提升回复率，学生不但无法实现与教师的有效沟通，为了自保还需要对教学作违心的评价，这让他们感到万般无奈。结果是，学生评教结果的权威性和可靠性双双受到挑战。

2014年麦可思开始研发教评系统。经过客户高校多年的批评建议，教评系统持续改进。以移动端为评价数据的采集端和呈现端，通过专业的数据建模挖掘与智能呈现，科技手段让许多成熟的管理理念得以实现。这个新的教评系统包括督导评价、领导评价、同行评价等评价模块，以此构建起一个多元主体参与的课堂教学质量评价体系。这一体系能够从不同角度和层面出发，为教师提供更加全面、客观的教学反馈。

【关于麦可思教学评价系统的研发过程，见研究手记8.1 课程评价系统的研发】

十年磨一剑。今天，这个教评系统能用于教评和教学督导，全国高

① 刘诚城. 好的教评长啥样？[J]. 麦可思研究，2015(1)：32—34.

校每学期有65.2万个教学班使用这个系统，服务437万在校生，不仅能自主生成评教题，提供各类教学评价问题11.7万个，这个教评系统存储的大量数据，还为研究分析中国高校课堂教学的现状提供了难得的实证基础。以下我们通过几个教评案例，一窥当今高校评课评教的收获和面临的问题。

【关于督导在教学评价中的作用，见研究手记8.2 督导上线 质保在线】

案例一的数据来自陕西某校2022—2023学年通过麦可思教学质量管理平台进行的对全校课程的网上期末评估。学校课程评价覆盖课程数量是学校对课程评价工作的重视程度以及组织力度的重要体现。从学校数据来看，该校2022—2023学年期末课程评价覆盖课程1609门，共计5332门次，回收问卷共223137份。大一、大二、大三年级课程覆盖率分别为86.95%、83.13%、85.08%。调查的总答题率为91.09%，较2021—2022学年（95.73%）有所下降；大一至大三年级的答题率分别为92.52%、90.26%、90.06%，其中大一年级答题率最高。

表8.1是该校的问卷设计，主要指标分为教学要求评价、教学内容评价、教学方法评价、教学效果评价和教书育人评价五个维度。我们对评价的维度利用SAS工具进行相关分析，Alpha信度系数显示，各维度的Alpha可靠性系数均大于等于0.8。Alpha信度系数分析结果表明，用本次建构的评价体系进行教学质量评价具有较高的可信度。我们还对评价数据进行巴特利特（Bartlett）球形检验。结果显示，巴特利特球形检验显著性值小于0.01，KMO值均大于0.9，说明变量间的相关程度无太大差异，可见问卷构建的课程教学过程性评价体系的结构效度良好，具有一定的科学性。①

① 信度是指测量工具的稳定性和可靠性，效度则是指测量工具的准确性和有效性。检验信度、效度一般是逻辑分析和统计分析相结合，逻辑分析一般由专家或研究者评判所选题项看上去是否符合测量的目的和要求。

表 8.1　教学评价问卷设计

一级指标	二级指标	观测点	分数
教学要求	仪表言行	衣着整洁，教态大方；态度亲切，言行雅正；按时上下课。	5
	讲课状态	讲课投入，语言简练生动，普通话标准，条理清晰，板书清楚。	5
	教学手段	教学手段使用恰当，课件图像清晰、效果好。	5
	课堂秩序	主动管理课堂秩序，关注学生学习状态。	5
教学内容	备课情况	备课充分，内容充实，能有效利用课堂时间。	5
	知识点讲解情况	对知识点的讲解清晰准确，重、难点突出，难易适中。	5
	课程内容充实	电子教案、音视频资源等符合教学大纲，内容充实，反映学科前沿。	5
	教材内容整合优化	分析研究教材，对教材内容整合优化，便于理解。	5
教学方法	因材施教	注重学习方法、学习理念的传授和学生能力的培养，因材施教。	5
	激发学习兴趣	教法灵活，善于采用多种方式组织教学，能激发学习兴趣。	5
	应用教学技术手段	根据课程性质和教学内容，能灵活应用多种教学技术手段。	5
	调动课堂氛围	教学组织能力强，能有效驾驭教学过程，能够调动课堂气氛。	5
	课后作业反馈	课后作业布置适量，及时讲解和批阅，指导性强。	5
教学效果	理解课程内容	学生能够掌握和理解课程主要内容，按时完成作业。	6
	学习体验	师生互动频繁，学生参与面广，有较满意的学习体验。	6
	课程吸引力	课程对学生具有吸引力。	6
	获得有价值的信息量	学生在学习过程中能获得丰富且有价值的信息量。	6
	学生能力提高	帮助或促进学生分析和解决问题的能力提高。	6
教书育人	以生为本，立德树人	以生为本，立德树人，把德育教育、正面教育贯穿于教育教学全过程。	5

由表 8.1 可见，学校利用麦可思教评系统生成的评教题比较全面，评教数据的信度、效度检验结果也令人满意。学校对于评教工作高度重视，因此课程的覆盖率和学生的答题率均达到较高水平。该校 2022—2023 学年学生对教学质量的综合评分为 90.81 分，与 2021—2022 学年（91.35 分）相比略有下降。从各学院来看，平均得分最高的国际合作学院（92.05 分）和得分最低的创业学院（89.35 分）之间的差额仅 2.7 分。教学质量综合得分反映了学生对教学的整体认可程度。

图 8.1 是教师平均成绩分布图。图 8.2 是教师得分区间图。数据显示，教师得分主要集中在 90—92 分（35.95%）、92—94 分（24.35%），其后依次是 88—90 分（19.75%）、94—96 分（7.94%）等。与 2021—2022 学年相比，2022—2023 学年高分段的教师占比略有下降。

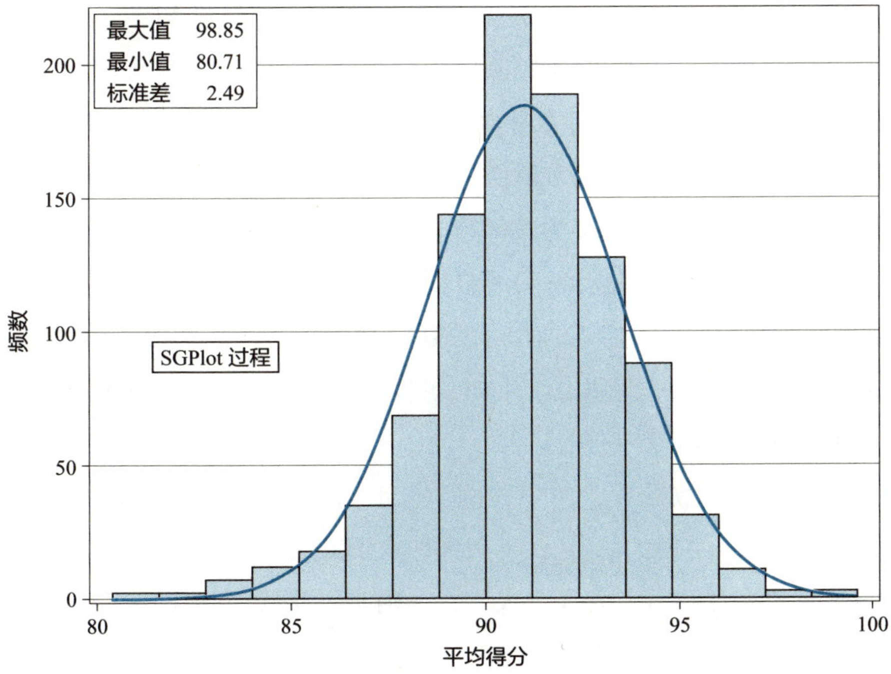

图 8.1 2022—2023 学年教师平均成绩分布图

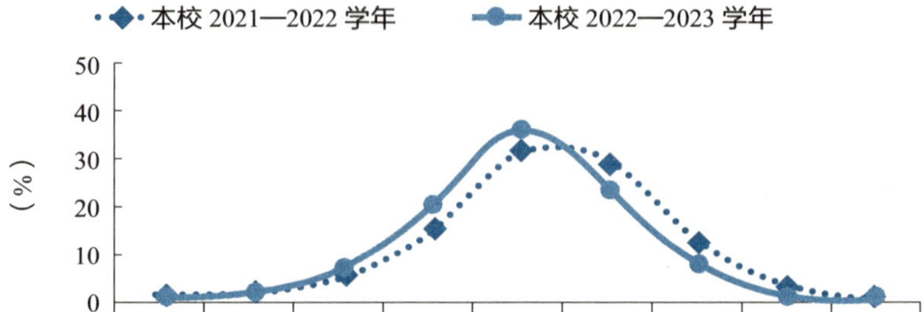

	84 分以下	[84—86 分]	[86—88 分]	[88—90 分]	[90—92 分]	[92—94 分]	[94—96 分]	[96—98 分]	[98—100 分]
本校 2021—2022 学年	1.78	2.14	4.79	14.23	30.98	29.72	12.72	3.40	0.25
本校 2022—2023 学年	1.15	2.30	6.79	19.75	35.95	24.35	7.94	1.25	0.52

图 8.2 教师得分区间图

案例二的数据来自河南某校 2022—2023 学年通过麦可思教学质量管理平台进行的对全校课程的网上期末评估。学年期末课程评价的课程覆盖率为 94.94%，总答题率为 90.55%，但各年级有所不同：大一、大二、大三、大四年级学生的答题率分别为 88.34%、93.51%、91.92%、84.10%。两个案例的答题率类似，但案例二的学生对教学质量的综合评分为 88.29 分，比案例一稍低。从教师得分的区间分布来看，该校 2022—2023 学年期末评价的教师得分主要集中在 88—90 分之间，占比为 35.74%，其后依次是 86—88 分、90—92 分，占比分别为 25.90%、18.83%。我们无法确定校方对学生答题的要求力度和学生评教的客观程度之间的关系，也不能假设学生胡乱答题的可能性有多高、数据的准确性是否受到影响。

从全校教评数据看，两个案例学校平均分的趋同现象都比较突出，因此，如果校方和教学主管仅将教评作大而化之的处理，那么他们看到的结果将是一片和谐，人人皆大欢喜。但是，当我们将案例二中所有覆盖课程的评分从高到低排列，该校评分最高的课程得分是 94.92，而最低得分仅为 60.04。

案例三的数据来自一所规模较小的艺术院校。表 8.2 显示，当各个学院的学生评课数据按平均分进行排列时，学院之间得分几乎没有太大的差别：得分最高的G学院（98.76）和得分最低的B学院（92.94）之间差别仅不到6分。也许是因为艺术学院有很多小班上课，除学院J以外，其余学院得分最高的课程都是满分。但是，当我们把所有课程的评分放在一起分析时，课程之间的差距就拉开了：学院C的最低评分是48.03，学院B的最低评分是54.38，足以显示相当一部分学生对于课程的不满情绪。

表8.2 各学院学生评课分数

学院	平均分	最高分	最低分
学院G	98.76	100.00	76.79
学院I	96.52	100.00	76.79
学院C	95.85	100.00	48.03
学院A	95.75	100.00	52.73
学院H	95.49	100.00	82.50
学院E	95.47	100.00	77.50
学院J	95.32	98.11	85.22
学院D	94.51	100.00	82.00
学院F	93.63	100.00	86.38
学院B	92.94	100.00	54.38

课程得分的差距表明，学生在对每一门课程进行评价时，其实还是比较客观的。换言之，光以平均分看课程评价，有可能得出错误的结论。只要对于每一门课程及其评价项目作细致分析，教学管理人员还是可以从中分辨出好坏优劣，找到一些规律性的东西。课程得分的差异虽然不能呈现教学的全貌，但可以帮助管理者了解课堂教学状态，从教学内容、方法以及课程设置的合理性等各个方面进行质量监控并及时加以改进。

除了展示教学评价的平均分以外，我们还对案例二的数据进行了回归分析，试图找出对学生学习成果或教师教学效果产生重要影响的各种因素。我们首先将“基础理论掌握”“综合能力提升”和“素养提升”

设为理论课的学习成果因变因素。研究发现，表 8.3 中所列各项指标对于学习成果都具有统计学意义上的重要影响（$p<.0001$）。其中对于基础理论掌握影响较大的因素包括师生互动交流、信息化教学和教师辅导答疑；对于综合能力提升影响较大的因素包括师生互动交流、作业反馈帮助度和信息化教学；对于素养提升影响较大的是信息化教学。

表 8.3 理论课的学习成果影响因素模型

学习成果	指标名称	系数（影响程度）	p 值
基础理论掌握	**师生互动交流**	0.18466	<.0001
	信息化教学	0.14826	<.0001
	教师辅导答疑	0.11000	<.0001
	授课条理清晰度	0.09135	<.0001
	作业反馈帮助度	0.07598	<.0001
综合能力提升	**师生互动交流**	0.17783	<.0001
	作业反馈帮助度	0.11131	<.0001
	信息化教学	0.10492	<.0001
	激发学习热情	0.09790	<.0001
	教师辅导答疑	0.07575	<.0001
素养提升	**信息化教学**	0.12891	<.0001
	师生互动交流	0.08960	<.0001
	教师辅导答疑	0.07646	<.0001
	作业反馈帮助度	0.06548	<.0001
	授课条理清晰度	0.05818	<.0001

我们将“专业理论掌握”“综合能力提升”和“素养提升”设为实践课的学习成果因变因素。研究发现，表 8.4 中所列各项指标对于学习成果都具有统计学意义上的重要影响（$p<.0001$）。其中对于专业理论掌握影响较大的是师生互动交流、报告反馈帮助度和激发学习热情；对于综合能力提升影响较大的是师生互动交流和实践过程中的教师指导；对于素养提升影响较大的是报告反馈帮助度。

表 8.4 实践课的学习成果影响因素模型

教学效果	指标名称	系数（影响程度）	p 值
专业理论掌握	**师生互动交流**	0.17990	<.0001
	报告反馈帮助度	0.13644	<.0001
	激发学习热情	0.10095	<.0001
	实践目标清晰度	0.07411	<.0001
	教师行为规范	0.07300	<.0001
综合能力提升	**师生互动交流**	0.16932	<.0001
	实践过程中的教师指导	0.10827	<.0001
	报告反馈帮助度	0.08844	<.0001
	教师讲解示范清晰	0.08319	<.0001
	实践目标清晰度	0.07226	<.0001
素养提升	**报告反馈帮助度**	0.10842	<.0001
	师生互动交流	0.08931	<.0001
	激发学习热情	0.08116	<.0001
	教师行为规范	0.07128	<.0001
	实践过程中的教师指导	0.06972	<.0001

学生评教数据能够帮助教师改进课堂教学、提升整体教学质量，更重要的是，高校可以通过测量相关课程的目标达成度，评估学科专业从内容到方法如何影响学生最终的学习成果，并以此为据提升院校各个教育教学环节的人才培养质量。所谓成果导向教育，此之谓也。

三

本章以哈佛大学“Q 指南”的来龙去脉开篇，引出高校学生评教的话题，本来顺理成章。可是看完上述案例，我们会突然发现，原来同样是学生评课评教，中国高校现行的评课评教与哈佛“Q 指南”的初衷及其现状并不完全吻合，甚至可以说是两回事。假如说哈佛评课评教的初衷是以学生为中心、为学生选课服务，中国高校的评课评教则是以管理为中心，为校方提升教学质量、管理教学人员服务。

学界公认的事实是，管理大学不易，管理教学更难，而管理教授更是难上加难。因此，学生评教工具的发明或者说重新发现，的确给教学管理带来诸多利好，除了帮助提升课堂教学以外，还能用来监管，甚至惩戒少数难以管理的教职人员。问题是，工具虽然好用，用好工具却非易事。陈卓等对中国部分高校教评现状进行抽样调查发现，高校的确将评教结果用到对教师的管理上去了：

在选取的样本中，部分高校坚信学生评教是“最直接、最重要、最客观”的教学评估方式，并将评教结果直接用于教师评先、评优、评奖、晋职等方面。例如，中国人民大学、上海理工大学等高校将学生评教成绩计入教师教学总成绩，占30%—70%的比重不等，并依据此成绩评定校级“教学优秀奖”。上海交通大学则将其作为“末位淘汰”标准，每学期按照一定比例，组织专家对评教结果较差的课程进行质量“综合评定”，决定下学期是否继续授课。①

评教工具如此运用是否合理，学界大可见仁见智，其中批评之声亦不绝于耳。熊丙奇直言，学生评教在欧美大学能行得通，在中国高校却“水土不服”，根源在于中国高校缺乏与之配套的系列制度：“学生评教，代表教育消费者对教育供给者的评价，那些评价很低的教师，就将逐渐被学生抛弃，而这是需要完全学分制的，即学生有充分的选课、选师的空间和权利，如果大学的师资、课程有限，学生必须上这些老师的这些课，评教也就无法改变学校的教育教学局面——被评分很低的教师，最多被学校扣奖金，影响评优，但来年还是会继续给学生上课。”

熊丙奇认为：“离开了自主授予学位、完全学分制、教师同行评价等制度，单独推进的学生评教，很容易让功利的师生关系变得更为功

① 陈卓，丁吉超，耿辉，等. 高校学生评教困境与超越[J]. 高等教育研究学报，2023，46(2)：79—83+116.

利。”[①] 问题是，尽管理想的学生评教有赖于高校办学制度的改革，但有志于改革的高校管理者需要所有可能的工具去实现教学质量的提升。他们不能，也不会坐等制度的变革。

北京大学作为中国高教改革的领头羊，在教评问题上的思考、探索、创新和改进，与开风气之先的哈佛有得一比。2016 年 12 月《麦可思研究》与北京大学教务部副部长刘建波教授就“教评改革如何引领未来”进行了一场对话。[②] 此时北大的教学评价系统已经运行十年以上，作为这项改革的领导者，刘教授提出很多发人深思的问题及可能的解决方案。他认为，原来的系统评价类型比较单一，没有对课程作详细区分；以学校层面的评价为主，院系参与得比较少；整个评价的思路还是以对“教”的评价为主，围绕着老师怎么教、教得怎么样、是不是很用心等问题展开，对学生的感受和收获关注较少。

2016 年 4 月，北京大学公布了《北京大学本科教育综合改革指导意见》及《北京大学 2016 年本科教育改革实施方案要点（试行）》，进一步明确学校的人才培养目标，即培养能够“引领未来的人”。与此相应，本科教育要以学生成长为中心，而这个思路体现在教评上即对学生学习成果的强调——老师讲得再好，如果学生收获不大，就不是好课。因此，北大迫切需要建立一个更加完备的、综合性的教学评价体系，不单依靠学生打分，还有对老师教学水平、教学能力、教学投入、教学效果的综合评价。

作为质量保障体系建设的一个部分，北大在改造教评系统时试图增加教学评价在整个教师评价体系里的比重。以国外高校作为参照，教学型大学的教学评价在教师评价中有可能占到 60%—70%，但研究型大学多为“442”，即教学占 40%，科研占 40%，社会服务，包括担任学校

① 熊丙奇．学生评教为何行不通 [N]．中国青年报，2016-01-19：2.

② 马妍．教评改革如何“引领未来”——专访北京大学教务部副部长刘建波教授 [J]．麦可思研究，2016：12—16.

行政工作，占20%。目前北大对院系的绩效评价中，教学的比例越来越高，本科加研究生教学已经占到50%了，以后有可能还会进一步提高。但对教师的评价中，教学部分有没有可能达到国外的40%的标准？北大清醒地认识到，这不是单单依靠一个平台、一个系统就能做好的，而是需要在学校层面上与本科教育改革的整体目标和规划相协调。

北大选择了麦可思这样的专业机构来开发新的教评系统，并提出新系统的设计思路。第一层次是学生：新系统以学生学习的效率、收获为主要目标，从学生的角度出发进行教学评价，鼓励学生更客观地评价老师。第二层次是院系：给他们自主设计评价问题的权力，并进行实时监控，鼓励院系积极参与到教学评价中去，并运用评价结果提升教学水平。第三层次是教师：对于评价结果，特别是负面的结果，教师产生抵触情绪在情理之中。新的教评系统在评价教师的同时也为教师提供服务，让他们利用这个系统进行课堂调查，就课程内容向学生提问，等等；学生们可以用手机或电脑直接回答老师问题，而系统则会对学生回答结果进行统计分析。当系统可以用来辅助教学，教授参与的积极性会相应得到提高。

自2016年北京大学建立并启用新的教评系统以来，截至2021年年初，学校每年发布两份本科课程评估分析报告。一是通过微信公众号推送的简版报告，其目的在于通过信息公开的手段，让师生更多地了解课程评估工作，了解学校教学质量和发展，并引导大家关注教学质量，促进教学质量的提升。二是面向院系教学管理人员发布的本科课程评估分析报告，对每个院系的排名变化、具体指标的分数变化进行梳理，目的在于针对各院系的具体情况并结合其在全校的排名变动，督促院系重视评教工作，把评估结果用于教学管理。

北大的教评虽不如哈佛那样直接服务于学生选课，其对评估结果的运用也体现了管理中心的思路，但北大通过教评系统帮助师生互动并公布学生评教结果的做法，其实是在学生中心的道路上向前迈了一大步。

利用教评系统辅助教学，最终的受益者还是学生。

2021 年麦可思对北大教务部教育教学评估办公室主任董礼就教评问题进行追踪访谈。[①] 董礼谈到，北大目前已经建成一个多维的课程评价体系。过去偏重结果性评价，即以期末评价为主，而现在更加重视过程性评价，主要包括日常反馈、期中评估、专家评价。有些期末评价的问题更适用于期中改进，他们就把问题前移，避免教学改进的滞后，也缓解期末考试阶段评课过大的工作量。

在日常反馈中，教务部会在收到反馈后以邮件的形式发给教师，要求教师进行回复，让教师在教学过程中了解学生提出的问题，改进教学。期中评价一般是在学期的第 9 周到第 10 周，教务部将评价结果中学生反馈问题比较多的课程列表提供给各院系，要求院系督促教师进行教学调整和改进。专家评价则由学校本科教学监督和检查专家进行，特别强调专家在听课过程中与师生的交流，并要求将评价结果上传到评价网站上。如果专家同意评价结果向被听课教师公开，教师还能随时查看专家的意见。

董礼认为，课程评价结果的分析对于北大的教学改革起到了积极的作用。譬如他们在课评中发现，师生交流一直是薄弱环节，学生在学期中与老师单独交流的机会比较少。为了改善这一状况，一方面教务部在评价系统中增加了日常反馈模块，通过发送邮件督促教师及时查看和回复学生问题，反馈结果也能让班级所有学生看到，借助评价平台为师生提供交流机会，另一方面学校出台相关规定，要求每位教师每周安排一定的时间接待来访学生，学生对课程有问题或其他想法都能单独与教师交流。

北大在评课评教中发现，很多教师困惑于为什么自己已经很用心地教学，但是学生的反馈并不好。针对这类课程教务部进行了重点跟踪，

① 郭坤．关于课评，北大正在发生这些改变 [J]．麦可思研究，2021：14—17.

发现主要原因在于教师的教学理念和学生的学习理念之间存在差异。如果教师上课还是以知识传授为主，教学方法也相对传统，便无法适应当今学生的学习需求。所以学校在教改中提出继续推进大班授课、小班研讨，通过课程建设提升课程质量。知识在大班讲授，保证知识体系的逻辑性，然后在大班的基础上进行小班研讨，让学生学会如何把知识运用到实践，解决具体问题。北大结合课程评价持续推进部分教改工作并关注其效果，引导教学改革的发展方向。

关于教评的未来走向，北大看到AI技术与教评工作的融合可能是一个趋势。利用AI分析课堂教学情况，包括分析学生的学习状态、老师的教学状态等，可以降低对学生评教覆盖率的需求。譬如每学期可以在固定时间段，选取真正愿意参与课程评价的学生反馈教学意见。

北大亦提出向院系开放课程评价个性化的权限，希望各院系能依据其课程特征和课程分类情况，细化评价指标。例如从不同学科、不同层次、不同规模等维度去作专门的指标设计，并就同样的课程评价内容制定不同问法的评价指标，融入针对性更强的评价内容。北大希望能依据课程类型去组合评价指标，或者提炼出更有针对性的评价模型，譬如将通用的评价指标和个性化的评价指标组合使用，全面了解各课程的教学内容、教学方法以及教学成效等具体情况。①

四

从哈佛到北大，两所世界名校在教评问题上相向而行。哈佛的教评源于草根，自下而上，但学生为自己选课方便而发明的《机密指南》最终为校方所用，成为助力教学改进的“Q指南”；北大的教评从诞生那天起就是校方进行教学管理的工具，却逐渐自上而下演变成教师与学

① 王慧．北大：人力变算力，AI赋能教学评价[EB/OL].（2023-10-17）[2024-10-11]. https://mp.weixin.qq.com/sl6i0OPYhOSCof4UdZhYEPA.

生进行沟通交流的纽带。假如我们可以把教评这么复杂的问题往简单处说，那么哈佛教评的出发点是学生中心，北大教评的出发点则是管理中心，但两者殊途同归，在提升教学质量这个节点上交会。

这是一个成效至上的时代。在高等教育普及化的大背景下，高校之间的竞争变得异常激烈。学校不得不像企业那样，需要更加高效地提供教学和服务，以保持其竞争力。而教学成效之提升，由作为行业专家的教师来单方推动已经不足以成事；学生对于自己学习过程的参与成为高校教学中不可或缺的一股力量。从这个角度看，教评在今天的高校不再是可有可无的点缀，而是提升教学成效、保障人才培养质量之必须。每一所高校都需要一个“好”的教评系统，而“好”的系统会反过来对教学管理、课程评价和资源分配提出更高要求。

尽管教评的初衷不是成效，但在成果导向理念深入人心的今天，不管高校师生是否愿意，他们无法回避“成效”这样带有商业气息的话题。在高等教育的精英化时代，学生出于个人选课的需要或偏好编撰选课指南，无须顾及学习成果，学生中心的评教应运而生。但在高教普及化时代，学生关心的已经不是一己的兴趣是否在所选课程中得到满足，而是他们为高校学业投入的资源——包括学费、时间及未来可能的职业生涯——是否物有所值。对于教学成效的关注需要高校管理人员的介入，而构建一个“好”的教评系统不仅需要良好的系统设计和软件配置，还有赖于管理、师资与学生之间的良性互动及其背后有效激励机制的支撑。

那么，“好”的教评究竟应该具有哪些特征？

首先，“好”的教评系统必须目标简单、明确。换言之，高校管理者需要清楚知道他们想从教评中得到什么。在现实中我们经常面对领导提出的“既要—又要”式的要求。这样的目标看似合理却难以实现，主要是因为这类目标通常涉及对立或互相排斥的要求，在其间取得平衡实属不易。

比如说，课程评价既要求学生如实反馈，又不希望负面反馈伤害教师的感情。于是，和稀泥成为无二的选择，设计评价问题时转弯抹角，导致教评系统不长“牙齿”，形同虚设。高校不可能拥有无限的资源，因此打破“既要 — 又要”魔咒的唯一方法是确定优先级，这就要求设计者在满足一方需求时，暂时搁置另一方的利益。如此选择会不会代价太高？美国伊利诺伊大学香槟分校（UIUC）对于教学评价意义的界定是：首要目的是有针对性地帮助教师改进教学工作，其次是学校对教师的监管和绩效考核。为此，学校允许教师根据需要利用校方提供的题库自己设计评价问题，生成独一无二的教评问卷。“正如世界上没有完全相同的两片树叶，对每一位 UIUC 的教师而言，个性化教评问卷为教师有针对性地获取课堂教学反馈、改进教学方式提供了很大的帮助。”该校的理查德·弗拉纳根（Richard Flanagan）教授如是说。①

其实，环境的变化和工作重点的转移时时都在发生，教评系统的设计也不需要永久地定于一尊，而完全可以根据校情事先设定的优先级作不断的调整。管理者只要在教学决策之前综合考虑各方因素，便能通过持续沟通、协调和创新，实现对教评系统的不断改造升级，达到预设目标。

其次，“好”的教评系统必须自带激励机制。校园数字化使得信息获取变得容易，但信息的处理、分析和利用则更具挑战性。在教评问题上，校方、教师和学生三方各有所欲，亦有所不欲。陈卓等对此所作的描述生动却不够全面：“校方积极组织评教、推行奖惩，占据着主动地位；学生消极参与、敷衍了事；教师困惑不解，质疑评教组织，进而抵制评教开展。”② 事实上，校方以教评服务管理，却并不愿激化矛盾，自扬“家丑”；教师愿意改进教学，却不愿因教评结果受到惩罚；学生希

① 王慧．教评问卷也能独家专属？[J]．麦可思研究，2015（1）：26—29.

② 陈卓，丁吉超，耿辉，等．高校学生评教困境与超越 [J]．高等教育研究学报，2023，46（2）：79—83+116.

望从课上既学到东西又得到好的成绩，但期末评教更多是为学弟学妹做嫁衣裳。所以三方都需要一个“好”的理由、一个巧妙设置的激励机制去参与教评。

较高的答题率当然是教评成功的先决条件，但为了提升答题率而采取的任何绑架措施，则有可能摧毁教评的初衷。因此，高校必须了解校方、教师和学生在教评问题上之所求，以便对症下药，设计相应的激励机制。比如说，研究型大学注重教师科研是不争的事实，因此科研与教学的矛盾无可回避，学生评教的结果可能伤及科研优异而教学不佳的教师。校方能否充分发挥教评的“指挥棒”作用，通过评教问题的设置，奖励那些“寓研于教”的课程及其教师呢？再如，针对学生评教只是惠及后来者的问题，学校必须在评教系统中设置及时的反馈机制，鼓励学生利用评教平台在课程进行过程中与老师加强沟通交流，从而让学生参与到教学质量保障与提升的过程中。

再次，“好”的教评系统必须包含制衡机制。以学生为中心的理念在当代高校得到广泛认可，但完全以学生为中心、在教评问题上过分重视学生观点或依赖学生反馈，有可能伤及专业标准，导致教学质量松弛以至高校文凭放水。

高等教育通常涉及特定的学科专业知识和领域，这些知识的形成有其内在结构和科学依据。一些学科领域可能需要采用特定的教学方法和评估标准，以确保学生获得专业水平的知识。更重要的是，教师在高等教育中扮演着专业导师的角色，其专业知识和经验对学生的发展至关重要。完全以学生为中心不仅可能导致忽视这些专业性的教学需求，而且无法充分发挥教师在知识传授和学科指导方面的作用。毕竟，掌握学科专业知识的是教师而非学生，因此在教学评价过程中学生的声音过于强势，有可能导致课堂教学的碎片化，使得教师无法展示学科知识的纵深度、系统性和专业性。

其实，在教评问题上，高校需要抛弃大一统的思维惯性，对于每一门课程的教学目标作相对细化的分类。比如说，每一个学科都有一些概论课，其课程目的是梳理和传授该学科的系统知识，而另有一些课程则要求学生课前阅读大量文献，教师在课上要求学生通过分享阅读体验加深对文献的理解，或是通过讨论提出自己的见解。对于这两种教学目的完全不同的课程，如果我们不加区分地用课堂上师生互动的指标来进行评价，将得到什么结果呢？这样的评分对于概论课的任课老师公平吗？当然不公平。因此，教学管理者必须在问题的设定或事后的数据分析中体现课程目标的差异，而教学优异对于教师来说就是最大程度地达成课程事先设定的教学目标。

如此个性化的系统设置需要同行和内部专业人士的介入，而现有系统大多是由个别教学管理人员为了方便省事而设计的"一把尺子量天下"式的评估。当然，过于个性化的课程评价也会影响评价结果的普适性和客观性，从而降低教评对于高校教学管理者而言的工具性能。为此，高校在设计教评系统时必须考虑同时设置制衡机制，在学生评课评教的同时鼓励同行、督导，以至外校同行参与评教，通过不断地实验和试错，最终找到学生、同行、督导、管理层等各种不同的声音在教评过程中应有的、相对公平的输入权重，以多维视角抗衡学生单一视角可能带来的偏见和误差。

研究手记 8.1

课程评价系统的研发

2014 年浙江大学本科学院教研处处长夏强教授向麦可思公司提出一个要求：开发新的课程评价系统。这时中国高校已经普遍实行期末教学评价，但夏处长对于教评的要求更高，他希望教评系统设置三级评课，做到学校、二级学院和任课教授都可以发起，可以是课后即时评价、期中评课和期末评课。在他看来，理想的教评系统应当具有四个特征：首先，要便捷，可以多平台兼容，包括移动终端；其次，不要占用学生太多时间；再次，能让学生尽快看到评价结果，如果不能及时让学生看到评价结果，学生就不会积极参与、持续关注；最后，学生评价的结果要对学生有用，例如，学生选课前能看到前一届或者前几届学生对某个老师的课程的评价意见，这些意见包括课程的评分以及评论性意见。

夏强处长列举了他心目中比较理想的教评系统，包括哈佛大学的"Q 指南"（在线课评系统）①、华盛顿大学（University of Washington）为不同类型的课程设计的不同类型的调查表等。第三方提供的教评系统如美国 ConnectEDU 公司开发的 CoursEval 在线课程评估系统，该系统基于在线和移动设备，目前已经承担了美国 6000 多所各类学校的课程评价。该公司有自己的指标库，能根据不同的课程评价目标设计问卷。另外美国也有大学采用 Campus Labs（一家第三方高等教育评估机构）和另一个评教系统 IDEA 的评价数据作为教师晋升的依据。IDEA 为全美 360 余所大学提供服务，服务班级每年达 25 万个。在国际上，这些大学和公司代表了相对前沿的评教水准。夏强处长希望与麦可思合作，开发出第三方的评教系统。②

麦可思的强项是问卷和指标设计，开发这个 IT 系统并不难。但 2014 年麦可思开发的评教系统在浙江大学本科学院上线后使用效果并不如人意，浙大也不满意。当时的麦可思团队不懂产品开发。次年公司将这个产品团队撤销，并在成都重建新的产品团队。新团队广泛听取高校客户的各种批评建议，不断改进产品。十年磨一剑，今天的麦

① 哈佛大学的"Q 指南"（在线课评系统）已全部采用网络评价形式并与在线选课系统结合，这为那些计划完成学期课程任务的学生提供了更简便的查询方式与更强大的数据检索功能，他们在选课前可以很方便地查看与对比此课程在前几年的评价数据。

② 刘诚城. 教评不能做减法就做加法 [J]. 麦可思研究，2015（5）：14—15.

可思教评系统不仅能够用于教评和教学督导，还可以用于学生线上考试和自动改卷。目前全国高校每学期有65.2万个教学班的437万在校生使用麦可思的教评系统。新系统不仅能够自主生成评教题，提供各类教学评价问题11.7万个，还包含大学课程考试题8.3万道。麦可思通过研究客户需求和使用体验，为中国高校第三方评教提供了一个有效的平台。

麦可思教评系统的研发主要从三个方面推进：

一、多元评价体系

在开发教评系统的过程中，经常会有老师问：学生评教结果能否如实反映教师的教学质量？我们意识到教评体系不能仅依赖于单一主体的评价。因此，新的教评系统增加了督导评价、领导评价、同行评价等模块，构建起一个多元主体参与的课堂教学质量评价体系。这一体系的建立，能够从不同角度和层面出发，为教师提供更加全面、客观的教学反馈。

特别是督导评价。问题之一是学校督导人员有限，难以实现对全体教师及课程的全面覆盖监督。针对这个问题，我们在教评系统上开发精准督导功能，依托于评教大数据和校本特色数据，智能筛选评教结果反映出问题的课程，并把这些课程及问题推荐给督导团队，针对课程与问题进行督导，实现督导资源的高效利用和更好的覆盖。督导的问题之二是信息传递方式原本十分落后，督导携带听课本到课堂进行记录，待学期结束交回教务处，教务处再翻阅结果。在麦可思教评系统的帮助下，督导只需在移动端即可完成评价工作，评价结果会即时推送给授课教师、学院和学校，分析结果也会实时在后台呈现。最新的教评系统实现了与学校教室高清视频录制系统的即时对接，使得督导和领导能灵活安排时间，进行在线听课与评课，提升了教学评价的效率和覆盖面。

二、教评问卷库和指标题库

教评中一个长期存在的痛点是评教分数普遍虚高，评教结果没有区分度。追根溯源，此问题的主要原因是学校评教问卷的设计质量参差不齐，难以准确反映教学真实情况。依托教评系统丰富的题库资源和麦可思专业的统计能力，我们制定了教评问题有效性的科学评估标准。针对不同学科和课程特性，在教评系统中构建了分类详细的评价问卷库和指标题库供评价方灵活引用（如图 1 所示）。学生完成评教后，评价系统将对结果数据进行信度与效度的分析，确保评教结果的有效性。

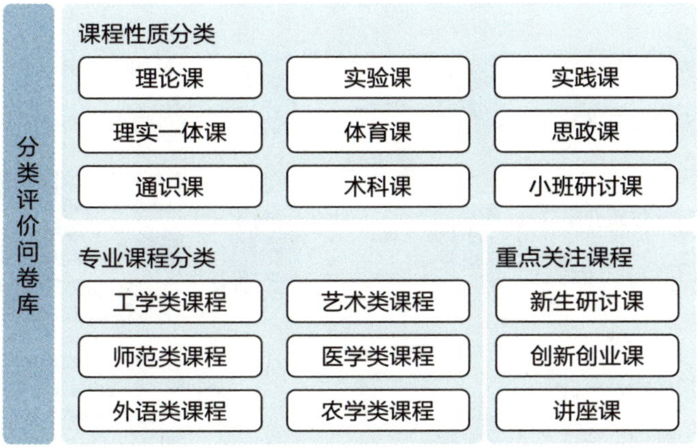

图 1 教评系统分类评价问卷库

三、数据挖掘与分析

实现教评工作的有效闭环，关键在于深度挖掘教评数据的深层价值。这些数据不仅能用于诊断教学质量，还可作为教师评优、职称评聘、申报一流课程等工作中不可或缺的支撑依据，要做到这点，相关部门需要配置教评数据的分析能力。

自 2020 年起，麦可思教评系统引入了三级报告功能，在每学期末自动整合评教数据，生成针对学校、院系、教师个人的详尽报告，服务于不同层级和角色的教学质量诊断（如图2所示）。例如，在教师个人报告中，不仅会展示教师教学质量的趋势变化，还通过横向对比同类型课程教师、同职称教师、同院系乃至全校教师的平均水平，为教师精准定位教学优势与不足。

教评系统还可自动生成学生评价、督导评价、领导评价等不同维度的分析报告，能按学期、学年分别生成报告，并实现跨学期、跨学年的对比分析。2023年教评系统上线“领导驾驶舱”功能，通过实时呈现分析结果，极大地提升了教学质量监控的时效性，为教学管理人员提供更加高效、直观的决策支持平台。

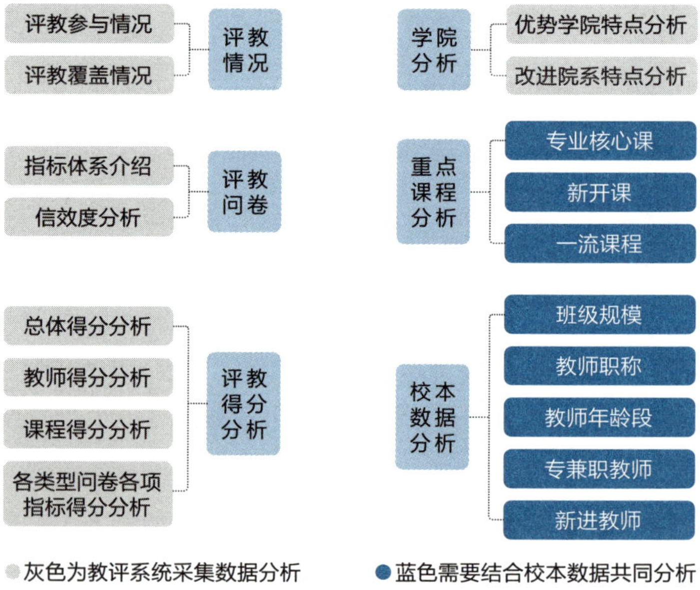

图2 教评报告分析体系图

（王伯庆）

研究手记 8.2

督导上线　质保在线

本科高校该如何构建自己的教学督导队伍？又该如何通过督导评价促进学校教学质量的提升？

上海应用技术大学是我国第一所以“应用技术”命名的高水平应用创新型大学，在该校致力于建成具有国际影响力的高水平应用创新型大学的过程中，教学督导发挥着不可替代的作用。学校期待通过教学督导工作的良好开展，推动“以学生为中心”的教学改革。而从实际工作来看，该校也确实在督导工作开展上投入巨大，例如建立了校、院两级督导制度，依托教学质量管理平台为教学督导量身打造了专属的评价问卷并作了很细致的分类……有序推进的督导评价工作也让学校收益颇丰，概括来讲主要体现在直接反馈、即知即改和制度化建设三方面。该校究竟是怎么开展督导评价工作的?《麦可思研究》（下文简称“麦”）特邀上海应用技术大学教务处副处长、教学质量监控办公室主任姜超与我们进行了分享。

麦：学校的督导队伍具体是怎样构建的？督导教师的选用标准是怎样的?

姜超：教学督导是学校开展教学质量常态监测过程中最为倚重的一支队伍。目前我校实行校、院两级督导制度。其中，校级督导又分为专职督导组和兼职督导组，专职督导组有9人，兼职督导组有27人。院级督导组共计有230人，主要分布在17个二级学院。

由于不同的督导组承担不同的质量监测任务，因此学校对督导老师的选用标准有所侧重。除了责任心强、公道正派、授课效果好等通用标准外，校专职督导主要由具有高级职称、有丰富的教学经验和一定教学成就的退休教师组成，他们的时间比较充裕，能够在教学督导中投入较多的精力；校兼职督导主要是各专业在职的骨干教师，大多承担过市级以上课程建设或教改任务，熟知最新的教育教学理念，由学校和学院双向推荐遴选确定。各学院的院级督导组成比较多元，一般包括学院领导、教研室主任和骨干教师等。校兼职督导一般也会同时担任本学院的督导，是校、院之间协同配合的纽带。

麦：学校希望督导评价达到怎样的覆盖？在此过程中校、院是如何配合的？

姜超：在我校，校、院两级督导评价和学生评教共同形成了对教师课程教学质量的综合评价结果，并在教师职称评审、课程建设等工作中得到运用。

一般来讲，校级督导工作的侧重点在于课程类型和教学环节上的全覆盖，院级督导工作的侧重点则在于对本院教师个体的全覆盖。

具体来说，学校层面要着眼于全方位、全过程的评价格局来确定督导任务：既要关注理论教学，也要关注实践教学；既要重视课堂教学质量，也要检查课程考核和材料归档；既要监测日常教学秩序，也要强化关键教学环节和重点教改任务。在这一过程中，校专职督导偏重规范性质量检查和覆盖面较广的教学巡视，校兼职督导偏重内涵要求较高的专项检查和有针对性的听课。

二级学院层面的督导评价主要面向本院任课教师，特别是新进教师、有职称评审需求的教师、学生评教或往年督导评价成绩较低的教师等。院级督导每学期都要完成一轮对本院教师的全覆盖听课，主要目的是全面了解本科教学基本状态，控制教学质量风险点。当然，学校对校级督导的课堂听课也有量化要求，一般要求校督导组每三年完成一轮对全校教师的听课。

麦：校级督导工作开展中，学校比较关注哪些课程？为什么？

姜超：我校校级督导的工作重点会根据学校完善内部质量保障体系的总体部署作动态调整。以本学期为例，校督导的工作重点主要在两个方面：一是随着疫情结束后线下教学全面恢复，对前两年实施线上教学的课程的试卷归档情况进行规范性检查，守住教学质量规范的底线；二是根据迎接新一轮审核评估的需要，对实践类课程的教学质量进行专项检查，并通过检查工作完善现有的评价指标体系。

总的来说，校督导的工作是与学校的教育教学改革密切结合的。学校会结合重点建设任务安排专项质量检查，比如课程思政试点课程专项听课、校企合作课程和校企合作实验专项听课、混合式教学课程专项听课、毕业设计（和课程设计）专项检查等。开展这些有针对性的重点评价，主要目的有三：一是发现潜在的风险点和管理漏洞，避免出现教学质量问题；二是了解重点教改项目的真实状况，为制定切实可行的教学管理制度提供依据；三是发现各类优秀示范课程，总结推广经验和推荐申报更高等级的课程教学项目。

麦：我们了解到贵校的督导评价问卷进行了很详细的分类，具体是怎么分类的？为什么要作这样的分类？

姜超：我们的督导评价问卷主要是从使用层面和课程类型两个方面进行分类。目前，学校的教学质量管理平台已经全面开放给了校、院两级用户开展课堂教学质量评价，评价课程也覆盖了理论教学、实践环节的各类型课程。评价表的细化分类，一方面是为了匹配不同听课主体、听课对象以及课程类型的特征，另一方面也是为了兼顾质量状态数据填报的需要。

从使用层面上来说，评价问卷分为校领导问卷、校级督导问卷、院领导问卷和院级督导问卷四类。领导和督导问卷分开设置和发放任务，主要是基于国家质量平台状态数据监测的需求。“教学质量评估统计表（学年）”中，需要对校领导听课学时数、校领导听思政必修课程学时数、中层领导听课学时数分别进行统计上报。相对应的，平台在给校领导发放任务时，将思政类课程推荐置顶为优先听课对象。校督导听课任务则是根据重点听课对象（督导评价为C及以下、学生评教全校排名后5%、拟申报职称晋升的教师等）安排优先听课名单。

从课程类型上来说，我们设置了理论类课程听课问卷、实验类课程听课问卷、其他实践环节看课问卷三类评价问卷。根据课程性质差异，相应的评价指标也会有所侧重。理论类课程问卷对课堂教学的形式、规范、内容、内涵、特色和教学效果设置了比较全面的评价指标。实验类课程的评价则重点关注实验教学的安全和规范、教学组织的合理性。对于除实验外的课程设计、实习实践类课程，采用巡课或看课的方式开展评价，主要关注教学组织与教学计划是否相符、实践环境及安全、师生到位情况等教学规范性问题。

麦：学校比较关注督导评价的哪些指标？

姜超：学校的课程评价指标体系经历了多轮调整，目前主要由教学规范、教学内容、教学组织、教学效果和教学特色5个一级指标和10个观察点组成。这些指标既体现了学校最新的课程教学质量标准，将课程思政建设、“两性一度”要求，以及学校提出的未来工程师“爱科技”（ASciT）9大关键能力等融入其中，又突出可操作性，符合督导日常评价的现实需求。其中，教学内容和教学组织这两个一级指标所占的比重相对较大。这是因为这两个指标反映了教师挖掘课程思政元素、融入学科前沿和产业进展、善用线上资源、发挥学生主体地位等方面的情况，是落实“金课”建设要求的核心内容。为此，学校多次组织督导就这些指标的表述方式和评价尺度进行研讨，并进行了一段时期的试用，确保这些指标评价结果科学、客观和可信。

麦：督导评价结果是否有应用于学校的教学日常改进？具体是怎么应用的？

姜超：将评价结果用于教学日常持续改进是开展教学督导工作的基本出发点之一。这方面的改进可以根据实施路径不同分为直接反馈、即知即改和制度化建设三类。

直接反馈主要是督导在听课后当场与授课教师交流，或者授课教师直接在教学质量管理平台查看督导的评价意见。这种反馈方式比较灵活，改进效果往往受到督导水平、被评价教师的态度、沟通情境等多方面的影响，对年轻教师而言效果相对更好。

即知即改则是在事后由教学质量管理部门将督导发现的显著问题（如实践课程教师指导不到位、个别教师授课效果极差、教师私自调整教学安排等）以“教学质量整改通知书”的形式发至学院，学院在规定时间内形成处理意见。

制度化建设是指汇总一定时期内集中发现的突出问题，在管理制度层面进行完善。例如，本学期的督导评价中，发现不少教师忽视了课程授课计划的编写，存在课程教学随意化和教改方案不落地的风险。因此，学校教学质量管理部门及时下发了“关于加强课程授课计划管理的通知”，对相关管理制度进行了强调。

当然，日常教学中发现的问题往往反映出学院内部质量保障体系的不足。因此，学校要求各学院在每年度的教学质量分析报告中，必须有专门的一个章节对学校督导反馈的质量问题进行回应，形成具体可操作的举措，弥补质量管理的薄弱环节。在学校搭建了教学质量管理平台后，督导的课堂教学评价结果可以从课程、班级、教师等不同维度进行归纳分析，每月形成定量和定性相结合的评价报告。这不仅提高了学校层面教学质量反馈的水平，也为学院有针对性地改进自身不足提供了更清晰的依据。

下一步，学校还计划利用教学质量管理平台在数据分析方面的优势，深挖督导日常评价中生成的大量数据，与年度教学工作考核、教学质量专项检查、学生评教等数据结合起来，建构出更加全面客观的教学质量评价模型，为完善质量管理、打造质量文化提供支持。

（谌超）

第九章

人才培养的质量保障

一

提到高校人才培养质量，坊间铺天盖地的大学排名是一个无法回避的话题。相比之下，高校为健全质量保障体系所做的大量工作，从教师的教学评价到学生的学习成果评估，反而鲜为人知。欧洲议会在2015年发布报告《大学质量指标：一个关键的评估》，无可奈何地指出：全球排名主要以科研为标准，其相关数据不难取得，而且数据来源单一；高校的质量监测的关注焦点在于教学，其相关数据本来并不存在，需要专门收集，因此质量保障标准趋于定性。结果是，全球排名结果通俗易懂，而高校基于教学质量发布的报告却无人问津。[①]

高校研究界围绕人才培养质量的讨论持续多年却难得共识，管理者们也迟迟未能给出一个让高校圈外人士理解并认同的质量保障方案。于是商业机构乘虚而入，以排名模拟质量，其中利弊我们在第二章中已经作过分析，不再赘述。问题是，高校在质量保障方面需要做什么、怎么做，才能得到社会的认可呢？

横亘在高校面前的起码有三大障碍：首先，坊间对于什么是高校人才培养的质量仍无定见；其次，当代大学需要质量保障，并无异议，问

① Directorate General for Internal Policies. (2015). *University Quality Indicators: A Critical Assessment*. European Parliament, 11–12.

题在于如何保障；最后，面对市场，高校即便建立了质保体系，仍需掌握能有效传达其质量信息的工具与方法。

对于这三大障碍，国内外学术界和管理界都已作过深入探讨，相关研究成果和文献用汗牛充栋来形容并不过分。问题是，从研究文献到政策文件到实施方案，其中有太多的假设需要论证、太多的场景需要考虑、太多的细节需要推敲，而且这些假设、场景和细节因高校而异、因专业而异、因学生而异，甚至因就业市场而异。在此我们从概念框架、系统目标和建设方案三个方面，对高校质量保障体系的构建加以描述和总结。①

（一）高校质保体系的概念框架

关于高校质保体系的概念框架，我们可以从理念、标准和机制三个方面进行梳理，进而回答质保体系究竟“是什么”的问题。

质量保障通常包括三部曲：一是组织对于自身使命的梳理和陈述，二是组织为实现其使命而设置相应的机制及过程，三是组织对于使命达成结果进行评估。高等教育机构质量保障的独特性在于，高校的性质及其功能决定了它们具有许多不同的使命，而政府、雇主、认证机构、高校管理人员、校友、研究人员、教师和学生等不同的利益相关者对于高校都有其独特的认知与诉求。高校质量保障由此表现出相应的多元性和复杂性。

按照教育的基本规律，高校在输入、过程和产出各个环节中设置有效的学术与非学术项目，从知识、能力和素养等方面对学生进行培训，以满足社会对于各类人才的需求。高校内部质量保障，即高校针对教育、教学和科研活动进行监测与评估以实现改进的过程。高教研究者

① 笔者有幸参与教育部教育质量评估中心牵头的“高校内部质量保障体系建设研究”课题，从研究报告和实地考察中获益良多。以下文字从这个课题中多有借鉴，在此对评估中心和中国人民大学、厦门大学、上海交通大学、西安交通大学、大连理工大学和南方科技大学等参与课题的高校的专家们表示衷心感谢。

借鉴其他行业的质量观及最佳实践，提出包括全面质量治理、学生中心、成果导向、持续改进、多元价值、过程监控、全员参与、循证教育等质保理念，以保证高校的质保机制具有自省、自律、自查、自纠的功能。

为了实现对社会的承诺，高校从资源投放、过程开展、支持服务等各个方面对人才培养的过程及结果进行监督，通过专业设置、教师发展、课程达成、就业结果等方面的评估，形成质量报告，并及时改进过程，定期调整战略。这种基于高校使命及其相应目标建立质量保障体系的概念框架，有利于不同类型的高校根据自身特点设置教育教学目标，进行质量评估，有效地防止质保中“一把尺子量天下”的倾向。

【关于高校质保常见问题及其应对，见研究手记9.1质保背后的逻辑】

要进行质量评估就必须有质量标准。高等教育的普及化直接导致教育教学成果的多元化。各个利益相关者观察人才培养质量的视角不同，其质量标准和要求也不同。面对多元的利益相关者，使命驱使的高校怎样才能制定相应的质量标准，以此满足高校内外不同群体的要求呢？从研究文献中我们归纳出三种质量标准的制定方法。

一是基于输入、过程和输出三个教育步骤制定质量标准。输入质量标准包括招生质量、教师队伍、经费投入与办学条件建设，以及专业、课程、教材建设等教学投入要素质量标准；过程质量标准包括课堂教学、实验教学、实习实训等各教学环节质量标准；输出质量标准包括学生发展质量，如知识、能力、素质发展，毕业设计/论文质量，就业质量等标准。

二是基于教育增值理念制定能够动态调整的质量标准。在人才培养过程中，由质量达标观转为质量增值观，关注每位学生学习过程中的知识、能力等增值情况，实现学生的最大教育增值。这种以增值为基础的质量观，给予不同使命、不同类型的高校在制定自身质量标准时充分的自主权和发言权。

三是基于专业培养标准制定各教学环节的质量标准，由此形成学校本科人才培养质量标准体系。具体来说，以“全面质量管理”和“ISO9000”这两个管理理论与方法为指导，以保障和提高教学质量为目标，运用系统概念与方法，依靠必要的组织机构把各部门、各环节的质量管理活动严密组织起来，对影响教学质量的一切过程和因素实行有效监控，形成一个有明确任务、职责、权限，互相协调、互相促进的质量保障的有机整体。

从国内现行的高校质保实践来看，其运行机制大致遵循三条思路。

一是全员参与。为保证质保机制全面覆盖目标战略、资源支持、培养过程、日常管理等各个环节，其设计要求从党政办、教务处、学工处、人事处、国际交流处、校友会、各院（系）等部门，从书记、校长和部处领导到院长、教师和学生都有明确的质量保障职责，并通过提高自身的工作质量来提升教育质量。

二是分层质保。首先是各层次部门“自检自查”，其次是专门质量保障部门开展“专门督查”。这个机制包括四个层面：在决策层，党政校领导与质量保障部门合作拟订质量保障或改进方案；在执行层和检验层，质保工作由院系、二级管理机构、相关附属机构以及质量保障部门共同完成；在反馈层，质量保障部门对数据进行科学分析，形成质量反馈报告，提出专业的质量改进和完善建议，再提交决策层更新和完善质量方案。

三是内外联动。高校质保的现状多以文件牵头，对应审核评估指标体系给出报告，并未形成完善的内部质量保障机制。高校理应借助外力推动，形成常态化、体系化的内部质量保障体系。高校与利益相关方组成的质量保障联动机制一旦形成，既可以引导高校更好地了解社会需求，提高人才培养适应社会发展的能力，亦能调动各利益相关方积极参与，让政府和用人单位了解高校人才培养特色与成果，从而达到相辅相成、相互促进的结果。

（二）高校质保体系的系统目标

我们对高校质保体系的概念框架进行梳理，回答高校质保体系“是什么”的问题的同时，也应对其系统目标进行阐述，进而回答质保体系“为什么”要这样建。简而言之，高校质保体系无论如何建设，其最终目标都必须做到明确责任、产生效果、形成自觉。

明确责任。质保之于很多高校，迫于外部问责的压力大于来自内部的持续改进的动力。当高校仍需通过外力推动才能形成内部质量保障体系，可见其质量文化尚未形成。因此，健全高校内部质量保障体系，形成利益相关方共同参与治理、共同实施问责的机制，是现阶段高等教育质量保障体系建设的核心内容。换言之，质保机制尚有可能在外力推动下在较短时间里建立起来，但质量文化从内部生成就非一蹴而就了。质保体系的最终形成需要从领导到全体师生员工的共同努力，每一个教学和行政单位都必须担负起与之相关部分的质量保障责任。

产生效果。近年来随着数字化技术深入校园，高校的组织结构、管理模式、课堂教学、学生服务等各方面都发生深刻变化，相应地，高校质保的预期成效也应当反映这个不可逆转的趋势。数字化的高校管理及其相应的质保机制应在下列四个方面产生效果：改善学生学习成果，推行更为有效的教学方法，提升科研与创新能力，以及提升高校管理和决策能力。这些效果必须是可观察、可测量的；测量手段可以是定量的，也可以是定性的。为此，高校需要在目标、资源、过程和管理等方面确立质量保障要素，并就每个要素提出质量标准项。其中每个质量标准项对于高校教育教学质量与效果都应具有可测量性。

形成自觉。高校质保需要建立主体责任，并通过合理的机制设计和积极的评估活动产生质保效果，其最终目的是将质保从外部驱动、上级要求变为高校自觉的行动，形成自省、自律、自查、自纠的质量文化。

因此，高校需要制定发展愿景和战略，明确人才培养目标，确立质量文化建设的基本程序、步骤和方法。最终形成的高校质量文化的“软秩序”和质量保障制度规则的“硬秩序”是相互补充的。质量保障体系应以学生为中心，将学生学习成果和人才培养质量放在首位，这才是高校质量文化的核心价值。

（三）高校质保体系的建设方案

在考虑高校质保体系的概念框架和系统目标之后，我们需要拿出切实可行的建设方案，进而回答“怎么建”的问题。根据国内高校现行质保运行的最佳实践，我们归纳了三种可能的建设方案。

其一，基于高校类型构建的质保方案。如果我们可以将国内高校粗略地分为“一流”（包括“双一流”建设高校或之前的“985”和“211”高校）和普通两大类，那么“一流”高校的质保方案强调院、系或专业的自我评估和质量保障，通过校级监督与指导，实现质量信息共享及持续改进，提高整体的教育质量和学科水平。而普通高校的质保方案则更多地依赖于内部质量标准系统的建立，通过常态化的监控、反馈与改进，形成从目标、运行、保障、评价到改进的闭合循环的内部质量保障机制。

其二，基于评估方式构建的质保方案。高校质量评估一般包括外部评估和内部评估两种方式，高校可由此建立两套质保机制：外部评估（包括审核评估、专业认证和社会监督）由院校研究办公室（参照国外机制）或质量办（参照国内机制）牵头进行常态化的数据搜集与分析，支持高校应对各种来自外部的评估要求；内部评估则由院系根据专业要求构建常态化的项目评估机制，对于专业、课程和学生事务等进行周期性的监测和评估。这个设计方案由相关学术和非学术部门的质保人员具体实施。

其三，基于管理方式构建的质保方案。高校内部教学和管理部门分工合作，其中教育教学的质量保障包括本科教育教学、研究生教育教学，以及本研一体化的教育教学体系，而质保在日常执行层面上则包括决策与指挥系统、目标与质量标准系统、教育教学资源管理系统、教育教学过程管理系统、学生发展管理系统、监测评估与反馈系统、改进与督导系统等相互关联又相互支持的系统。

【国外审核评估如何进行，见研究手记 9.2 审核评估：不必高深，也无须复杂】

二

如前所述，大学排名大行其道，最简单的解释就是社会大众有这个需求。但大学排名作为人才培养质量的替代指标，既未完全满足大众需求，又未能真实反映高校在质保上的投入及其成效。大学排名以学校为单位，其质量指标只能是大学的状态数据而非学生学习成果数据，而唯有后者才能真正反映大学人才培养的质量。因此，高校质量保障体系建设之所以成为高校管理的当务之急，与其说是出于高校对于自身质量自觉自愿的关注，不如说是他们在外界压力之下做出的积极回应。

其实，大学排名虽然饱受诟病，但排名机构采用“尽可能真实的”数据作为质量指标的研究方法还是得到广泛认可的。假如说大学排名是一种基于学校状态数据所呈现的宏观的质量证据，那么学校则能搜集学生学习成果数据，以此呈现微观的高校人才培养质量证据。所谓高校质量保障中的循证思维，就是在评估时采用的一种基于证据的科学思维方法。循证思维强调根据可靠的数据、实证研究和逻辑推理来做出质量评定，而不是凭借主观偏见或依循传统惯例。

具体来说，学生学习成果的评价及其质量证据，由直接证据和间接证据两部分构成。直接证据包括考试、测验——老师以此了解学生是否掌握基本知识点，学生作业——老师用来检测学生学习的进程，案例分析——反映学生运用学到的知识来解决实际问题的能力，学生作品展示，等等。间接证据则包括问卷调查——学校以此了解学生、毕业生、用人单位对于学校人才培养过程和结果的反馈，校友成功案例，等等。直接证据由任课教师及其教学单位进行搜集和呈现，其受众更多是学生及其潜在的雇主，这种个性化的质量评估很难作为系统的证据呈现给社会大众，更难以反映高校整体的质量。有鉴于此，由间接证据构成的质量指标就成为高校在微观层面上呈现其人才培养过程及其结果的最佳选择。

麦可思在过去十多年中助力全国各类院校，通过毕业生短期（应届毕业生毕业半年之内）和中期（毕业三到五年左右）、在校生成长过程中不同时期（大一、大二、大三、大四）的问卷调查，搜集了大量的学生反馈数据，反映高校学术和非学术部门对于学生成长的影响与支持，构成关于中国高校人才培养质量的数字画像。

以双一流高校为例，图 9.1 显示 2022 届双一流高校应届毕业生对于高校人才培养机制各方面所作的评价。近年来高校，特别是国内顶尖高校在提升学生基础科学素养和扩展学生通识视野方面做出的成绩在此清晰可见（满意度 90% 及以上），而且这类高校的专业教育水平也深得毕业生赞赏（满意度达 90%）。与此相比，学生对于学校在国际化培养方面所作的努力或是所取得的成效则评价不高（满意度 65%，仅有 15% 的毕业生表示“很满意”）。当然，这届学生的大学生活有一部分是在疫情期间度过的，而大学的国际交流是受疫情影响的重灾区。学生对于国际化培养的评价低迷虽情有可原，但他们以参与国际交流的情况而非国际素养的提升作为评价标准，恰恰反映了高校在国际化人才培养认知上的短板。

图 9.1 也暴露了双一流高校在跨学科人才培养方面的不足之处。只有 20% 左右的学生对高校的交叉复合和混合大类培养表示非常满意，另有 20% 左右的学生明确表示不满意。此外，在学生眼中，高校的学术科学训练也不尽如人意（近 20% 的毕业生表示不满意）。

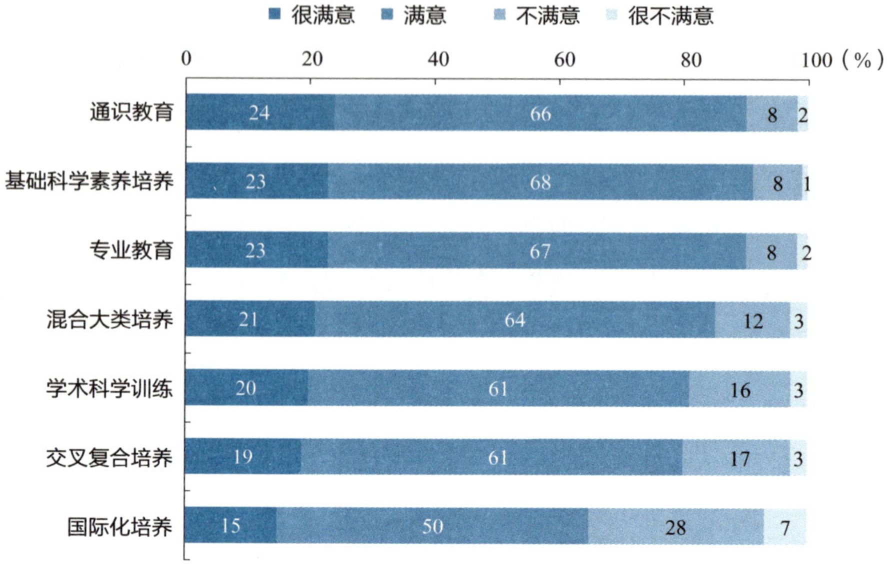

图 9.1 2022 届双一流高校应届毕业生对于人才培养机制各方面满意度

表 9.1 显示 2022 届双一流高校的应届毕业生对于各类课程的评价。总的来说，在专业课、通识课和公共课之间，学生对于课程的满意度没有太大差别，对于教师授课效果的满意度也差别不大。当然，学生对于公共课的满意程度相对专业课程稍低，这在多数高校不算新闻，表 9.1 只是提供了数据的佐证。值得注意的是，当我们提高标准，仅将“很满意”当作学生的正面反馈时，课程满意度和教师授课效果满意度之间的差别就出现了：学生对于教师授课效果的满意度（接近三分之一）高于他们对于课程的总体满意程度（仅四分之一）。这个结果将关注焦点指向课程本身的设计、内容的前沿性，以及对于学生日后职业生涯的实用性。对于这个假设下面还有更多的数据加以证实。

表 9.1　2022 届双一流高校应届毕业生对于各类课程的评价

课程满意度	很满意	满意	不满意	很不满意
专业课（%）	24	68	7	1
通识课（%）	24	65	9	2
公共课（%）	22	68	9	1
教师授课效果满意度				
专业课（%）	32	63	4	1
通识课（%）	29	67	3	1
公共课（%）	28	68	3	1

其实，双一流高校的毕业生在对上述三类课程进行评价时，三分之二以上的学生选择“满意”而不是“很满意”，这个现象值得进一步分析。当学生以单选的方式在一系列预设问题中选择课程需要改进之处时，他们的回答发人深省。由表 9.2 可见，双一流高校学生对于专业课在前沿性方面颇有微词。作为双一流高校，学校很多教师都是他们所在领域中的翘楚，但高达 57% 的学生抱怨教师在课上很少涉及学科前沿动态，45% 的学生认为课程对专业能力的支撑度不够。图 9.1 所示对学科交叉复合培养相对较低的满意度也在此得到验证，41% 的学生认为学科交叉融合的内容少。唯一可以肯定的是，双一流高校专业课程的挑战性还是相当高的，认为专业课程缺乏挑战性的仅占 14%。

假如说提升学生能力素质是通识课程最重要的目标之一，那么双一流高校在此只能说勉强及格：高达 43% 的毕业生认为母校的通识课程对综合能力素质的提升不够，38% 的学生认为课程对开阔视野、完善价值观帮助不大，41% 的学生认为课程难以调动学习兴趣。如此评价，与表 9.1 所示通识课程高达近 90% 的满意度相互矛盾吗？其实，细看表 9.1 可知，给通识教育以“很满意”评价的学生仅占 24%，而选择“满意”的占近三分之二，可以认作是打“敷衍分”或“客气分”。作此解读，学生在此指出通识教育存在的诸多问题也就不难理解了。

难以调动学生的学习兴趣可能是公共课最大的痛点（55%），而课程规模不合理，大班教学居多（29%）可能是公共课不受学生待见的原因之一。

表 9.2 2022 届双一流高校应届毕业生认为课程需要改进的地方

专业课	占比（%）
涉及学科前沿动态的内容少	57
对专业能力的支撑度不够	45
学科交叉融合的内容少	41
专业知识面覆盖有限	37
课程考核方式不合理	16
课程难度低，缺乏挑战性	14
通识课	
对综合能力素质的提升不够	43
对学生学习兴趣调动不够	41
对于开阔视野、完善价值观的帮助不够	38
课程规模不合理，大班教学偏多	29
课程种类不丰富	28
教学目标不够清晰	21
课程考核方式不合理	12
公共课	
对学生学习兴趣调动不够	55
基础知识教育（外语、数学等）的重视程度不足	29
课程规模不合理，大班教学偏多	29
对提升品德素养、完善价值观的帮助不够	23
思政教育元素的融入效果不佳	22
课程考核方式不合理	15

以上我们以双一流高校为例展示 2022 届毕业生对于学校教学的满意程度。在考察数据背后所包含意义的同时，我们也在观察学生对于学习经验进行评价时的行为和倾向。我们发现，对于评价对象，学生除非有着强烈的满意或不满意情绪，否则在大多场合下会给予较为中庸的评价。因此，如果将中间偏好的选项“满意”与最好的选项“很满意”合并成为正面评价而不作进一步的分析的话，我们可能会得到“你好我好

大家好”的结论。图 9.2 是两类不同高校 2022 届毕业生对学校教学的满意度评价。不同类别的高校学生在“很满意”评价的比例上有差别（双一流 27%，非双一流 25%），但与“满意”放在一起时这种差别就消失了——所有高校的教学满意度评价都是 93%。

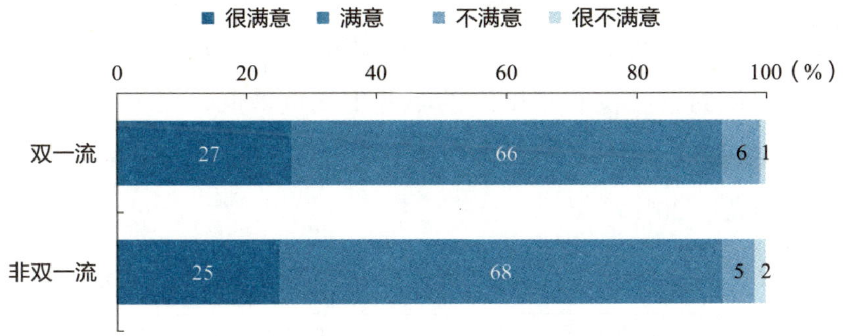

图 9.2 2022 届应届毕业生对于教学的满意程度

三

对于应届毕业生来说，教学满意度反映的是他们大学学习经历的获得感、满足感或享受程度。令人满意的大学经历可以带来美好的记忆和归属感。然而，这种满足感在学生进入职场若干年之后会悄然地发生变化。这时，满意度开始被实用性所取代，学生从大学教育中获得的学习成果及其实际利益成为他们评价母校教育教学的标尺。毕业若干年后的中期毕业生对于其就学经验的评价便比应届生少了几分感情色彩，多了一些实用考量。

还是先以双一流高校为例。我们请毕业三年和毕业五年后的中期毕业生反思大学各项学术和非学术活动，让他们就这些活动对于职业发展或深造学习的帮助度做出评价。由表 9.3 可见，回顾学校各项教育教学活动，毕业三年后与五年后的学生对于它们对职业发展或深造学习的帮助度评价没有太大的差别。专业课程和学术科研经历对于双一流高校毕业生的影响最大，这个结果原在我们的意料之中。但近年来国内高校投入巨大资源推动开发的两个热点项目——通识课程和创新创业教育——居然在帮助度的排行榜上叨陪末座，着实让我们感到意外。仅有10%左右的毕业生表示通识课程和创新创业教育对他们帮助很大，绝大多数毕业生给这两个项目打了一个“敷衍分”。其中通识教育虽不尽如人意，但认为其“没有帮助”的毕业生比例最低，仅为6%，说明学生对此仍存好感。而创业创新教育就没有那么幸运了，认为其“没有帮助”的比例高达20%。

表 9.3 双一流高校中期毕业生评价母校活动对职业发展 / 深造学习的帮助度

在校活动	帮助非常大（%）		有较大 / 一些帮助（%）		没有帮助（%）	
	2019 届三年后	2017 届五年后	2019 届三年后	2017 届五年后	2019 届三年后	2017 届五年后
专业课程	23	24	71	71	6	5
学术科研经历	21	20	66	68	13	12
国际访学交流交换经历	19	18	53	56	28	26
校园文化活动	19	20	69	71	12	9
实习实践经历	18	17	70	73	12	10
社会服务经历	16	18	72	73	12	9
辅修 / 双学位经历	14	15	58	60	28	25
通识课程	12	14	82	80	6	6
创新创业教育	10	10	69	73	21	17

2017和2019届学生的学习经历没有受到疫情干扰。他们在学期间，多数高校，特别是一流高校重视国际交流，学生出国机会多。然而，毕业三、五年后回顾这段经历，居然已经“往事如烟”。表9.3显示仅有不到20%的毕业生认为国际交流帮助非常大，而认为“没有帮助”的比例高达28%，占据榜首。另一个“没有帮助”占比最高的项目是辅修 / 双学位经历，也是近年来高校所努力推动的改革项目之一。至少在毕业生

眼中，这个项目给学生带来的利好不多，效果欠佳。

表 9.4 针对学校各项活动的帮助度在双一流和非双一流高校之间作横向比较。与双一流高校相比，非双一流高校毕业生对于学术科研活动、国际交流访学的热情显然较低，但他们更加重视实习实践活动和社会服务经历。有趣的是，我们原以为创新创业教育会对非双一流高校学生帮助更大，事实上两类高校毕业生的反应并无太大差异。两类高校毕业生对于通识教育的负面反馈也趋于一致。

表 9.4　2019 届毕业生毕业三年后评价母校活动对职业发展 / 深造学习的帮助度：双一流 vs 非双一流

在校活动	帮助非常大（%）		有较大 / 一些帮助（%）		没有帮助（%）	
	双一流	非双一流	双一流	非双一流	双一流	非双一流
专业课程	23	22	71	72	6	6
学术科研经历	21	17	66	68	13	15
国际访学交流交换经历	19	15	53	56	28	29
校园文化活动	19	19	69	70	12	11
实习实践经历	18	20	70	72	12	8
社会服务经历	16	18	72	71	12	11
辅修 / 双学位经历	14	14	58	61	28	25
通识课程	12	13	82	80	6	7
创新创业教育	10	11	69	70	21	19

上述调查结果提醒高校管理者，没有一所高校的资源是无限的，每一项投入都有机会成本。因此日常教育教学项目的规划和设置，管理者需要追求的不是最佳项目，而应当是最适合学生的项目。

四

近年来 OBE 理念深入人心，与“学生中心”和“持续改进”的理念相结合，成为院校评估的终极标准。然而，需要指出的是，在 OBE 理念指导下的学生学习成果评估，虽然聚焦于学习的成果、成效和目标的达成，但并不等于忽略过程。相反，唯有重视过程方能取得良好结果。因此，高校教育教学的过程性评价和结果性评价是评价实践中的两个不可或缺的重要组成部分。

过程性评价和结果性评价作为任课教师对于学生学习情况及其成果的评价方法，比较容易理解，也已经在高校课堂教学中得到广泛运用。表 9.5 从评价的目的、时间、反馈和运用等四个方面，对这两种评价方法进行比较。过程性评价关注教学过程中学生的实时表现和学习进度，而结果性评价则是对学习成果和终极目标的评价，它关注的是学生在学习过程结束时在知识、技能、态度等方面的表现。

表 9.5 教师常用评学方法：过程性评价与结果性评价

	过程性评价	结果性评价
目的	在学习过程中提供持续的反馈，以改善学习成果。它侧重于确定学生在学习过程中的理解和表现	评估学生的整体学习成果和学习目标的实现情况
时间	发生在整个学习过程中，包括测验、作业、课堂讨论和教师反馈等	课程、单元或教学阶段结束时进行。例如期末考试、期末项目、标准化测试和综合评估
反馈	提供即时或持续的反馈，以便在教学和学习策略上进行调整和改进。强调学习的过程和需要改进的地方	对学生的表现和成绩的总结或最终判断。虽可反馈，但重点是评估学习过程的结果，而非指导未来的学习
运用	指导教学决策，如调整教学策略、修改课程内容等，主要关注实时提高学习效果	对学生的整体表现和成果做出判断，评估教学计划或干预措施的有效性，通常用于给学生评分、决定晋升等

但是，当被评估单位由学生转向学校时，评估者面对的难题是如何从教育教学的过程到结果整体呈现一所高校人才培养的质量。由于前述两种方法都是针对个别学生的学习表现，其学习成果证据由无数个案组成，即便将所有学生的学习成果相加也无助于呈现一所高校整体的人才培养质量。因此，如前所述，评估专家们通过问卷调查搜集间接证

据，以便以学校为单位呈现教学质量。短期和中期毕业生调查从学生的视角，对各类高校在人才培养上所作的努力及其成果进行描述。由于被调查对象已经毕业，他们对于高校人才培养质量的反馈更具有结果性色彩；而要了解学生在高校的学习过程及其成效，在校生调查是取得证据的最佳选择。从方法论上说，毕业生调查帮助我们更好地展示结果性质量证据，而在校生调查展示的则是过程性质量证据。

图 9.3 是 2021—2022 学年在校生调查中学生对教师在专业课上教学行为的评价：在“总是”“经常”“偶尔”“从不”四个选项中选择“总是”的比例。由图中可见，双一流高校的学生对于教师教学行为的评价高于非双一流高校。在课程育人、组织教学、信息技术辅助教学以及明确传达课程目标等方面，双一流高校有一半或以上的学生对教师给予非常积极的评价，而这个比例在非双一流高校仅 40% 出头。如何在课堂上激发学生的学习兴趣，这可能是国内所有高校教师面临的共同挑战，尤其是非双一流高校的教师。

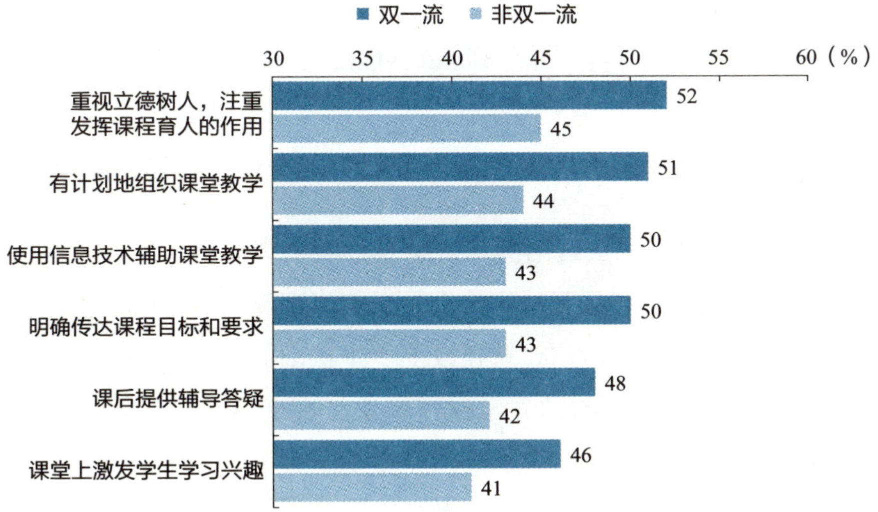

图 9.3 2021—2022 学年在校生对教师专业课上教学行为的评价：选择“总是”的百分比

双一流高校的教师在教学行为方面的得分高于非双一流高校，是否与他们所使用的教学方法有关呢？图 9.4 显示教师在专业课上使用不同教学方法的情况。数据还是来自 2021—2022 学年在校生调查，图中显示“总是”“经常”“偶尔”“从不”四个选项中选择“总是”的比例。从图 9.4 可见，在专业课教学中，双一流高校教师运用线上线下混合式教学、案例教学、课堂互动、小组合作的项目式教学，以及理论与实践相融合等教学方法的比例都高于非双一流高校教师。

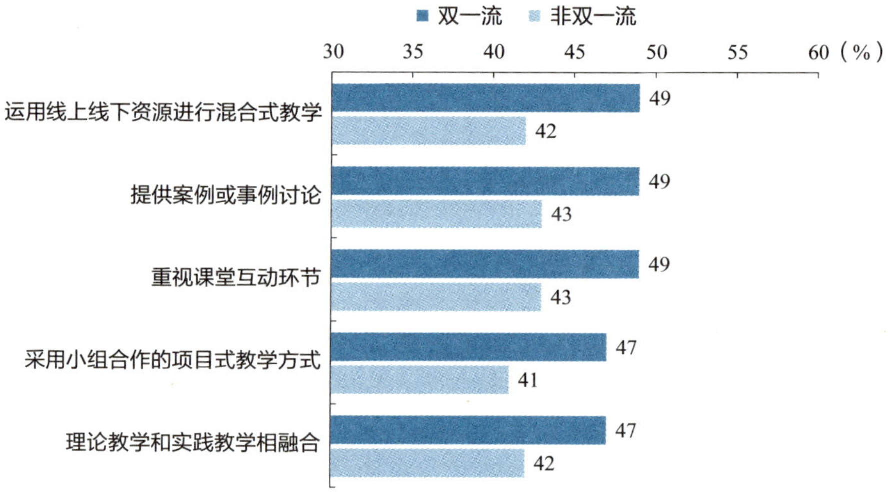

图 9.4 2021—2022 学年在校生对教师专业课上教学方法的评价：选择“总是”的百分比

图 9.4 对于教学方法运用的评价结果不容乐观。图中所列，包括案例教学、小组项目、课堂互动等，都是近年来高校在教学改革中力推的教学方法。这些方法的运用，意在改变学生被动的学习状态，鼓励他们参与到学习、思考和探索的教学过程中去，在获取知识的同时培养能力。姑且不论通识教育鼓吹者们开阔学生视野、培养人文素养、提升综合能力的宏愿能否实现，光从课堂教学方法的运用来看，连双一流高校的课堂里，互动和讨论的比例都未能达到 50%，其他高校的情况则更差。没有互动的课堂能够培养能力？看来摆在高校面前的大学通识教育

改革的道路，仍是“路漫漫其修远兮”。

五

高校人才培养质量的评估及其呈现，不管是宏观的大学排名还是相对微观的学生学习成果评价，都需要用数据来表达，这一点似乎已经成为当代高校与其各方利益相关者之间的共识。教育教学过程和成果科目繁多、种类纷呈，其复杂程度远非象牙塔之外的大众能够轻松把握，连高校里隔行的教授们都未必能够评判高下，因此，用简单化的数量指标来表达，其优越性不言而喻。具体来说，量化的质量指标有四大优点：（1）客观性：数据可以量化高校在各个方面的表现，帮助评估者避免主观偏见，基于事实做出评价。（2）可比性：数据可以帮助评估者在高校、学科、专业等各方面进行对标，帮助人们理解不同单位在教学、研究、学术声誉等方面的优势和劣势，从而做出更准确的评估。（3）变化追踪：通过定期收集和分析数据，评估者可以追踪高校的变化和趋势，发现其在不同领域的进步或退步，为持续改进提供依据。（4）决策支持：数据可以为高校管理者、政策制定者和其他利益相关者提供决策支持，基于数据，他们可以理性制定相关政策，合理分配资源，促进高校质量提升。

然而，用数据表达质量的局限性也不可忽略，例如：（1）数据可能无法完全捕捉到高校质量的各个方面，某些重要因素难以量化或者无法用数据表达，如学术氛围、师德师风等。（2）数据的质量可能受到多种因素的影响，包括数据来源、收集方法、可靠性和准确性等，如果数据存在错误或者不完整，就会导致评估结果的偏差。（3）评估者为了量化表达，有时候会对复杂的现象过度简化，忽略了其中的细节和复杂性，导致评估结果的片面性和不准确性。（4）数据有一定的滞后性，如毕业生调查数据，可能无法完全反映出高校当前的状态和趋势。（5）不同高校之间的数据可能受到各种因素的影响，如地区差异、学科特点、文化背景等，因此直接对标可能存在一定的不公平性和误导性。

上海戏剧学院（简称“上戏”）在教育教学评估中所作的探索值得点赞。为了深入了解中长期毕业生和用人单位对上戏人才培养的评价和需求，上戏采用了问卷调研、小组和个别访谈相结合的方式，对中长期毕业生和用人单位进行定性加定量的数据采集，同时引入麦可思数据库中同类院校参照数据，加上上戏的校本数据，综合多方面信息，有针对性地了解上戏毕业生职业发展状态及其对母校人才培养过程的反馈。2023 年 2 月，上海戏剧学院“以中长期毕业生跟踪调查牵引培养质量精准评价”案例成功入选“2023 年度上海市教育评价改革优秀案例”。①

对离校多年的校友开展跟踪评价，很多高校都在做，专业认证、审核评估也将学生毕业三到五年后的发展情况列入培养结果考察范围。那么，上戏的中长期毕业生跟踪调查为什么能够脱颖而出，获评教育评价改革优秀案例？着眼于毕业生中长期职业发展的评价，又如何精准反馈和引导人才培养改进？上戏教学质量监督与保障办公室主任吴爱丽、副主任宋媛媛对于这些问题给出了回答。

近年来，上戏努力构建多元参与的新型人才培养评价机制，优化人才培养质量的出口端评价机制，推动“以供给为中心”向“以需求为中心”转变的人才培养评价机制改革，在艺术院校领域首次创建中长期毕业生跟踪调查机制。为什么学校教育评价改革着眼于毕业生的中长期职业发展？这与该校的人才培养特点密切相关。

吴爱丽指出，和综合类高校不同，上戏学生毕业后的发展通常分为两类。一类毕业生刚刚毕业，甚至还没有毕业就能在专业领域崭露头角；另一类毕业生可能毕业很多年后才能真正在业界有一定影响力，取

① 郭坤. 全国首创！教育评价改革，这所高校获表彰！[EB/OL].（2024-03-25）[2024-10-11]. https://mp.weixin.qq.com/s/k6h_LfyC7pShr54HFG-DNg.

得比较大的成就。鉴于专业人才的发展特点，学校需要用一种更科学的方法对培养质量进行跟踪、评价。

宋媛媛补充谈道，毕业生工作五到十年后正处于事业发展期。有别于应届生调研更多提供对大学期间任课教师、专业课程等培养细节的反馈，中长期毕业生调研能更好地反馈毕业生的能力素养与培养诉求。而且这个时期毕业生对所在行业及自身职业发展方向的认知更加清晰，对母校培养改进的建议也会更加成熟。

“当然还有一个非常实际的需求是，2025 年学校要进行本科教育教学审核评估，其中不可缺少毕业生中长期发展数据作为举证支撑。”吴爱丽表示，基于以上多方面考量，学校在 2023 年首次开展毕业生中长期发展跟踪调研。上戏的中长期毕业生跟踪调研由质量监督与保障办公室主导，这就意味着调研不是只聚焦就业，而是侧重了解人才培养达成情况并反馈教学改进，同时将其作为建立健全质量保障体系的重要举措。鉴于这样的目标，在调研问卷的设计上就要兼顾两方需求。调查从人才培养最关切的职业发展问题入手，通过定量分析和定性分析，力求打造一条数据真实准确、图谱描绘精准、判断中立有效、科学评价反哺的人才培养评价新路径。

首先，为满足教学单位人才培养改进的需求，调研中重点考察的一是毕业生就业五到十年后的人才培养达成情况，二是学校专业课程设置、提供教学资源对毕业生职业发展的支撑度，以及毕业生对母校教学改进的意见和建议。

就业质量是培养质量的重要体现。因此质量办联合就业办、麦可思一起商定、设计相关评价指标，尤其关注以下几个方面。

一是毕业生毕业去向分布。学校按照受雇工作、自主创业、自由职业、升学等四个类别作了简化的归类，以便在后续分析中更有群体针对性地获取所需信息。

二是区域服务贡献度。由于上戏是一所地方性艺术类院校，所以学校特别关注毕业生对本地区（长三角地区）的贡献度，在文化中心（如北京）和经济活跃地区（如珠三角地区）的就业与发展情况，以及毕业生返回原籍对家乡的贡献。

三是不同专业毕业生的职业发展状况。开展毕业生中长期跟踪评价的核心目标是要实现专业人才培养的持续改进，所以就必须把落脚点放到专业层面。而且由于调研结果还将为学校后续专业调整提供参考，所以毕业生的月收入、就业满意度、职位晋升情况等就业指标也是关注重点。

四是重点关注毕业生在校学习期间掌握的专业能力、素养，是否能在职业发展中综合运用，这也反映了学校的人才培养质量。

宋媛媛还特别提到，学校设置了一项“职业发展自我评价”的指标，请毕业生在工作五到十年后对自己的职业发展现状进行评价，并将其结果与用人单位访谈环节中雇主对毕业生的评价进行对照。学校认为来自毕业生和用人单位的双向评价，能使毕业生职业发展“画像”更加精准。这也是学校此次调研项目中的一个亮点。

调研印证了学校过往在人才培养中长期积累的好做法对于人才培养起到了积极作用。比如不少毕业生谈及他们在校期间参加的一个微电影的实践项目。学校邀请一些已经在影视行业做得非常出色的校友回校，对在校生影视创作进行直接指导。调研发现，参与过这个专业实践项目的毕业生，有些毕业后直接进入了剧组、影视公司，或是相关的后期制作公司，并且能够非常快速地融入和适应职场发展。

吴爱丽还注意到，上戏毕业生“跨界”就业情况比较多。“我们惊奇地发现一位木偶专业学生毕业后进入了互联网行业。这就给学校人才培养一个提示，在本科人才培养、专业建设中要有一个奠基类课程，类似于综合类院校的通识课程。关于这类课程的课程设计已经成为学校近几年教学改革中非常重要的一个关注点。”

宋媛媛指出，毕业生在职业发展中面临转岗需求，是这项研究的另一个重要发现。“比如舞蹈专业的毕业生，我们以往印象中他们进入舞蹈团后就能靠本专业获得稳定的工作。但没有考虑到随着年龄增长，舞蹈从业者可能会面临转岗问题。如何帮助这类毕业生更好地完成职业发展转型，就需要学校和用人单位在培养中加强合作，为毕业生长远发展考虑。”

在调研过程中学校还注意到，在文化资源集中但竞争激烈的地方，比如北京，毕业生职业发展质量受限。如何通过加强北京地区校友资源建设助力毕业生职业发展，也是学校未来工作努力的方向。

基于毕业生中长期跟踪评价与访谈结果，上海戏剧学院最终形成了《上海戏剧学院特色专业人才培养质量评价报告》，填补了学校乃至全国在艺术人才培养成效评价调查上的历史性空白。同时，这份报告也助力学校准确描绘出了专业图谱，推动学校人才培养的全面改革。

吴爱丽谈到，譬如毕业生跨行、转岗案例的出现，就促使学校思考，未来在专业建设中，课程设置、培养目标是否需要重新设定。从这个角度出发，未来的本科教学改革到底应该怎么做，也是学校希望进一步探究的问题。中长期毕业生跟踪调查数据为教学改革提供了一个有力的数据支撑，让学校坚定了一个信心——学生未来的发展可能是多元化的，所以在人才培养中不能被专业束缚，而是要给学生搭建一个更广阔的专业学习平台，让他们从中获取更多与实际行业需求、社会需求相关联的信息、知识，并给他们提供更多实践的可能，为学生终身事业发展打下良好的基础。

专业评估是质量保障体系建设的一个重要组成部分，也是学校目前正在推进的工作。学校开展中长期毕业生跟踪调查，让学校和各专业对培养目标达成情况心中有数。而且在专业自评自建的过程中，调研结果也能在人才培养方案修订、学生就业指导、实践教学基地建设等诸多方面发挥积极作用。

“艺术类院校相对感性，可能以往教育管理过程中不会特别重视这种理性分析。学校这次能够获得上海市优秀案例奖，我觉得很大层面也是因为我们是艺术类院校中第一所创建中长期毕业生跟踪调查机制的高校。”吴爱丽认为，随着互联网和人工智能技术的发展，艺术类院校也必须重视数字化管理，这也是未来教育管理发展的一个必然。

开展毕业生中长期调研，样本回收是一个难点。尤其像上海戏剧学院这样一所行业特色鲜明、体量小的高校，某些专业每届学生可能才几个人，受样本限制将无法进行定量研究。所以学校在项目设计之初就非常明确要增加毕业生访谈环节。但要跟踪调研覆盖过去十年间毕业的所有专业的学生，工作难度很大。为克服毕业生毕业时间长联系困难、愿意参加访谈的人员不确定等难题，质量办和各院系前期做了非常充分的准备工作。比如首先联系学工部搜集、整理毕业生联系方式，再比照教学档案核对毕业生信息。在这个过程中就存在联系方式变化或登记有误的情况。之后还要动员各院系通过当年的班主任联系毕业生，邀请参与调研。

“我们舞美系的一位退休老师，对着自己当年的电话本逐一给学生打电话，这件事当时令我们非常感动。”宋媛媛回忆道。整个过程虽然遇到的困难多，但最终结果令人满意，基本上所有的专业都覆盖到了。

而此次调研之外的收获，也令学校十分欣喜。通过这次调研，毕业后失散多年的校友重新建立起联系，不仅校友之间的关系更加紧密，学校对毕业生发展的关心也拉近了校友与母校的情感距离，不少校友都表示希望有机会回馈母校。“另外我们还了解到，一些反应超前的专业在这次调研后又开展本专业调查，为专业自身建设和未来发展谋划方向、想办法。”宋媛媛表示，这些“意外”收获进一步让参与项目的老师们感到工作虽然辛苦，但也非常有价值、有意义。

研究手记 9.1

质保背后的逻辑

导语：全国本科高校正在密集推进审核评估工作。审核评估的一个关注重点是高校的质量保障措施是否落实到位。根据数十年海内外高校管理和质量保障工作经验，麦可思公司首席科学家程星博士在2023年《麦可思研究》主办的高校讲座中，分享了他观察到的高校质保常见问题，也据此提出了自己的独到见解。

高校质保常见问题及应对

高校的质量保障与评估工作有三个常见的误区：**一是以外部驱动取代使命驱动，二是将以管理为中心当成以学生为中心，三是把自评报告写成工作汇报。**这三个问题产生的原因何在？高校该如何应对？

首先，随着高等教育的普及化，高校各方利益相关者，包括政府、纳税人、学生及其家长、校友，对于学校人才培养的成果各有所求，外部驱动的质量保障由此而生。外部驱动的方式包括政策文件要求、就业市场需求、政府部门问责等；外部驱动的内容包括政策执行情况、就业市场之满足、高校的社会影响等。外部驱动的质保本身没有错，在高等教育普及之后高校有了不同的利益相关者，当然需要应对他们的诉求。但是，高校有自己的办学使命和人才培养目标，各个专业的特点与教学方法也不尽相同，因此质量标准的制定和实施必须在高校的使命目标驱动下进行，而不是跟在别人后面亦步亦趋。在使命驱动下，高校根据教育教学规律和学科自身特点制定并实施质量标准，同时，高校不再仅对上级负责，而是要对所有利益相关者负责。为此，高校需要收集数据、提交证据，以此证明人才培养的质量和办学目标的达成。质保是一项高度专业化的工作，需要由内部专职人员负责，以实现质保常态化，形成质保闭环，其最终目的是在高校形成一种自省、自律、自查、自纠的质保文化。

其次，以管理为中心与以学生为中心的关系。多少年来高校习惯了自上而下金字塔式的管理体制。从管理中心出发，高校的职能部门，比如教务处、学生处、质量中心、后勤处等各司其职，在自己所管辖的领域履行其保障质量的职能，这就是以管理为中心的质保。然而，在以人才培养为核心使命的高校，质保工作的重心难道不是学生？以学生为中心，高校质保的主要责任方就是所有与学生学习相关的学院、系、专业、教师等。依靠职能部门进行质保并非不可，但仅靠职能部门就是本末倒置了。职能部门是为培养学生的院系和老师提供支持的，而后者才是质保的责任主体。在以管理为中心和以学生为中心这两种质保模式之间，质量评估的方法会有所不同。在管理中心模式中，管理部门的意见主导评估的方向和过程。但在学生中心模式中，一切以证据说话，而这个证据就是学生成长发展情况、学生培养目标的达成、师生的反馈意见等，这些才是评估者关注的问题。

最后，工作报告和自评报告的关系。三个问题：谁来写？怎么写？怎么用？

“谁来写”？工作报告通常由部门领导、写作班子或领导秘书来写，但自评报告则不能。为什么？因为自评报告关注学校的教育教学质量问题，而质量问题只有和教育教学活动直接相关的部门才能说清楚。好的自评报告一定不能由写作班子代笔，而是应该由学术和职能部门代表组成的工作小组或者委员会经过调查研究后共同起草。

“怎么写”？工作报告需要罗列成绩，以求得上级部门的认可，但自评报告则是一个三部曲：(1) 报告人对学校的使命和目标进行梳理、陈述；(2) 报告人描述为了实现使命目标制定了什么质量标准，设置了什么样的机制，实施过程如何；(3) 报告人对于使命目标的达成结果进行分析评估。

“怎么用”？工作报告的主要功能是绩效考核，但是自评报告的用处只有一个——实现学校教育教学质量的持续改进。持续改进有三个方面：一是提升学习成效，二是改进日常管理，三是调整资源分配。好的自评报告必须能够达到这三个要求。

质保背后的逻辑

高校质量保障，其背后的逻辑必须梳理清楚，然后才有可能付诸实施。

质保逻辑之一是**使命驱动**。随着高等教育的普及化，高校变得越来越复杂。当代高校种类繁多，有的以人才培养为主要目标，有的追求科研卓越，有的则服务地方经济。每所高校的目标显然不止一个。使命多元化导致了利益的多元，利益相关者群体的多元化使得高校所面对的诉求亦趋多元，而诉求的多元化直接导致了高校教育教学质量标准的多元化。作为质量主体，高校只有参照不同群体的不同诉求，以本校的办学使命和目标为依据，制定符合教育规律、切实可行的质量标准并付诸实施，质量保障才有可能。

质保逻辑之二是**市场驱动**。高校质量保障的逻辑中一个非常重要的元素就是市场。市场是随着高等教育普及化出现的。因为高等教育的普及，高校和培养对象之间的供需关系发生变化。高校之间一旦有了竞争关系就形成市场，市场竞争机制随之引入高校，唯一的区别是高校不能如企业一样在价格上竞争。高校需要办出特色、办出新意，才能够吸引好的学生。现在学校同质化的倾向越来越严重，于是差异化竞争成为未来高校生存必做的功课。其他如市场定位竞争、客户服务竞争、营销竞争等，今天的高校都需要考虑。质量保障为什么和市场驱动有很大关系？因为质量是在竞争当中提升的。没有竞争意识的话，人才培养质量的提升便无从说起了。

质保逻辑之三是**证据驱动**。近年来随着大数据技术进入校园，数字化管理越来越普及。数据本身没有价值，和质量关系也不大。只有当数据成为学校教育教学质量的证据时，才开始有了价值。质量保障为什么需要证据驱动？因为审核评估、质量保障的最终目的是持续改进，这需要证据支撑，而经过分析的数据能够成为证据，帮助高校管理和决策实现客观、透明、公正。因此，通过数据来呈现学校的客观现实，并在此基础上进行持续改进，这是质量保障的终极追求。数字化时代获取数据并不困难，但数据不一定是证据。要将数据变成证据，高校质保人员需要培养循证精神，对数据进行分析、研究、解读，然后提出持续改进的要求和方向。循证精神也能帮助我们改变写工作报告时养成的“只问耕耘不问收获”的坏习惯。因此，证据驱动是实现高校质量保障的另一个基本逻辑。

厘清质保逻辑以后，高校该如何行动？我们需要三个动词：确定、增强、培养。**确定**使命目标，**增强**市场意识，**培养**循证精神。**做到这三点，**高校的质保工作便有了一个良好的起点。

（讲座：程星　整理：谌超）

研究手记 9.2

审核评估：不必高深，也无须复杂

在美国东部区域认证机构担任评估专家多年，有一个规定动作常让我感到哭笑不得：入校专家团队会在校园里随机拦下一些步履匆匆的师生，问他们是否知道学校正在经历审核评估。结果不难想象：大多数人的回答是否定的。

这个动作背后的逻辑是什么呢？按照认证机构的要求，审核评估是对大学质量保障体系的一个全面检查。既然高校人才培养的质量与每一个师生员工休戚相关，他们就应该参与到审核评估的过程中去，起码，他们应该知情。换言之，审核评估必须“发动群众”。因此，认证机构的评估手册中要求被评估大学的师生不仅要参与到自评报告的写作过程中去，而且要通过咨询会、访谈、大学网站等各种途径对大学教学质量提供反馈意见。大学还必须将评估团队入校的时间广而告之。

发动群众的结果不尽如人意，并不意外。学术道路之漫长，与其他行业相比绝无仅有。当你完成博士学位后成功入行，早已在学术的话语环境中浸淫多年，却不一定知晓大学管理的规章制度、繁文缛节。结果是，教授们虽然每天都在以自己的方式做评估——教学、评价、打分，却并不自知。难怪，当评估专家带着佶屈聱牙的行话谈论成果导向、质保体系、测量工具时，教授们常常一头雾水，莫知所云。

发动群众参与审核评估在一流高校难度更高。本来像常青藤这类学校的认证，同行之间存在一种心照不宣的默契，即老校、名校知道自己在做什么，无须外人指手画脚。在一次常青藤校盟的内部会议上，我听到同行如此直言：一般大学需要认证机构来证明他们的教育质量，而认证机构则需要我们这样大学的参与来证明其本身存在的必要。此话虽然听上去刺耳，却是美国大学圈内多少年来的共识，似乎没人会来挑战这个既成事实。

谁知话音未落，挑战竟然不期而至。2009年有一所常青藤大学在其十年一次的认证中收到区域认证机构的严重警告，因为他们没有按照要求对学生学习成效进行评估。而且这个警告居然发生在哥伦比亚大学即将迎来下一轮审核评估之际。为此，哥大副教务长发了好几天愁，因为她太知道了，要让大牌教授们按照认证机构的要求参与评估过程，特别是做学习成果评估这样的功课，后者会如何反应。

于是，为哥大设计一个既能满足要求，又不至于冒犯教授的评估模式的任务就“历史”地落到了我的肩上。在对目前各类大学所开展的评估内容与方式作了大量的调查研究后，我设计了一个两页纸的问卷。这个问卷要求每一个系、专业或学术项目负责人回答几个最简单的问题：学生在完成他们这个项目之后应当掌握什么或达到什么效果？本学科拟用何种手段达到前述效果？学生在多大程度上满足了学科教授们所期待的结果？等等。在每个问题后面我都附上一两个具体的例子，以便于答卷人依样画葫芦。连每个句子的动词我都为他们准备了：“在本学科课程结束的时候，学生应当能够理解____、演示____、表述____、概括____、计算____……”

副教务长带着我的方案找各系负责人开会征求意见。我那天正好出差不能参加会议，但内心却庆幸这个巧合。万一教授们不喜欢这个方案，那我这个始作俑者还不得被骂得狗血喷头？当然，等待的忐忑也同样不好受，因为在这个对任何外来干预都充满敌意的高等学府，让资深教授们玩这么“小儿科”的游戏，本来就比登天还难。要是他们认为我的简化版评估模式侮辱了他们的智力水平，那岂不是火上浇油？谁知第二天去见副教务长，心里的忐忑一进门就被她灿烂的笑容化解了。她告诉我，那些平时特别难缠的学科主管们居然对我的模式大加赞赏。他们没有想到平时让他们厌恶至极的所谓评估居然能够如此简单易行。更重要的是，这些问题其实他们在做教学计划时一直在问，问自己、问同行，也问学生，只是从来没有人告诉他们这就是评估。当外界将评估作为令箭射向大学，对所谓教学成效穷追猛打时，很多教授们根本就不明白这些人要什么，尽管评估从来就是教学工作一个不可分割的组成部分。

其实，我设计的评估方案只解决了问题的一半：我试图在教与学的层面上以最小的努力来争取教授们最大限度的合作，从而取得关于每一个具体学科教学成果的基本信息。但是，教授们在填完这个表格后，开始意识到问题的严重性。在哥大这样的学校里，几乎每个教授都是他们各自行业里的大咖。因此，教授们原先假设只要把自己的研究成果介绍给学生，后者即便不能马上站到行业的前列，起码也不会差距太大吧。可是，当他们在我的暗示下写下那些动词后，突然意识到，在他们的课上，学生除了学到某一门学科的知识以外，更重要的是取得与知识相匹配的能力，而后者其实经不住这种以成果为导向的评估。

假如课堂教学可以与飞机制造类比，教授们原先关注的是飞机零部件的制造。但是，当所有符合质量标准的零部件经过组装成为飞机后，他们并不知道飞机能否起飞，起飞以后能否经得住长途飞行、气流颠簸、升降起落等许多内、外在条件的考验。后者需要的是一个公正、严格的评估过程。道理很简单：大学教育的产品，其整体的质量并不等于所有零部件质量的总和。

这样看来，评估在微观的层面上可能而且可行。教授在设计一门课程时清楚地知道他想要什么，也完全能够了解学生在完成这门课程要求后在多大程度上实现了他的初衷。但是，当他们从微观进入宏观层面时，开始感到犹豫了。一个学科的质量，不只是简单地上好每一门课，还涉及整个学科的知识体系与能力培养。这些与教学直接和间接相关的各种因素是如何组装在一起的？学科的整体教学质量如何评估？

特别是近年来社会上对于高校的质量诉求，逐渐将评估的范围从教学、管理到后勤一网打尽，试图通过审核评估建立起一种高等教育行业内通用的质量标准。当政府要求大学对学生学习成效进行评估时，他们显然并不想知道张三或李四的学习成效，而是大学总的学习成效。高校在财政资助下得以生存，因此只有定期地将他们工作的成效向公众交代，才能消除公众对他们的疑虑。很显然，社会或政府要求的评估和身处教学前线的教授们所作的评估根本就是两回事。

其实，评估作为日常教学活动中的一个环节，既不高深也不复杂，而政府通过认证机构组织周期性的审核评估，也无意于将过程设计得比发射导弹还要烦琐。只是当评估超越了日常教学活动，需要整个学校倾力应对时，首先被搞晕的竟然是教学第一线每天都在从事教学与评估的教授们。他们根本就不明白这个复杂的评审过程和他们所熟悉的评估之间究竟存在什么关系。

俗话说，解铃还须系铃人。本来教授们之所以关注“飞机零部件”的制造，并非因为他们不关心“飞机整体”的质量，而是因为高校从来没有将全面质量控制的任务交到教授们手中。加上缺乏外在压力，高校领导本身的质量保障意识也并不强，总是假设只要学生完成了学习的过程，就已经取得了学习的成果。没有比这样的假设更离谱的了。

正因为如此，认证机构对于全校师生参与审核评估过程的要求，表面看来有点一厢情愿，却包含着实践的智慧。这个要求将教授恰如其分地放回教学质量保障的中心地位，认定只有教授们被动员起来了，高校才能从课程层面、学科层面到高校层面，全面实现教学与教育质量的保障与提升，大学教育的“产品”——人才的“飞机”才能稳稳地飞起来。

随着高等教育的普及化，社会和大众对于高校质量保障的诉求日益多元，高等教育评估作为一个专门的研究领域也应运而生。但正如每一枚硬币都有两面，评估研究专业化也给一线的践行者们带来诸多困惑。评估方法和理论的研究虽然能够帮助高校质保体系建立和健全，但当教授们不再理解随之而来的新名词时，他们便从这个领域里悄然退位了。结果是，评估在理论上日趋成熟、完善，在实践上却变得更加复杂，难以企及。

因此，评估专家们除了需要将评估的逻辑准确无误地传达给教学第一线的教授们，还需要精心设计相应的程序或是工具，使得教授们能够用最简单的方法来完成这项极其重要的任务。审核评估，把简单的事情搞复杂很容易，但把复杂的事情还原到简单真的很难。

（程星）

第十章

联动分析的实践及其启示

一

大学如何影响学生？这个问题看似简单，却让几代高教学者魂牵梦绕，欲罢不能。他们花了半个多世纪的时间，不依不饶地求解，用理论、用数据，为人类高等教育事业第一次从精英走向大众、走向普及的过程，留下数以千计的研究文献。帕斯卡雷拉和特伦齐尼在为这些研究所作的综述中，开篇借用他们的先行者菲德尔曼和纽科姆的一段话，阐释高教学者如此用心意义何在：

> 如果一个人相信科学的累积性，那么在任何特定的科学领域，定期盘点都是必不可少的。当然，一个领域的知识积累可能或多或少是偶然发生的，但这并不妨碍该领域的实践者进行更系统的尝试，以确定他们已经到达哪里，他们可能会去哪里。①

与其他科学或学科相比，高教领域的知识积累至今也许应用意义远大于理论意义，因此帕斯卡雷拉、特伦齐尼和梅修在进行盘点时没有沉浸于哲学思辨，更没有创造宏大叙事。他们力图将实践者的智慧带进研究，以研究者的实证精神看待实践，为后来者继续前行提供一份“已经

① Pascarella, E. T. & Terenzini, P. T. (1991). *How College Affects Students: Findings and Insights from Twenty Years of Research*. San Francisco: Jossey-Bass, xv.

到达哪里”“可能会去哪里”的行动指南。

中国高校过去四十年的发展历程可圈可点，从人才培养、研究卓越到质量保障，渐入主流，成为世界高等教育发展不可或缺的组成部分。近年来中国高校在世界大学排行榜上快速攀升，关于高教的研究文献亦如雨后春笋，不断涌现。但学界至今未能产生我们自己的帕斯卡雷拉和特伦齐尼，以及相应的实践指引。与此同时，高校管理者们面对千变万化的高教“市场”和日渐多元的学生群体，无时不在历史的记忆中搜寻先验知识、成功案例，或是失败教训，试图为当下决策及其难以预测的后果寻求依据。

当然，中国高教界从来不缺评论家，评论家们也不乏真知灼见。真正缺失的是对于数据和案例进行定期盘点，进而提炼形成知识图谱和实践指南。这两项任务对于研究者的学术功底和实践智慧都有相当高的要求。至于本书作者，提炼知识图谱非志向所在，亦非能力所及。我们给自己的任务是，从数据和案例分析中提炼实践指南。具体来说：对高校从招生、培养到就业进行联动分析，为学生的成长与成功描绘路线图，为高校人才培养质量的评估、提升和改进提供实践方法与案例，为高校一线的管理者们提供管理工具和决策依据。

作为研究者，我们幸运地坐拥一座数据的矿藏。从 2006 年至今，麦可思公司致力于打造符合中国高等教育发展的学情监测体系，而本研究使用的数据全部来自这个系统。这是目前国内唯一、国际上亦不多见的从“I”“E”到“O”全过程的学情监测，国内至今已有 1500 多所高校参与调查，形成全方位、多层次的高校学情监测数据系统。正是基于全面的实证数据，我们方才得以将学生成长全过程尽收眼底，对高校人才培养现状进行分析研判。

二

追踪学生成长，我们无法绕开其成长的外部环境，而外部环境的变化对于学生成长的影响，是通过高校这个中介实现的。2019 年中国高校毛入学率超越 50%，实现高等教育普及化，成为高校外部环境最重要的特征。普及化对高校产生了什么样的影响呢?

其一，随着招生规模扩大，高校的教学资源变得紧张：学生人数的增加使得教室、实验室、图书馆等资源面临短缺；师资力量需求增加，加大了高校在教师招聘和培训上的压力。

其二，随着不同家庭背景和学习能力的学生涌入高校，教师在教学方法上不得不向多样化和个性化的方向转移。这对教师个人素质是一个考验。而多样化的学生群体需要更多的心理辅导、学术支持、学生活动以及职业规划服务，对高校在非学术项目上的投入提出更高要求。

其三，在扩招的背景下，如何保持和提升教学质量是高校面临的重要挑战，建立和完善教学质量监控和评价体系势在必行。学生除了需要掌握扎实的专业基础知识以外，其综合素质与能力的高下决定了他们在未来就业市场上的“价值”。从教师的角度来看，按部就班地教课只是底线，而不断优化课程设置、更新教学内容、确保培养质量则成为必须。

其四，高校规模扩大导致经费短缺，很多高校在资源分配上顾此失彼，捉襟见肘。教育主管部门对教育资源的分配变得更加不均衡，部分重点高校可能获得更多资源，而普通高校资源相对匮乏。更重要的是，高校的管理者无法在众多需求中确定优先选项，在资源的内部分配上易引发矛盾与冲突。

其五，学生群体多样化使得管理工作更加复杂，高校呼唤更加精细化和现代化的管理手段。管理者对于数据和信息的需求难以从理论化的高教研究文献中得到满足。因此，如何在高校实现信息化和智能化管理，以提高管理效率和服务水平，是摆在当代高校面前的难题。

正是在这样的大背景下，中国高校普及化的教育教学模式正式启动。这是一场全新的人才培养实验，能抄的作业不多，连英美等少数国家的公立大学系统亦在不断的探索之中。从帕斯卡雷拉、特伦齐尼和梅修对于四十多年的高教研究文献的盘点中不难看出，西方高校的很多经验仍属进行时态。从这个意义上看，本书是我们站在中国高教发展的转折点上，对于以往几十年中国高校人才培养全过程所作的一次数据盘点。

我们的盘点收获满满。

在高校的“输入端”我们发现，麦可思虽然坐拥大量数据，但有关生源和招生的数据却并不如我们想象的那么丰富。究其原因，很多高校早已将自己定位成统一高考制度里的被动接受方，特别是在高校分类中处于较低端口的学校，更是在招生问题上表现出一种无力感，不作为似乎是他们的最佳选择。

问题是，高等教育对于传统的中国家庭来说，早已被赋予一种近乎神圣的意义。它是社会阶层流动必不可少的阶梯，也是普通家庭的孩子进入专业以至管理领域的必经之途。现实是，不管有多少人言必称清北，真正能够实现清北梦想的只是凤毛麟角。作此想即可见，绝大多数的考生及其家长还是在金字塔尖下面那两千多所高校中做出选择。选择是明智还是盲目，并不完全取决于学生及其家长，主动权其实掌握在高校手中。试想，世纪之交时中国高校毛录取率仅 12.5%，这就意味着今天的大学生的父母那一代人中绝大多数从未踏进过大学之门。他们在择校问题上能给孩子提供的资讯或资源极其有限。另一方面，从中学每年贴出的光荣榜上我们不难明白，他们的兴奋点并不在普通高校录取的毕业生那里，唯有成功进入名校、能为母校扬名的尖子生才是中学的骄傲。想清楚这一点，那么，帮助考生找到他们心仪而且匹配的高校的任务便只能由高校承担了，而这个任务之于高校，与其说是为了考生，不如说是为了自身的发展。事实上，普通高校从“普通”的圈子里脱颖而出的最佳策略，就是通过招收符合高校愿景的生源来提升培养质量，因为普通高校的声誉很大程度上取决于其毕业生的就业质量与职业生涯发展。

生源调查数据显示，新生的兴趣、志向及其家庭背景决定了他们日后在大学的学习态度、求知热情和职业目标。在这些基本信息缺失的情况下制订的任何人才培养方案，都无异于空中楼阁，只能是高校的自说自话。精英时代的高校可以按照自己的方式培养学生，而不必顾及其毕业生未来的职业生涯，因为政府会通过工作分配制度全盘照收。普及化时代的高校则不行，他们必须为其培养的人才质量“兜底”，必须帮助学生取得未来雇主能够接受的资质“信号”。在今天充满竞争的就业市场上，雇主除了需要看到毕业生专业学位所包含的知识信号而外，还希望看到他们的能力与素养信号。

中国高校在本科招生上用力不小，与国外大学相比难分伯仲，而且校际竞争的激烈程度也毫不逊色。然而，从生源调查数据中我们观察到，考生对于高校的认知明显不足，而高校对于新生的个人背景、专业选择、升学期待等方面的了解亦相对肤浅。这是观察而非结论，因为我们的数据有限，分析也只能浅尝辄止。但高校进行生源调查意愿低下，恰恰从另一个侧面证实了我们先前的假设，即高校在招生中重视的是高分生源而非与学校人才培养特点相符的愿景生源。

三

追踪学生成长，我们的前提条件是：学生在接受高等教育的过程中面临太多的不确定因素，从入学到毕业的四年中，课程学习、校园生活、人际交往、家庭支持、职场要求等，所有外在和内在的因素都会对这个过程产生影响。据此，我们将这个过程视为“黑匣子”。从麦可思的大量数据中固然能够看出影响学生成长的一些主要因素，却无法还原学生在校期间在学术与非学术各方面受到的影响和熏陶，以及这些外在因素与学习成果之间的因果关系。数据是我们探视“黑匣子”的工具，但数据透露的信息需要放在理论的框架中进行分析研判。

电影《阿甘正传》里有一句著名的台词。妈妈告诉阿甘：“生活就像一盒巧克力，你永远不知道下一个是什么味道。”借来形容我们追踪学生成长的过程，恰如其分。之前我们对于大学生成长的诸多假设，有的得到证实，有的受到挑战，有的得以纠正。

那么，我们之前的哪些假设得到证实了呢？

首先，中国大学生以学习认真为人所知，这一点在调查数据中得到一定的支撑。较高比例的学生能够在课前完成规定的任务，在课堂跟上老师的讲解进度，课后也能认真复习并完成作业。但这些基本的学习行为并不能说明学生“好学”，反而坐实了坊间“大学校园饱受应试教育毒害”的指控。当很多学生把大学当成“高四”“高五”来念，他们不仅学习动力远不及高考前“刷题”的时候，而且还在大二出现了明显的学习倦怠现象。英美大学的“大二低潮”与国内有相似之处，但原因可能大相径庭。

从就业市场到街头巷尾，人们对于高校毕业生“高分低能”的抱怨不绝于耳，但这些指责经常流于空泛，或是基于个案。我们的调查让学生就国际认可的35项基本工作能力进行自我评价，包括对于各项能力重要度的理解及对母校培养这些能力的满足度。结果显示，学生真正缺乏的是应用分析能力和动手能力。从能力增值的角度来看，阅读能力、组织领导、解决问题和设计思维这四项能力在大一时起点较低，大三、大四时虽有所提升，但与其他能力相形见绌。

能力与素质怎样才能得到提升？高校希望借助通识课程训练学生的思维能力，使他们有足够的知识宽度、学习能力、健全心智去适应未来职业的发展，应对不断变化的社会需求。然而，通识课程任课教师中的绝大多数，自己并未接受过通识教育。通识教育要求他们通过课堂辩论、案例分析、引导探究、团队合作等多样化的教学方法，激发学习兴趣、培养综合素质，而不仅仅是扩大知识面。数据证实，半数以上的任课教师并不能胜任通识课程的要求，其教学行为和教学方法均与通识教育的本质相距甚远。通识课程的师资问题在各类高校普遍存在，在非双一流高校尤其突出。

高等教育实现普及化，为什么高考之“卷”却不但未有缓和，反而变本加厉呢？精英阶段人们争夺的是进大学的机会，而普及化后是争夺进“好”大学的机会。问题是，学生及其家长们为此付出的代价是否值得？研究表明，学生毕业三年后获得职位晋升的比例，双一流与非双一流高校毕业生之间没有任何差别；毕业三年内获得晋升的次数，两类高校的毕业生之间也没有差别；毕业五年内获得晋升的次数，双一流高校毕业生仅比其他本科高校平均高出 0.1 次。在此，数据证实的只是早被重复多次的常识：名校的光环在毕业生进入职场后很快就会消失，所有毕业生都需要站在新的起点上，开始新的知识、能力、素养和态度的综合较量。

我们之前又有哪些认知被颠覆了呢？

应试教育通过考试成绩衡量学生的能力，导致他们在进入大学后依然延续了这种“以考试为导向”的学习习惯，重视分数而忽视求知、探索和创新能力的培养。如此批评在媒体上经常出现，我们在心理上亦有所准备，但看到调研数据的那一刻我们仍被惊到了。2021—2022 学年在校本科生调查显示，在课堂上“总是”主动提问或参与讨论的学生仅占 26%，而课后“总是”延伸阅读教师推荐的其他相关书目的学生仅占 22%！带着应试教育的烙印进入大学，中国学生的学习态度仍然停留在完成学习任务的水平，他们的学习动机仍然是通过考试获取高分，而非真正的知识探索与兴趣培养。

语文和数学被认为是每一个受过良好教育的人必备的基本能力，因为它们构成了人类思维和交流的基础，并在职场和日常生活中应用广泛。但是，当我们将35项基本能力放在学生面前，结果出人意料。语文和数学这两项公认的基本能力在学生眼中的重要性居然叨陪末座：理解性阅读59%，针对性写作60%，数学解法45%。更令人惊讶的是，学生对于这些能力的掌握却自满自足：理解性阅读92%，针对性写作87%，数学解法90%。

近年来国内高校为提升学生的职业竞争力，在综合能力训练、人文素养提升和创新意识培养方面投入巨大资源。他们研发各种通识教育模式，培训师资、提升课程质量；举办创新创业大赛，建立创业教育实践平台，推出创新创业教育优质课程；等等。用心用力，表现可圈可点。可是，当我们列出高校各项学术和非学术活动，请毕业三年和毕业五年的学生就其帮助度进行评价，结果令人沮丧。专业课程和学术科研经历对于毕业生影响最大，这个结果原在我们的意料之中，但通识课程和创新创业教育的帮助度却让人猝不及防：仅有10%左右的毕业生表示通识课程和创新创业教育对他们帮助很大；通识教育虽不尽如人意，但认为“没有帮助”的毕业生比例在6%左右，而认为创业创新教育“没有帮助”的比例竟然高达20%。

毕业生就业工作可谓近年来高校工作的重中之重。数据显示，高校就业指导部门不负众望，近五年来毕业生满意度持续上升。然而，成功就业的毕业生对于母校的就业指导是否满意呢？多年的毕业生调研数据显示，毕业半年后的学生中有近四分之一对于就职单位的工作环境、工作压力和工作氛围表达不满。是职场环境着实恶劣，还是他们在进入职场之前没做功课？从就业指导的角度来看，帮助毕业生就业只是第一步，而就业期待管理却是对毕业生走向成功影响深远，但至今仍被忽略的一项工作。

四

高教研究专家阿特巴赫（Philip G. Altbach）曾经说过，“世界一流大学”是个悖论：“每人都想要一所，但没有人知道它是什么，也没人知道如何得到它。”[①] 帕斯卡雷拉、特伦齐尼和梅修的工作之所以值得我们尊敬，就在于他们对高教研究文献的盘点，为破解这个悖论提供了指引：大学如何影响学生，这才是一切问题的关键所在。不能影响学生，不能助力学生成功，不能为未来社会培养人才，如此大学的存在有何意义呢？

顺此思路，我们将高校招生、培养和就业——人才培养的三个重要节点连成一线，以阿斯汀的“I–O–E”理论作为研究框架，进行联动分析。我们的发现看似平淡无奇，但希望我们的分析能够成为学生健康成长的依据和高校科学管理的支撑。

在我们的研究过程中，数据背后的故事通过各类高校大量数据的搜集、分析和比较，逐渐浮现。这里有两条故事线，一条关乎学生，一条关乎高校，两条线在高校质量保障这个节点上交会。

中国学生勤学却不好问，并非新闻，我们只是证实了一个几乎为人熟视无睹的事实。但是，这个事实与高教普及化的大环境，特别是争创一流大学的国家方针格格不入。当人工智能（AI）进入实用阶段，正深刻地改变着人类的生产生活，今天的在校生即便按部就班地完成学业，他们中的很多人大概率不能按部就班地进入那些与他们所学专业对应的行业或职业。理查德·赖利早已预言，他们即将进入“那些目前尚不存在的职业”，而他们能否“运用目前尚未发明的技术手段去解决那些我们至今尚不认为是问题的问题”[②]，不仅是对他们个人知识、素养和能力

① Altbach, P. G. (2004). The Costs and Benefits of World-Class Universities. *Academe*, 90(1): 20.

② Delbanco, A. (2012). *College: What It Was, Is, and Should Be* (2nd ed.). Princeton: Princeton University Press, 25.

的考验，也是对当代高校管理理念和人才培养体系最大的挑战。

高校为走出这个困境进行了多方努力，我们的数据也忠实地记录了他们的成绩：在校生和毕业生对母校教学的满意度、教育教学活动的参与度、学生能力与素养的增值程度、毕业生的就业落实率等，都为中国高校近年来在世界大学排行榜上的亮丽表现作了注脚。然而，AI时代的来临，要求高校毕业生具备跨学科的知识和技能、创新思维和解决复杂问题的能力、对新技术的敏感程度以及终身学习的能力，而要满足这些要求，高校必须对于现有的专业设置、课程内容和教学方法都实行更深层次上的改进或改革。教育作为一项改变人的工程，每一项有关教育教学的决策，每一次有关人才培养方案的修订，每一条教育教学质量标准的出台，都需要经过严格的论证，都必须具有实证数据的支撑。

学生参与式学习（Student Engagement in Learning）能够显著提高学习效果和整体教育体验，这一点早已为高教研究所证实，而本书则以实证数据揭示了当代中国高校学生中广泛存在的倾向于被动的学习行为。据此，中国高校在为提升学习效果、改善教育体验所做大量工作中，究竟存在哪些短板呢?

高校的通识课程体系从一开始就受到不同设计思想的影响，呈现多样化局面：有的针对应试教育的弊端，将通识课程视为素质教育的途径；有的针对多年苏（联）式专业教育体系造成学生知识面过窄的问题，强调通识课程开阔学生视野的功能；有的针对毕业生就业难的问题，将通识课程打造成专业课程的实用版本、加强版本或背景知识版本；有的针对学生批判性思维普遍缺失的问题，强调通识课程对学生思考、判断、表达和沟通能力的训练。

通识教育在中国高校虽已实施多年，但相比西方高校较为成熟的体系，仍处在开发阶段，因此所有相关的探索都应当得到肯定和鼓励。但是，数据分析的结果令人沮丧：过半学生（非双一流高校61%，双一流53%）认为高校通识课程的教师无法明确传达课程目标和要求，遑论有效达成教育目标。所谓“以其昏昏，使人昭昭”，是之谓也。

古人云，弱水三千，只取一瓢饮。用来思考通识教育的问题，高校不能没有一点紧迫感。大学生涯短短四年，当数据显示仅有10%左右的毕业生认可通识课程对他们“帮助很大”时，不知高校当作何想。随着互联网时代的来临，越来越多的知识点已不再需要通过授课传给学生。人手一部手机，学生随时随地都在获取信息，甚至每分每秒都在查验老师传递的信息。作如是想，尽管拓展知识面、强化专业知识等仍有必要，但帮助学生提升能力和素养难道不应成为通识教育的首要任务？如果同意这个推论，那么，探索中的高校也许到当断即断的时候了。将通识教育的主要目的确定为提升学生的综合能力，高校应以此为据重新设计通识课程，培训师资。

换言之，高校必须将专业教育和通识教育之间的关系梳理清楚：专业教育是给学生传授既定学科或专业系统知识的地方，而通识教育则是培养他们思维能力和综合素质的途径。大学教育不能停留在应试模式，不能一味地、单向地灌输专业知识，这一点在非双一流高校尤其需要改变。

其实，早在改革开放初期，中国高校就意识到传统“应试教育”模式的弊病，开始强调学生综合素质和能力的培养。之后随着市场经济体制的逐步建立，国家开始重视学生的创新精神和实践能力的培养。高校普遍加强了通识教育、创新创业教育、实践教学等方面的建设，在学术项目和非学术项目的设计中注入能力培养的元素。然而，在能力培养的重要性得到广泛认同后，随之而来的问题是：什么能力？美国劳工部“获取必要技能委员会”提出的35项基本工作能力，包括理解与交流能力、科学思维能力、管理能力、应用分析能力和动手能力。任何人才培养方案都无法对所有能力的培养面面俱到，高校需要根据不同专业的人才培养目标，在培养学生什么能力的问题上设置优先级别，关注培养成效。

我们承认不同行业或专业对于能力的需求各不相同，但也需要认识到，在包罗万象的各项能力中，有些能力更加基本，所有专业的毕业生都必须具备。语文和数学作为受过良好教育的人必备的基本能力，业界是有共识的。所以，当数据显示这两项基本能力的重要性在当今大学生眼中垫底，我们有了一点醍醐灌顶的感觉。原来学生学习行为上很多问题产生的原因都可以在此找到答案。

一个人的语文能力至少会影响以下几项能力：表达与沟通能力、理解与分析能力、审美与创造能力。数学能力反映的则是一个人的逻辑思维能力、抽象思维能力、计算与推理能力、分析与解决问题的能力。上述这些能力恰恰是人类最基本的认知和思维能力。学生的这两项基本能力除了可以在专业学习过程中自然获取以外，最佳的培训基地就应当是通识课程了。

当然会有人反驳：学生从小学开始就上语文和数学，难道进了大学还要继续上？是的。原因很简单：中小学的语文和数学教学是在“应试”的前提下开展的，学生在这两门课上掌握的多是语文和数学的“知识”及其操练，而不是通过这两门课学习思考、表达、沟通和逻辑推理。

从这个视角来看，数据揭示的大学生的诸多学习行为问题便有了解释。比如说，“延伸阅读”是各类高校学生深层学习行为上的短板，而大学生不读书现象之普遍，更是为社会大众所诟病。当高校将问题归咎于学生沉迷手机，或是整个社会阅读碎片化对学生的影响，他们其实是在淡化学生阅读理解能力低下这个根本性的问题。

数据揭示的另一个问题是学生在课堂上“主动提问或参与讨论”的比例极低，原因何在？较为浅层的原因是，课时太满，学生学习时间过长，导致他们无暇阅读、无暇思考，当然也就没有问题可问了。然而，更深层次的原因是，学生逻辑思维与推理的能力严重不足。不能思考，哪来问题？

也许，高校通识教育的改革并不复杂。如果高校能够从通识课程中剔除那些花里胡哨的“欣赏”类课程，将阅读，特别是经典名著阅读作为通识课程的主要（不必唯一）内容，那么，随着学生的阅读、理解、思考、沟通、辩论等能力的提升，他们的学习行为也会有所改善。

五

还记得“大学如何影响学生”这项超级工程的研究者们提出的六大问题吗？

1. 有什么证据表明个人在大学期间发生了变化？（大学期间的变化）
2. 有什么证据表明大学期间的变化是上大学的唯一结果？（大学的净增值）
3. 有什么证据表明不同大学对学生变化有不同的影响？（不同大学的影响）
4. 有什么证据表明不同求学经历会对同校学生的变化产生影响？（求学经历的影响）
5. 有什么证据表明大学经历对学生的改变或发展产生了有条件的，而不是普遍的影响？（有条件影响）
6. 大学的长期影响是什么？（长期影响）①

我们无意重复或验证大师们的研究成果，但希望能以麦可思累积19年、由1500多所高校参与调查的学生成长数据，就“大学如何影响学生”这个问题提供一个中国版本的答案。六大问题在我们的研究中可以浓缩为三个要点：（1）学生在大学期间是否发生变化？（2）这种变化能否归之于大学教育的结果？（3）以上两点证据何在？

① Mayhew, M. J., Rockenbach, A. N., Bowman, N. A., Seifert, T. A. D. & Wolniak, G. C. (2016). *How College Affects Students (Vol. 3): 21st Century Evidence That Higher Education Works*. San Francisco: Jossey-Bass.

行文至此，本书已经从招生、培养到就业——人才培养的三个重要节点上对要点问题（1）和（2）给予肯定的回答。至于要点问题（3），我们所呈现的证据遍布全书各个章节，但这些证据是否全面并具有代表性，需要参与调查或是未参与调查的高校用他们的数据，通过对标来取得属于他们自己的答案。而我们将全国各类高校的数据放在一起进行综合分析，旨在为致力于保障教育教学质量、改进日常管理与决策的高校提供一个参照系，“以确定他们已经到达哪里，他们可能会去哪里”。

这个参照系建基于数据之上。随着大数据技术进入校园，数据的搜集变简单了，但分析却未必。数据构成我们对于当代中国高校认知的基石，但将数据转换成质量证据和决策辅助，借用一句美式谚语，需要我们“戴上思考之帽”（put on one’s thinking cap）。根据在追踪学生成长时获得的各方数据进行分析，我们从学生、教师和高校三个方面提出建言。具体来说，我们试图回答三个问题：（1）学生如何提升学习成效？（2）教师如何提升教学成效？（3）高校如何实现差异化发展？

其一，学生如何提升学习成效？

学生是高等教育的主体，而大学的根本任务就是帮助学生获取知识和技能，培养独立思考和解决问题的能力。因此，大学的所有教学和科研活动都应该围绕学生的学习及其成效展开。

在精英化时代，大学“以学生为中心”不是问题，但普及化时代的高校呈多元化态势，不得不面对诸多利益相关者的诉求、市场化的招生和就业、多元的学生群体、资源短缺引发的校际竞争、科研对教学活动的冲击等许多新问题。结果是，作为教育主体的学生逐渐被推向边缘，学生的学习空间受到多方挤压。学生学习成效降低不仅会影响学生未来职业生涯的发展，还会严重削弱高校的社会效益。因此，如何提升学生的学习成效成为高校的当务之急。我们的思考如下：

1. 在现行的高考制度下，学生根据高考分数而非个人兴趣或特长选择学校和专业。高校也许无法改变高考制度，但可以在招生过程中鼓励学生了解学校特色、专业特点、就业前景，将招生目标设定在吸引更加“合适”，而非更加高分的学生。

2. 学生学历期待或就业期待能否最终实现，与专业认同度有关，而专业认同度又会转而影响学生的学习态度。因此，高校必须在新生入学后加强对人才培养方案的解读，帮助学生了解专业方向，提高专业认同度，培养学习兴趣。

3. 研究表明，学生的学习态度决定其学习成效，而在学习态度上变被动为主动是学生与学校需要共同面对的挑战。学生在课堂上参与讨论、向老师提问的积极性走低，原因可能是多方面的，尽管主因在学生，学校还是应当通过调研了解问题的症结所在，出台激励方案，帮助学生提升学习的主动性和参与意识。

4. 学生不提问，只有两种可能：没有问题或是有问题不愿问。前者涉及教学内容，而后者则与教学方法有关。解决前者的方法是鼓励学生读书，包括将通识课时用于阅读、思考、辩论，帮助这些在“高考刷题”和“手机刷屏”的“双刷”环境中成长起来的学生学会打开书本，培养阅读习惯。只有充实的头脑才能产生问题，才能提出问题。

5. 人工智能的快速发展要求每一位在校学生根据就业市场的变化不断调整、修改其职业生涯规划。学生既然无法预测既定专业的课程设置能否应对就业市场的需求，不如在学好专业课程的同时尽可能提升自己的通用能力，包括沟通能力、分析能力、逻辑思维能力、团队合作能力等，特别是终身学习的能力。对于高校来说，课堂教学与能力培养两者缺一不可，而后者的重要性无论如何强调都不会过分。

其二，教师如何提升教学成效？

在“以学生为中心”的话语体系中，教师必须完成角色转换。当教师的功能不再是单纯的“传道、授业、解惑”，他们必须在传统的课堂上找到自己新的、非传统的位置。从本书呈现的教学评价数据中，我们既看到在校生和毕业生在教学满意度上打出的高分，也从学生的学习意愿和行为背后看到教师教学效果之不足。比如上述第四点关于学生不提问，如果是有问题不愿问，那么究其原因则是教学方法问题。教师培训是高校常用的解决方法，但一定不是唯一的方法。我们的思考如下：

1. 教学与科研的矛盾，至今无解。是否存在这样一种可能：这个所谓的矛盾，其实是一个伪命题。教学与科研之间的确存在冲突，因为两者都需要投入大量时间和精力，以致有些教师无法兼顾，而高校是以科研成果（如论文发表、科研项目）作为衡量教师学术水平的主要标准的。但是，假如参与科研的教师能将其研究成果引入课堂，或在尚未取得结果时将研究过程与学生分享，那么他们不仅能够激发学生的学习兴趣，还能培养其批判性思维和创新能力。作如是想，科研既能为教学提供新的知识、方法和视角，也能减少学生对教学内容兴味索然的抱怨。也可以这样反推：教师不做科研，不一定能因时间增加而提升教学，反而有可能降低教学的有效性、有用性和趣味性。
2. 学生对于学习过程的参与，并不自然发生，而是有赖于教师的鼓励。在以教师为中心的课堂上，学生往往是知识的被动接收方，他们无须思考，无须提问，只需接受。当学生成为课堂的中心，他们不得不在课前预习教学内容，课堂上加入讨论，并需要提出并解决问题。这一切都是教师精心设计的结果。因此，今天的教师必须掌握的教学能力不仅仅是如何讲课、如何使用教学工具、如何编写 PPT 等，还要学会聆听、学会主持。换言之，教师的主要任务不再是传统意义上的讲课，而是更像节目主持人，其成功的标志不在于自己讲，而在于让别人讲。教师必须学会聆听，通过启发学生提问，鼓励讨论、争辩，增加师生互动，来帮助学生学习、沟通与表达，从而提升教学成效。

3. 教学评价是当代高校管理者监控教学质量的常用方法。对于教学一线的教师来说，这是一把双刃剑：学生的反馈能够帮助他们改进教学方法，调整教学内容，提升教学效果，但负面评价对于教师升迁可能产生的影响也会使其放松教学要求。这样看来，教学满意度和课程挑战度之间存在冲突，而教师需要在这两者之间找到平衡点，学校管理部门也需要慎用教学评价结果。从我们的数据分析可知，学生并非一味地希望教师降低课程挑战度。恰恰相反，学生对于课程挑战度的评价远低于教师，反映其学习过程中的“吃不饱”现象，也说明学生眼中的“好”老师并非教学中的“放水”之辈。改变这种状况的途径之一是用好教学评价这个平台，发挥其“指挥棒”的作用，将评价问题向课程内容及其挑战性倾斜，同时降低学生“满意度”在教学评价中的权重。

其三，高校如何实现差异化发展？

高校之间存在差异，天经地义。但有的差异是外加的，有的则是内生的。外加的差异有的来自政府的分类管理需求，有的来自社会或历史的成见，也有的源自商业机构每年发布的大学排名。而内在的差异则来自高校的发展愿景和办学方向，是一种自觉的行动。所谓差异化发展，是指高校根据自身优势，专注于某些领域的发展，通过投入资源，提升教育、教学或科研的成果和成效，形成在特定领域的领先地位。高校差异化发展的重要性本书第三章中已作讨论分析，但如何实现差异化对于多数高校来说却是任重道远。以下从招生、培养和就业三个方面提出我们的建言。

1. 首先是招生。纵观高教发展史，大学对于“市场”或任何商业化的运作似乎有一种与生俱来的抵触，古今中外亦然。然而，高教普及化彻底改变了高校与其服务对象——学生的关系。当高教“市场”从卖方市场变成买方市场，学生及其家长开始行使

“选择权”，迫使高校仓促应战。数据显示，学生对于高校及其专业的认同度直接影响其学习成效，但太多的高校至今仍然沉迷于提高录取分数线，以为这是提升学校声誉的唯一途径。而随着就业市场上的竞争愈演愈烈，考生必然会在选择学校和专业时变得更加挑剔。处于声誉阶梯上层的高校，即便暂时无须担心生源，但市场规律也不会让它们成为例外；处于声誉阶梯下层的高校就更应该未雨绸缪了。国内高校近年来在科研和教学方面取得的成绩可圈可点，但他们在招生管理领域还处于起步阶段。因此高校必须探索符合自身实际的招生模式，至少在下列几个方面有所作为：

a. 从招生官网做起。目前国内高校的招生官网大多是招生政策布告栏，一副“爱来不来”的态度。如何将以管理为中心的官网变成以学生为中心的宣传渠道，是高校招生办需要研究的问题。数据显示，招生官网仍是考生获取学校信息的主要途径。

b. 加强品牌意识。高端高校将自己的品牌视为理所当然，而中低端的高校面对分数至上的考生则表现出无力感。改变的起点是高校对于“市场”需求的理解，回应需求应当成为高校发展战略的一个重要组成部分。在竞争激烈的高教“市场”中，强大的品牌效应能够为高校带来显著的竞争优势，甚至可能助力高校成为专业学科甚至行业的领导者。因此，高校必须通过内涵建设，提升品牌声誉，通过学生口碑、广告宣传等方式影响考生，提高生源质量。

c. 提高新生的专业认同感。在新生入学后加大力度进行人才培养方案和学科专业内容的解读，可以产生一箭双雕的效果：高度的专业认同感是学生成功完成学业的最大动力，而对于学校及专业高度认同的学生又能成为学校品牌最好的义务宣传员。

2. 其次是培养。每所高校都应有独特的、属于自己的教育理念和培养模式：可以强调精英教育，以培养领袖人才为目标，也可以重视应用型人才的培养，专注于实践能力和职业技能的提升。这种理念和模式的差异化可以使高校在人才培养上形成独特的优势，并通过传播自己的独特理念或专业优势来吸引志向相投的学生。根据地理位置、办学资源、历史传统、社会需求等因素，高校完全可以打造人才培养特色，在同类院校中脱颖而出。

a. 高校可以通过发展特色学科或交叉学科，形成自身的学科优势。这些特色学科可以是学校的招牌及核心竞争力，通过非凡的学科资源吸引优秀生源和师资，形成良性循环。

b. 高校应当努力探索属于自己的特色教育模式，通过教学项目上的创新来实现差异化发展。可以根据自身特点设计独特的课程体系和教学方法，如小班教学、项目驱动学习、跨学科教育、双语教学等，培养适应未来社会需要的人才。

c. 高校可以与地方政府、企业和科研机构紧密合作，结合社会实际需求来设置课程和实习实践环节，推动产学研结合，培养具有实践能力和创新精神的应用型人才。

d. 高校可以通过建立国际合作关系、引进国际课程、增加学生国际交流机会等方式，使学生具备全球视野和跨文化沟通能力，使高校成为国际化人才的培养基地。

e. 近年来出现的出生人口下降趋势，必将导致相应教育阶段适龄人口减少，并在未来十多年对高教体系构成重大冲击。高校需要未雨绸缪，从现在开始关注未来社会对于终身教育的需求。除了加大对在校学生终身学习能力的培养力度外，还需开始筹建正规的、针对非传统年龄人群的教育机制，将目前基于个人兴趣的、非学历的成人教育体制逐渐引向正规教育体制，为就业市场上所有需要学习或更新知识结构的人群提供接受高等教育的第二次或第 N 次机会。能在这个领域捷足先登的高校，其实已经率先实现了差异化发展。

3. 最后是就业。网上有很多以讹传讹的引言，如美国某名校校长的所谓“名言”:“如果一个学生从 × × 大学毕业后，居然拥有了某种很专业的知识和技能，这是 × × 大学教育最大的失败。”我们既找不到这句话的英文原文和出处，也难以相信如此极端的言论会出自一位著名教育家之口。但这句话对于发展中的中国高等教育危害匪浅。的确，高等教育必须培养学生的人文精神和批判性思维，而不能沦为纯粹的职业培训，但是，普及化时代的高校关注其毕业生的就业情况，不仅对学生个人及其职业生涯至关重要，同时也对高校的声誉、社会责任以及长期发展影响深远。为提升高校就业指导工作的有效性，我们提出以下建言:

a. 高校需要通过毕业生调查了解不同专业的就业情况、就业市场的变化趋势，以及行业对人才的需求。这有助于学校更好地引导在校生的职业规划，并对未来的学科发展方向做出调整。因此，毕业生调查对于高校来说不应是应付审核评估的临时手段，而是一项必须长期坚持的、对于高校管理和决策具有指导意义的工作。

b. 就业数据的搜集和分析是高校质量保障机制中不可或缺的环节。毕业生的就业率和就业质量是衡量一所高校教育教学水平和人才培养成效的重要指标。通过毕业生的反馈，学校可以评估其人才培养目标是否符合社会、行业及用人单位的实际需求，从而调整其课程设置、教学内容和培养模式。

c. 面对日益严峻的就业形势，当代高校对于就业指导工作格外重视。但调查数据显示，毕业生的就业落实率并不等于其职业生涯的成功率，毕业生因无法适应职场而在短期内辞职或跳槽的情况比比皆是。这就暴露了高校就业指导工作的一个短板——职业期待管理。高校必须帮助学生合理规划职业生涯，增强其就业竞争力，同时避免过高或不切实际的职业期待导致的挫折感和就业困难。合理的职业期待管理能够帮助学生在未来的职场中获得更高的满足感和成就感，提升成功的概率。

d. 中国高校管理的另一个短板是校友资源管理。由于校情不同，中国高校没有必要照抄美国的校友管理模式，特别是筹款模式。但是，校友是每一所高校最为宝贵的资源，利用得当，既能提升学校的声誉，又能为学校发展提供源源不断的物质与非物质支持。

致 谢

本书从开始酝酿到最后收稿，历时近两年，但书中援引的数据和分析却是全国各类高校在过去19年中与麦可思数据公司精诚合作、共同研究的结晶。在本书即将付梓之际，谨向这些高校的领导和老师，招生、培养和就业等职能部门的负责人，以及所有参与调查的莘莘学子致以诚挚的谢意。

麦可思公司的王梦萍、谌超、曹晨、马妍、刘灵光、王丽、毕曦等同事都为本书提供了重要的数据、分析、意见和反馈，在此一并致谢。

感谢北京大学出版社夏红卫书记和周雁翎、郭莉二位资深编辑对于本书从选题到顺利出版给予的鼓励和帮助。

我们也希望借此机会向北京大学教育学院院长蒋凯教授致谢，感谢他对书稿的肯定与鼓励。

2025年7月14日

北京大学出版社

教育出版中心 精品图书

大学之道丛书精装版

21世纪的大学　[美]詹姆斯·杜德斯达
大学之用（第五版）　[美]克拉克·克尔
美国现代大学的崛起　[美]劳伦斯·维赛
学术部落与学术领地　[英]托尼·比彻 保罗·特罗勒尔
营利性大学的崛起　[美]理查德·鲁克
美国高等教育通史　[美]亚瑟·科恩
后现代大学来临？
[英]安东尼·史密斯，弗兰克·韦伯斯特
世界一流大学的管理之道　程星
知识社会中的大学　[英]杰勒德·德兰迪
大学与市场的悖论　[美]罗杰·盖格
什么是博雅教育　[美]布鲁斯·A.金博尔
以学生为中心——当代本科教育改革的理论与实践　赵炬明
学术的中心：英法德美　[以]约瑟夫·本戴维
追踪学生成长：高校人才培养质量检测的探索与实践
麦可思研究院
教育的终结　[美]安东尼·T.克龙曼

学术规范与研究方法系列

如何为学术刊物撰稿（第三版）　[英]罗薇娜·莫瑞
如何查找文献（第二版）　[英]萨莉·拉姆齐
给研究生的学术建议（第二版）　[英]玛丽安·彼得等
社会科学研究的基本规则（第四版）　[英]朱迪斯·贝尔
做好社会研究的10个关键　[英]马丁·丹斯考姆
如何写好科研项目申请书　[美]安德鲁·弗里德兰德等
教育研究方法（第六版）　[美]梅瑞迪斯·高尔等
高等教育研究：进展与方法　[英]马尔科姆·泰特
如何成为学术论文写作高手　[美]华乐丝
参加国际学术会议必须要做的那些事　[美]华乐丝
如何成为优秀的研究生　[美]布卢姆
结构方程模型及其应用　易丹辉 李静萍
学位论文写作与学术规范（第二版）　李武 毛远逸 肖东发
生命科学论文写作指南　[加]白青云
法律实证研究方法（第二版）　白建军
传播学定性研究方法（第二版）　李琨

21世纪高校教师职业发展读本

如何成为卓越的大学教师　[美]肯·贝恩
给大学新教员的建议　[美]罗伯特·博伊斯
如何提高学生学习质量　[英]迈克尔·普洛瑟等
学术界的生存智慧　[美]约翰·达利等
给研究生导师的建议（第2版）　[英]萨拉·德拉蒙特等

21世纪教师教育系列教材

教育心理学（第二版）　李晓东
教育学基础　庞守兴
教育学　余文森 王晞
教育研究方法　刘淑杰
教育心理学　王晓明
心理学导论　杨凤云
教育心理学概论　连榕 罗丽芳
课程与教学论　李允
教师专业发展导论　于胜刚
学校教育概论　李清雁
现代教育评价教程（第二版）　吴钢
教师礼仪实务　刘霄
家庭教育新论　闫旭蕾 杨萍
中学班级管理　张宝书
教育职业道德　刘亭亭
教师心理健康　张怀春
现代教育技术　冯玲玉
青少年发展与教育心理学　张清
课程与教学论　李允
课堂与教学艺术（第二版）　孙菊如 陈春荣
教育学原理　靳淑梅 许红花
教育心理学　徐凯

21世纪教师教育系列教材·专业养成系列

（赵国栋 主编）

微课与慕课设计初级教程
微课与慕课设计高级教程
微课、翻转课堂和慕课设计实操教程
网络调查研究方法概论（第二版）
PPT云课堂教学法
快课教学法